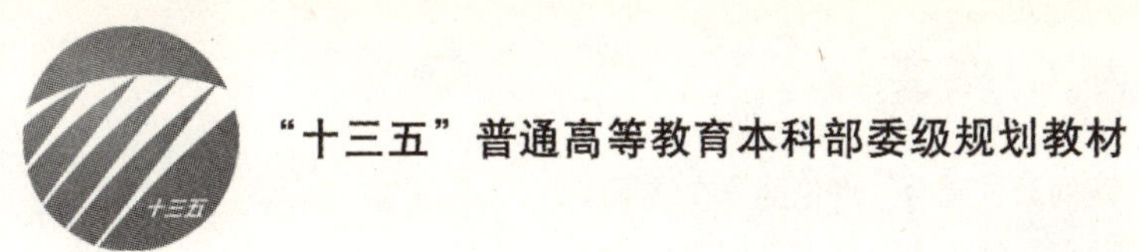

"十三五"普通高等教育本科部委级规划教材

人力资源管理理论与实务

张健东 钱堃 谷力群◎主编 鲍晓娜 黄兴原 于姝 马亮亮◎副主编

国家一级出版社 中国纺织出版社 全国百佳图书出版单位

内 容 提 要

本书追求理论与实践的最佳融合。理论部分在继承经典人力资源管理理论的基础上，顺应人力资源管理的新发展，尽可能融入了现代人力资源管理的新理论和新方法；实务部分以“操作性”为着力点，致力于增强读者的人力资源管理实践能力提升与训练。

本书适合于高等院校管理类专业人力资源管理课程教学，也适合于企、事业单位人力资源管理执业者的理论学习，并兼做实际工作操作手册。

图书在版编目（CIP）数据

人力资源管理理论与实务 / 张健东，钱堃，谷力群主编. -- 北京：中国纺织出版社，2018. 9
“十三五”普通高等教育本科部委级规划教材
ISBN 978-7-5180-5280-6

Ⅰ. ①人… Ⅱ. ①张… ②钱… ③谷… Ⅲ. ①人力资源管理—高等学校—教材 Ⅳ. ① F243

中国版本图书馆 CIP 数据核字（2018）第 175925 号

策划编辑：曹炳镝　　责任印制：储志伟

中国纺织出版社出版发行
地址：北京市朝阳区百子湾东里 A407 号楼　邮政编码：100124
销售电话：010-67004422　传真：010-87155801
http: //www.c-textilep.com
E-mail: faxing@c-textilep.com
中国纺织出版社天猫旗舰店
官方微博http: //weibo.com/2119887771
天津千鹤文化传播有限公司　　各地新华书店经销
2018 年 9 月第 1 版第 1 次印刷
开本：710 × 1000　1/16　印张：23
字数：342 千字　定价：48.00 元

凡购本书，如有缺页、倒页、脱页，由本社图书营销中心调换

高等院校“十三五”部委级规划教材经济管理类编委会

主　任：

倪阳生：中国纺织服装教育学会会长

赵　宏：天津工业大学副校长、教授、博导

郑伟良：中国纺织出版社社长

赵晓康：东华大学旭日工商管理学院院长、教授、博导

编　委：（按姓氏音序排列）

蔡为民：天津工业大学管理学院院长、教授、硕导

郭　伟：西安工程大学党委常委、教授、博导

胡剑峰：浙江理工大学经济管理学院院长、教授、博导

黎继子：武汉纺织大学国际教育学院院长、教授、博导

琚春华：浙江工商大学计算机与信息工程学院院长、教授、博导

李晓慧：北京服装学院教务处处长兼商学院院长、教授、硕导

李志军：中央财经大学文化与传媒学院党总支书记、副教授、硕导

林一鸣：北京吉利学院执行校长、教授

刘晓喆：西安工程大学高教研究室主任、教务处副处长、副研究员

刘箴言：中国纺织出版社工商管理分社社长、编审

苏文平：北京航空航天大学经济管理学院副教授、硕导

单红忠：北京服装学院商学院副院长、副教授、硕导

石　涛：山西大学经济与工商管理学院副院长、教授、博导

王核成：杭州电子科技大学管理学院院长、教授、博导

王进富：西安工程大学管理学院院长、教授、硕导

王若军：北京经济管理职业学院院长、教授

乌丹星：国家开放大学社会工作学院执行院长、教授

吴中元：天津工业大学科研处处长、教授

夏火松：武汉纺织大学管理学院院长、教授、博导

张健东：大连工业大学管理学院院长、教授、硕导

张科静：东华大学旭日工商管理学院副院长、教授、硕导

张芝萍：浙江纺织服装职业技术学院商学院院长、教授

赵开华：北京吉利学院副校长、教授

赵志泉：中原工学院经济管理学院院长、教授、硕导

朱春红：天津工业大学经济学院院长、教授、硕导

前言

21世纪的竞争必将是人才的竞争，其核心是人力资源综合素质的竞争。作为世间所有资源中最重要的“人力资源”更进一步受到了社会的注目和关切，其对经济持续发展的作用日渐凸显，人力资源的有效开发和利用已经成为立国之良策、强国之通途，人力资源管理已成为世界各国发展的共同战略。

从20世纪50年代出现“人力资源”的概念，以及随后形成的“人力资源管理”概念，短短的几十年时间，人力资源管理作为管理学科中的一个新的学科，走过了创立、发展、壮大之路，在社会政治和经济发展中担当重任，可以说其发展态势喜人。

20世纪80年代后期，发达国家的组织行为和人力资源理论被引入我国，1992年国家教委将“劳动人事管理”专业更名为“人力资源管理”专业，短短的十几年内，人力资源管理专业得到了快速发展，已成为备受关注的学科，人力资源管理也成为高等院校管理类专业学科体系中的一门核心课程。

本教材适用于各类院校人力资源管理专业及相关专业的学生学习使用，同时也适用于正在从事或有志于从事人力资源管理工作的读者使用。本教材的编写基于我国社会主义经济发展和企业组织的特点，广泛吸收和借鉴了国内外人力资源管理研究的理论和企业人力资源管理实践的优秀成果，系统地介绍了人力资源管理的理论与方法及实践经验。本教材在编写中力求强化以下特点：一是理论的系统性和深入性并举，在较为系统地介绍人力资源管理理论的同时，兼顾理论的深度；二是传统理论与我国人力资源管理现实并重，在主要介绍西方人力资源管理理论的基础上，努力突出适用于我国企业人力资源管理现实状况的理论；三是先进性和实用性并行，在广泛吸收国内外人力资源管理优秀教材和研究成果之精华的基础上，突出介绍较为先进的理论和方法，特别是适用于我国企业人力资源管理实际的方法的介绍；四是理论与操作并重，在介绍理论的同时，相关章节还设置了“技能提升”内容，用以强化读者的专门技能训练。

本书运用了大量图表，力求更具可读性，并在每个章节内设置了大量的案例分析，力求有效提高读者对知识的综合运用能力。每一章节开篇的“学习目的和要求”以及章节后的“本章小结”，为学生系统把握本章理论框架和知识脉络提供了良好的指导；章节内精选的讨论题和复习思考题更为学生在较短的时间内把握本章节主要知识点提供了简单有效的切入点和思路；每章专门配有的“技能提升”部分，为读者实际操作的重点内容提供了专门的训练和实际的指导，使本书具有一定的实用性，可作为人力资源管理工作的操作手册使用。

本书由张健东、钱堃、谷力群担任主编，鲍晓娜、于姝、黄兴原、马亮亮任副主编。全书共分8章，具体分工是：第一章由赵光洁编写、第二章由谷力群编写、第三章由黄兴原编写、第四章由马亮亮编写、第五章由鲍晓娜编写、第六章由张健东编写、第七章由钱堃编写、第八章由于姝编写。

本教材在编写过程中，参考、借鉴和引用了大量国内外学者的著作和研究成果，并得到了中国纺织出版社的大力支持和帮助，在此一并致以诚挚的谢意。

我们深知，受编者知识水平的限制，加之人力资源管理理论和方法日新月异的发展变化，在本教材中一定存在不少缺憾甚至是错误，敬请广大读者批评指正。

编者

2018年4月

目 录

第一章 人力资源管理导论

第二章 工作岗位研究

第三章 人力资源战略与规划

第四章 人员招聘与录用

第五章　培训与开发

第六章 绩效管理

第七章 薪酬管理

第八章 劳动关系管理

第一章

人力资源管理导论

【学习目的和要求】

人力资源是企业的第一资源，对企业的持续发展至关重要。通过本章的学习，了解和掌握人力资源管理的相关概念和理论，可以较好地区分资源和人力资源及其相互关系，从人力资源的数量、质量、特征和作用等角度把握人力资源的概念。理解人力资源管理的概念、功能和目标、职能和作用，了解人力资源管理者和部门。

【开篇案例】

人力资源管理与华为的成功

华为于1987年成立于中国深圳。在此后20多年的时间里，华为全体员工付出艰苦卓越的努力，以开放的姿态参与到全球化的经济竞合中，逐步发展成一家业务遍及全球170多个国家和地区的全球化公司。华为成功的因素有很多，但其中最重要的因素之一就是其独特的人力资源管理模式和理念。深思华为的发展，可以说其成功在相当程度上得益于人力资源管理选、育、用、留四项功能的有效发挥。

一、选才

1. 最合适的，就是最好的。企业招聘人才，不应该只是选择最优秀的人才，而是要寻找到最合适的，这样才是“最好的”。因为最优秀的人才只是拥有了最优秀的能力，但如果无法融入企业工作和企业文化中，也会让企业浪费人才资源，让人才失去更匹配的职业机会。在华为公司，“合适”的标准是：企业目前需要什么样的人和岗位需要什么样的人，前者更看重人才的兴趣、态度和个性，后者偏向于人才的能力和素质。企业与人才的双向合适，才有可能实现双方共同发展。

2. 招聘思路要因时而变、因地制宜。企业在不同的发展阶段，会有不同的人才需要，为了适应不同发展阶段的需要，就要求采取不同的招聘思路，否则就可能会限制企业人才的成长，甚至影响企业发展。在华为的发展历史中，早期华为的招聘思路只是在小范围内来寻找需要的人才，而且还偏向于技术类的人员。随着华为的快速发展，以前的招聘思路远远无法适应当前的发展需要，所以从20世纪末开始，华为将招聘思路转向了高校毕业生群体，以引进高学历的专业人才。而到了21世纪初，华为的业务开始走向国际化，华为再次将招聘思路侧重于配备国际化的人才。所以，企业要根据自身发展阶段的不同采取相应的招聘思路，这样才可以使企业在不同发展阶段顺利实现企业目标。

3. 主导两种招聘途径。华为的招聘，主要有校园招聘和社会招聘两种途径。在校园招聘中，华为看重的是大学生的可塑性；而面向社会招聘的时候，华为主要看重的是对专业技术的掌握程度和实际操作能力。这两种招聘途径也为华为源源不断地输送所需要的人才。

二、育才

1. 入职培训。华为为了让招来的众多大学生能够快速适应工作，在入职前重点进行了培训。华为的入职培训主要有五个部分，分别是：军事训练、企业文化、车间实习、技术培训和市场演习。军事训练的培训理念与华为创始人任正非有很大的关系，这种军事训练可以让刚刚走出校园的大学生改变很多不好的习惯，并快速走上岗位。其他培训内容都在一定程度上为大学生入职提供了很大的帮助。

2. 全员导师制。现在很多企业都实行了“导师制”的培训方式，但这种培训方式有明显效果的却寥寥无几，而华为的“全员导师制”，不仅可以让新员工在华为顺利开展工作，而且还可以帮助导师实现自身的发展。

3. 企业文化培训。华为的企业文化，是一种“狼性”的文化价值观，但就是这种文化，才让华为实现了快速发展。而华为为了让新进员工融入华为的企业氛围、工作环境，都会重点做好企业文化方面的培训，使之真正成为“华为人”。

三、激才

1. 高薪激励。华为能够吸引到如此多的高素质人才加入，与华为的高薪激励密不可分。华为支付给大学生的薪酬远远高于行业的平均水平，使得众多高素质人才纷纷流向华为，而这些高素质人才也为华为的发展创造了源源不断的价值和利润。的确，有付出才有产出。如果企业过于吝啬，只在乎眼前的高成本支出，不去投资于人才的引进，那么企业的发展只能停留在原地，甚至还会被超越。

2. 股权激励。在中国企业里，华为是极少实行持股的企业，而股权激励，更是让华为实现了不断发展。实行股权激励，一方面可以吸引人才，另一方面可以激励人才的发展，从而创造更大的价值。不过，实行股权激励也要根据企业的性质和战略谋划，不可随波逐流，只有合适的激励模式才会达到最好的激励效果。

3. 内部创业。华为的内部创业模式在中国企业里同样是少有的。人才流动，是企业发展的重要保障。华为实行了一种内部创业机制，允许和鼓励有志向创业的员工申请作为华为的代理商，并可以获得华为提供的设备使用权等，让离开的员工可以与华为共同取得发展。

四、留才

1. 轮岗制。在华为，不会由于员工绩效差就轻易解雇，而是会采取轮岗制的形式，让员工在不同的岗位上获得改进的空间。假如轮岗的员工多次无法适应新的岗位，公司会提供其他工作机会，帮助员工继续就业。看得出来，华为是一家十分爱惜人才的企业，会采取多种方式来为员工找到最合适的岗位，从而达到双赢的结果。

2. 离职面谈。对于华为不想失去员工，华为会与想要离职的员工进行离职面谈，询问离职的主要原因并给予关心，采用一切办法，直到无法让员工回心转意的时候，华为才会很友好地接受员工的离职。

华为公司的成功案例告诉我们一个重要事实——人力资源是企业中最重要的资源，它决定了一个企业的生存和发展。

第一节　人力资源概述

一、人力资源的界定

（一）资源

人力资源是一种资源。顾名思义，按照逻辑从属关系，人力资源应属于资源的范畴，是资源的一种具体形式，而且是一种特殊的资源。为了把握好人力资源的概念，我们有必要从资源开始研究。因此，在解释人力资源的含义之前，首先对资源进行简要的说明。

《辞海》中把资源解释为“生产资料或生活资料等的来源”。现代汉语词典把资源解释为“生产资料或生活资料的天然来源”。资源是人类赖以生存的物质基础，对资源从不同的角度可以有不同的解释。从经济学的角度来看，资源是指能给人们带来新的使用价值和价值的客观存在物，它泛指社会财富的源泉。自人类出现以来，财富的来源无外乎有两类：一类是来自自然界的物质，可以称之为自然资源，它是指自然界形成的（未经人类加工的）可供人类生活和生存所利用的一切物质和能量的总称，可分为有形自然资源（如土地、水体、动植物、矿产等）和无形自然资源（如光资源、热资源等）；另一类是来自人类自身的知识和体力，可以称之为人力资源。这两类资源在人类社会的发展过程中所起的作用是不同的，在科学技术尚不发达的过去，自然资源是人类财富的主要来源，人们财富的形成主要依赖于自然资源。随着科学技术的迅猛发展，人力资源在财富形成过程中的作用越来越大，对财富形成的贡献越来越大，并逐渐占据了主导地位。尤其是在经济发展主要依靠科学技术的今天，作为科学技术、知识文化载体的人力资源更是日益显示出其在经济发展中的特殊地位和作用。研究表明，实物资本的收益现在只有人力资本收益的四分之一，科技进步对经济增长的贡献率从20世纪初的5%~20%提高到了20世纪90年代的70%~80%。

从财富创造角度来看，资源是指为了创造财富而投入生产过程中的一切要素。关于资源的分类有许多种，资源“两因素说”将其分为人和物两类；资源“三因素说”将其分为人、财、物三类。法国经济学家萨依认为，土地、劳动、资本是构成资源的三要素。马克思认为，生产要素包括劳动对象、劳动资料和劳动者，而劳动对象和劳动资料又构成了生产资料，因此，“不论生产的社会性质如何，劳动者和生产资料始终是生产的要素”。而著名的经济学家熊彼特认为，除了土地、劳动、资本三种要素之外，还应该加上企业家精神；随着社会的发展，信息技术的应用越来越广泛，作用也越来越大，现在很多经济学家认为生产要素中还应该再加上信息。目前，伴随知识经济的兴起，知识在价值创造中的作用日益凸显，因此也有人认为应当把知识作为一种生产要素单独看待。

综上所述，无论采用什么样的划分方法，劳动以及具备劳动能力的人力资源都是财富创造中一项不可或缺的重要资源。国内外的历史经验证明：人力资源是一种特殊的、最宝贵的资源，是一种兼具社会属性和经济属性的具有关键性作用的特殊资源，一切物的因素只有通过人的作用，才能被开发利用。人力资源的开发与利用，不仅关系到一个企业的成败，更影响到国家综合国力的强弱。

（二）人力资源

“人力资源”（human resource）这一概念最初出现在美国经济学家约翰·R.康芒斯（John R.Commons）于1919年和1921年的两本著作《产业信誉》和《产业政府》中，康芒斯因此也被认为是第一个使用“人力资源”一词的人。但当时他所指的人力资源和现在我们所理解的人力资源在含义上相去甚远，仅仅是使用了相同的词语而已。

一般认为，我们今天的人力资源概念是由著名的管理大师、被誉为“现代管理学之父”的彼得·德鲁克（Peter F.Drucker）在其1954年出版的名著《管理实践》中首先正式提出并予以明确界定的。在该著作中，德鲁克将人力资源与传统意义上的“人事”区分开来，用这一概念表达传统的“人事”所不能表达的意思。他在书中提出了管理的三个更广泛的职能：管理企业、管理经理人员、管理员工及他们的工作。在讨论管理员工及其工作时，德鲁克引入了“人力资源”这一概念，他认为：“与其他所有的资源相比，唯一的区别就是它是人，具有其他资源所没有的协调能力、融合能力、判断力和想象力。”他认为，与其他资源相比，人力资源是一种特殊的资源，它必须通过有效的激励机制才能开发利用，并为企业带来可见的经济价值。

在我国，最早使用“人力资源”概念的文献可追溯到1955年，毛泽东在主持编辑《中国农村的社会主义高潮》时，为该书收录的一百七十六份材料中的一百零四份写了按语。在《发动妇女投入生产，解决了劳动力不足的困难》一文的按语中他写道：“中国的妇女是一种伟大的人力资源。必须发掘这种资源，为了建设一个伟大的社会主义国家而奋斗。”

20世纪60年代以后，美国经济学家W.舒尔茨和加里·贝克尔提出了现代人力资本理论，这个理论认为人力资本体现在具有劳动能力（现实和潜在）的人的身上、以劳动者的数量和质量（即知识、技能、经验、体质与健康）所表示的资本，它是通过投资而形成的。人力资本理论的提出，使得人力资源的概念更加广泛地深入人心。英国经济学家哈比森在《作为国民财富的人力资源》中写道："人力资源是国民财富的最终基础。资本和自然资源是被动的生产要素，人是积累资本，是开发自然资源，建立社会、经济和政治并推动国家向前发展的主动力量。显而易见，一个国家如果不能发展人们的知识和技能，就不能发展任何新的东西。"从此，对人力资源的研究越来越多。迄今为止，对于人力资源的含义，学者们给出了许多不同的解释。根据研究角度的不同，大致可以将这些定义分为两大类。

第一类主要是从能力的角度来解释人力资源的含义，认为人力资源是包含在人体内的一种能够推动整个经济和社会发展的生产能力，如果这种能力没有发挥出来，那它只是潜在的劳动生产力；如果开发出来，就变成了现实的劳动生产力。这种观点从本质的层面来定义人力资源，持这种观点的人占了较大的比例。例如：

（1）所谓人力资源，是指能够推动整个经济和社会发展的劳动者的能力，即处在劳动年龄的直接投入建设和尚未投入建设的人口的能力。

（2）人力资源是人类可用于生产产品和提供各种服务的活力、技能和知识。（伊万·伯格）

（3）所谓人力资源，是指包含在人体内的一种生产能力，是表现在劳动者的身上、以劳动者的数量和质量来表示的资源，对经济起着生产性的作用，并且是企业经营中最活跃、最积极的生产要素。

（4）人力资源是指社会组织内部全部劳动人口中蕴含的劳动能力的总和。

（5）所谓人力资源，是指劳动过程中可以直接投入的体力、智力、心力的总和及其形成的基础素质，包括知识、技能、经验、品性与态度等身心素质。

（6）人力资源是指企业员工天然拥有并自主支配使用的协调力、融合力、判断力和想象力。（彼得·德鲁克）

第二类主要是从人的角度出发来解释人力资源的含义。认为人力资源是指一个国家和地区具有劳动能力的人口的总和，包括具有智力劳动能力和体力劳动能力的人的总和。这种观点是从其构成的层面来定义人力资源的，认为人力资源和劳动力资源是等同的。例如：

（1）人力资源是指一定社会区域内所有具有劳动能力的适龄劳动人口和超过劳动年龄的人口的总和。

（2）人力资源是企业内部成员及外部顾客等人员，即可以为企业提供直接或潜在服务及有利于企业实现经营效益的人员的总和。

（3）人力资源是指能够推动社会和经济发展的具有智力和体力劳动能力的人的总称。

（4）人力资源是指存在于人体的智力资源，是指人类进行生产和提供服务，推动整个经济社会发展的劳动者的各种能力的总称。

（5）人力资源是指人拥有的知识、技能、经验、健康等“共性化”要素和个性、兴趣、价值观、团队意识等“个性化”要素以及态度、努力、情感等“情绪化”要素的有机结合。

综上所述，我们认为，从本质的层面对人力资源进行定义更具有人力资源管理发展的现实意义。本书把人力资源解释为：能够推动社会和经济发展，并能被组织所利用的劳动者的能力，是人的脑力和体力的总和，包括知识、经验、技能和体能等能力。

这个解释包括以下几个方面的内容：

（1）人力资源的本质是人所具有的脑力和体力的总和，可以统称为劳动能力；

（2）这种能力具有推动社会和经济发展的作用；

（3）这种能力能够被组织所利用，这里所指的“组织”可以大至一个国家或地区，也可以小至一个企业。

（三）与“人力资源”相近的概念区分

与人力资源相近的概念主要包括：人口资源、劳动力资源、人才资源和人力资本。这是容易出现混淆的几个概念，现比较分析如下：

1. 人力资源与人口资源

“人口资源”是指一个国家或地区所拥有的人口的总量，主要表现为人口的数量。人口总量在生产力和消费力两个方面制约着生产，所以，人口总量可以分为生产者人口和消费者人口两部分。人口资源为“人力资源”提供一个可能的承载量，人口资源中具备智力和体力的那部分才是人力资源。

2. 人力资源与劳动力资源

劳动力资源是指一个国家或地区有劳动能力并在“劳动年龄”范围之内的人口的总和。它是就人口资源中拥有劳动能力并且进入法定劳动年龄的那一部分人口而言的，偏重于劳动者的数量。

劳动年龄下限的确定，主要依据人的生理发育特点，通常人长到十五六岁时就可以参加社会生产劳动而不会对生长发育带来不良影响。同时也考虑到教育制度的阶段性。劳动年龄上限的规定：一是根据人的生理特点；二是与退休制度相联系。

人力资源不能等同于劳动力资源，前者的范围更广。劳动力资源是人力资源的一部分，人力资源还包括目前尚未成为劳动力（主要指未成年人），但未来能够成为劳动力的人口。

3. 劳动力资源与人才资源

在劳动力资源中包括由一些在某个工作领域中已经或未来有很大可能作出较大贡献的人群所组成的人才资源。劳动力资源与人才资源二者的区别主要在于质量层次划分上。如果说劳动力资源是能够推动社会和经济发展，具有智力劳动能力或体力劳动能力的人的总和，那么人才资源就是比较高级的劳动力资源，当然也是人力资源的高端部分。人才资源是一个国家或地区具有较强的领导能力、管理能力、研究能力、创造能力或专门技术能力的人口的总称。

人口资源、人力资源、劳动力资源与人才资源在概念上是环环相扣的包容关系，如图1–1所示。

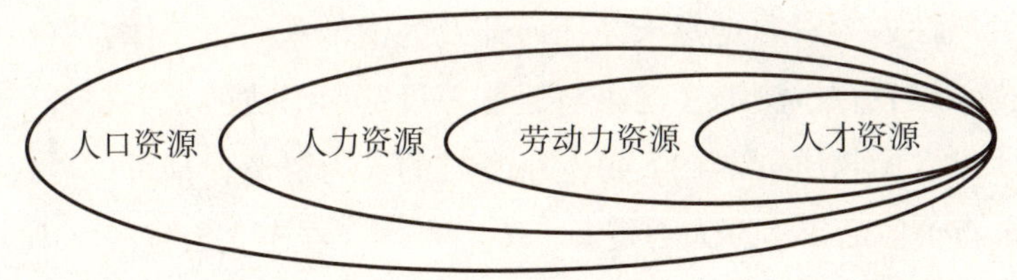

图1–1 人口资源、人力资源、劳动力资源和人才资源数量关系图

4. 人力资源与人力资本

西方经济学从研究人力资源开发的角度提出了人力资本概念，并看到了人力资源在国民经济中具有的重要作用，力图通过对人力的投资来取得更大的效益以促进经济的发展。从20世纪50年代末到60年代，西方的人力

资本理论开始形成，并获得较大的发展。人力资本理论的创始人是美国芝加哥大学教授舒尔茨，他在1960年出任美国经济学会会长时发表了《人力资本投资》的就职演说，该演说精辟地阐述了人力资本的观点。舒尔茨认为，人力资本指通过对人力资源投资而体现在劳动者身上的体力、智力和技能，是另一种形态资本，与物质资本共同构成了国民财富，而这种资本的有形形态就是人力资源。这种理论突破了只有厂房、机器等物质资源才是资本的概念，把国家、地区和企业在教育、保健、人口、迁移等方面投资形成的人的能力的提高和生命周期的延长也看作是资本的一种形态。当代经济学家普遍接受了舒尔茨的观点。他们认为，土地、厂房、机器、资金等已经不再是国家、地区和企业致富的唯一源泉，人力资源才是企业和国家发展的根本。

人力资源和人力资本是既有联系又有区别的两个概念。就其内容和形式而言，两者具有相似之处。人力资源和人力资本都是以人为基础而产生的概念，研究的对象都是人所具有的脑力和体力，从这一点看两者是一致的。而且，现在人力资源理论大都是以人力资本理论为根据的，人力资本理论是人力资源理论的重点内容和基础部分，人力资源经济活动及其收益的核算是基于人力资本理论进行的，两者都是在研究将人力作为生产要素在经济增长和经济发展中的重要作用时产生的。而就其内涵和本质而言，二者又具有明显的区别。具体来讲，人力资源及人力资本有以下四点区别：

（1）概念的范围不同。人力资源包括自然性人力资源和资本性人力资源。自然性人力资源是指未经任何开发的遗传素质与个体；资本性人力资源是指经过教育、培训、健康与迁移等投资而形成的人力资源。人力资本是指所投入的物质资本在人身上所凝结的人力资源，是可以投入经济活动并带来新价值的资本性人力资源。人力资本存在于人力资源之中。

（2）关注的焦点不同。人力资源关注的是价值问题，而人力资本关注的是收益问题。

（3）性质不同。人力资源反映的是存量问题，而人力资本反映的是流量和存量问题。资源是存量的概念，而资本是兼有存量和流量的概念，即人力资本如果从生产活动的角度看，往往与流量核算相联系，表现为经验的不断积累、技能的不断提高、产出量的不断变化和体能的不断消耗；

如果从投资活动的角度看，又与存量核算相联系，表现为投入到教育、培训、迁移和健康等方面的资本在人身上的凝结。

（4）研究的角度不同。人力资源是将人力作为财富的源泉，是从人的潜能与财富的关系来研究人的问题。而人力资本则是将人力作为投资对象，作为财富的一部分，是从投入与收益的关系来研究人的问题。

二、人力资源的数量和质量

人力资源包括数量和质量两个方面。由于人力资源是依附于人身上的劳动能力，和劳动者密不可分，因此，可以用劳动者的数量和质量来反映人力资源的数量和质量。

（一）人力资源的数量

1. 人力资源数量的计量

对企业而言，人力资源的数量一般来说就是其员工的数量。对国家而言，人力资源的数量可以从潜在人力资源的数量和现实人力资源的数量两方面来计量。

（1）潜在人力资源的数量。潜在人力资源是指一个国家或一个地区中全部具有劳动能力的人口。潜在人力资源的数量，可依据一个国家具有劳动能力的人口的数量加以计量。各国都根据其国情对人口进行劳动年龄划分，我国现行的劳动年龄规定是：男性16~60岁，女性16~55岁。在劳动年龄上下限之间的人口称为“劳动适龄人口”。把小于劳动年龄下限的人口称为“未成年人口”，把大于劳动年龄上限的人口称为“老年人口”，一般认为这两类人口不具有劳动能力。

（2）现实人力资源的数量。现实人力资源指的是一个国家或一个地区在一定时间内拥有的实际从事社会劳动的全部人口。显然，现实人力资源和潜在人力资源的关系十分密切。现实人力资源是一个国家或地区直接投入的人力资源；潜在人力资源则是在一定条件下可以动员投入的人力资源。现实人力资源的数量等于潜在人力资源的数量减去其中那些虽有劳动能力、但是目前由于种种原因不能或不愿从事社会劳动的人的数量，例如，从事家务劳动的妇女，在校学习的青年学生，在武装部队服务的现役军人等。

潜在的人力资源数量由图1-2中的六个阴影部分构成，即适龄就业人口、未成年就业人口、老年就业人口、失业人口、暂时不能参加社会劳动的人口和其他人口。而现实人力资源的数量则由①②⑥三个部分构成，即未成年就业人口、适龄就业人口和老年就业人口。

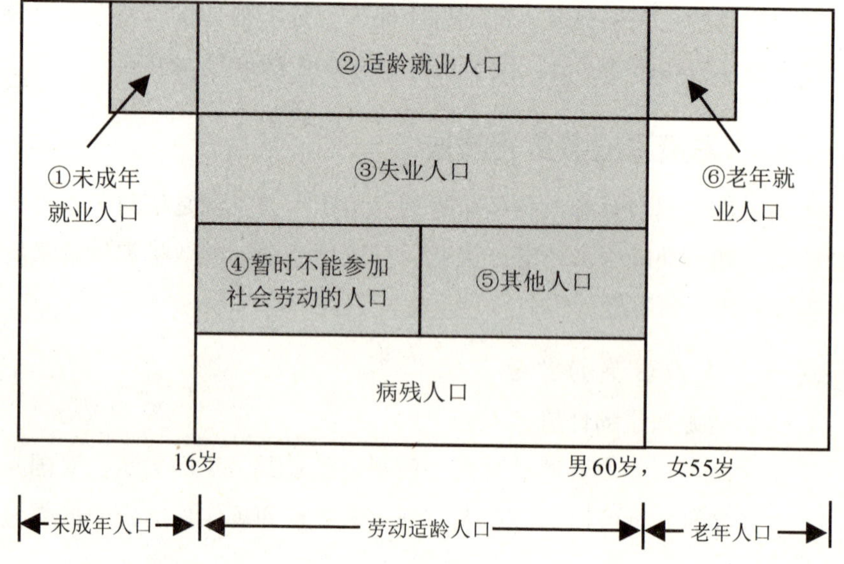

图1-2 人口构成示意图

2. 影响人力资源数量的因素

影响人力资源数量的因素主要有三个方面：

（1）人口资源及其生产状况。由于劳动力人口是人口总体中的一部分，而人力资源的数量体现为劳动人口的数量，因此，人力资源的数量首先取决于人口总量及通过人口的再生产形成的人口变化。从这个意义上说，人口的状况就决定了人力资源的数量。

（2）人口的年龄构成。人口的年龄构成是影响人力资源的数量的一个重要因素。在人口总量一定的情况下，人口的年龄构成直接决定了人力资源的数量。

（3）人口迁移。人口迁移可以使得一个地区的人口数量发生变化，继而使得人力资源的数量也发生变化。

（二）人力资源的质量

人力资源是人所具有的脑力和体力，因此劳动者的素质直接决定人力资源的质量。人力资源的质量的最直接表现，是人力资源和劳动要素的体质水平、文化水平、专业技术水平、道德情操水平以及心理素质水平的高低等。一般可以用健康卫生指标（如平均寿命、婴儿死亡率、每万人拥有的医务人员数量、人均日摄入热量等）、教育状况（如劳动者的人均受教育年限、每万人中大学生拥有量、大中小学入学比例等）、劳动者的技术等级状况（如劳动者技术职称等级的现实比例、每万人中高级职称人员所占的比例等）和劳动态度指标（如对工作的满意程度、对工作的负责程度、与他人的合作性等）来衡量。

与人力资源的数量相比较，人力资源的质量更为重要。一方面，随着社会生产的发展，科学技术的发展对人力资源的质量提出了更高的要求；另一方面，从人力资源内部替代性的角度来看，人力资源的质量对数量的替代作用较强，而人力资源的数量对质量的替代作用较弱，有时甚至不能替代。

人力资源的质量主要受以下几个因素影响：

（1）遗传和其他先天因素。人类的体质和智能具有一定的继承性，这种继承性来源于人口代际间遗传基因的保持，并通过遗传与变异，使人类不断地进化、发展。人口的遗传，从根本上决定了人力资源的质量及最大可能达到的限度。但是，除了那些因遗传病而致残的人，不同的人在体质水平与智力水平上的先天差异是比较小的。

（2）营养因素。营养因素是人体发育的重要条件，一个人的营养状况，特别是儿童期的营养状况必然会影响其未来成为人力资源时的体质与智力水平，同时也是人体正常活动的重要条件，只有充足而全面的营养供给和吸收才能维持人力资源原有的质量水平。

（3）教育因素。教育是人为传授知识、经验的一种社会活动，是教育者对受教育者实施多方面影响的过程，是改善人力资源质量的一种最重要、最直接的手段，其结果使得人力资源的智力水平和专业技能水平都得以提升。

三、人力资源的特征和作用

（一）人力资源的特征

人力资源的实体是人，作为社会经济资源中的一个特殊种类，人力资源有着与其他资源不同的特征。

1. 生物性

人力资源存在于活的人体之中，是一种“活”的资源，与人的自然生理特征相联系。生物性是人力资源最基本的特征。一方面，人力资源的生产基于人口再生产这种生命过程，其接受教育也需要一定的智力前提；另一方面，人力资源的使用也受到了诸如身体疲劳度、人身安全性、工作时间等人的自然生命特征的限制。

2. 主观能动性

主观能动性是人有别于自然界其他生物的根本标志之一。人具有思想、感情，有主观能动性，能够有目的、有意识地认识和改造客观世界。在改造客观世界的过程中，人能通过意识去分析、判断及预测其所采取的行为、手段及结果。人具有的社会意识和在社会生产过程中所处的主体地位，使人力资源具有了诸如自我强化、选择事业和积极劳动等能动作用。

3. 时效性

人力资源的形成、开发和使用都受到时间方面的限制。从个体角度来看，人具有生物有机体的生命周期，其在幼年期、成年期、老年期各个阶段的劳动能力是不相同的。幼年期间体力和脑力尚不足以用来进行价值创造，老年期间体力和脑力不断衰退，越来越不适宜进行劳动，所以处于这两个时期的人不能称为人力资源。而只有处于成年期的人，体力和脑力的发展都达到了可以从事劳动的程度，成为现实的人力资源。生命周期和人力资源的这种倒“U”型关系决定了人力资源的时效性。从社会角度来看，人才的培养和使用也分为培训期、成长期、成熟期和老化期。

4. 可再生性

人力资源是可再生性资源。具体来说，这种可再生性是基于人口的再生产，从而使得自身实体得以延续、更新和发展，并基于教育而获得能力的延续、更新和发展。但人力资源的可再生性有别于一般生物资源的可再生性，除了遵循一般生物学规律之外，还受到人类意识的支配和人类活动的影响。

5. 可变性

人力资源的可变性是指在使用过程中，其作用发挥的程度可能会有所变动。人力资源的载体——人，在其劳动能力的使用过程（劳动过程）中，可能会因为心理和情绪的波动和变化影响其劳动能力的发挥，影响劳动的效果。例如，人在有效的激励下，其积极性、主动性和创造性会极大地迸发出来，其自身的能力会得到充分的发挥，从而其劳动效果最好，创造的价值也最大。反之，则会使人力资源的作用程度和效果变差。另一方面，人力资源的可变性还表现为人力资源生成的可控性。

6. 差异性

从个体角度看，人力资源个体具有差异性。不同的人力资源个体在个人的知识技能条件、择业倾向、工作行为特征等方面存在一定的差异，这种差异性导致了人力资源需求单位对其选择的差异性。从宏观角度看，社会人力资源总体中存在着一定的差异，体现为社会人力资源人群的择业方向和人力资源市场的分层。

7. 社会性

人力资源具有社会性，表现在人的体力和脑力受到时代和社会因素的影响和制约上，社会政治、经济、文化等因素都会影响人力资源的质量的高低。众所周知，从整体上来看，发达国家的人力资源质量要明显地优于发展中国家的人力资源的质量。

8. 可开发性

人力资源具有可开发性，人力资源的开发具有投入少、产出大的特点。教育和培训是人力资源开发的主要手段，也是人力资源管理的重要职能。人力资源的使用过程也是开发过程，可以连续不断地开发与发展。

（二）人力资源的作用

1. 人力资源是财富形成的关键因素

社会财富是由具有使用价值的产品所构成的。从质的方面来看，自然资源转变为财富必须要有人力资源的作用。因为产品的形成必然要经过人的劳动，要由人使用劳动工具，作用于劳动对象，生产出具有使用价值的劳动产品。在这个劳动过程中，人力资源发挥了关键性的作用，可以说，没有人力资源的作用就不会有劳动产品的形成，也就没有社会财富的形成。从量的方面来看，人力资源的使用量决定了财富的形成量。一般来说，在其他要素投入充分的情况下，人力资源的使用量越大，创造的财富就越多，反之则越少。所以，无论是从质的方面还是从量的方面来研究，都会得出同样的结论：人力资源是财富形成的关键因素。

2. 人力资源是经济发展的主要力量

现代经济理论认为，经济增长主要取决于四个方面的因素。一是新的资本资源的投入；二是新的可利用的自然资源的发现；三是劳动者的平均技术水平和劳动效率的提高；四是科学的、技术的和社会的知识储备的增加。显然，这四项因素都与人力资源有关，特别是后两项因素与人力资源密切相关。因此，人力资源决定了经济的发展。经济学家也因此将人力资源称为第一资源。芝加哥大学教授、诺贝尔经济学奖获得者舒尔茨认为，人力资本（人力资源的货币表征）是国家和地区的富裕之源泉。

当代发达国家不仅占有资本资源优势，而且自然资源也得到了充分的利用。但是他们对这两种资源追求的难度不断增大，而且获取这两种资源对科学技术和知识的依赖程度也越来越大，同时也越来越依赖于具有先进生产知识和技能的劳动者的努力。因此，当代发达国家经济增长主要依靠劳动者的平均技术和劳动效率的提高以及科学、技术和知识储备的增加。

对发展中国家而言，初期经济发展的辉煌主要建立在不断增加资本资源投入，开发和利用更多的自然资源的基础之上。但这已经被许多国家的实践证明了并非是一条持续发展的道路。这是因为：一方面，资本资源和自然资源作用的发挥离不开与之相适应的劳动者技能和科学知识的掌握及运用；另一方面，自然资源的进一步开发和更多资本资源的取得也需要与之相适应的科学技术、知识信息的应用和劳动者的努力。如果这两个方面的问题解决不好，发展中国家就无法有效利用他们可能获得的宝贵的资本和有限的自然资源。一些发展中国家花费巨额外汇购买高新技术、设备，最终却事与愿违，这也从反面证实了这个道理。

3. 人力资源是企业的首要资源

企业是社会经济的细胞，是现代社会中最常见、最基本的社会经济组织，是经济活动的主体。企业的发展必然要投入各种资源，也就是我们所说的人、财、物等，但在这些资源中，人力资源是第一位的，是首要的资源。在人与物这一对因素中，只有人的因素才是决定性的，毛泽东曾经说过："世间一切事物中，人是第一可宝贵的"；著名的管理大师彼得·德鲁克也曾指出："企业只有一项真正的资源——人。"

现代企业的生存是一种竞争性生存，人力资源自然对企业竞争力起着重要的作用。依据美国田纳西大学工商管理学院管理学教授劳伦斯·S·克雷曼的观点：为了成功，企业组织必须获取并维持其对竞争对手的优势。这种竞争优势可以通过两个途径达到：一是成本优势，二是产品差异化优势。人力资源对企业成本优势和产品差异化优势意义重大。

（1）人力资源是企业获取并保持成本优势的控制因素。其一，高素质的雇员需要较少的职业培训，从而减少教育培训成本支出；其二，高素质员工有更高的劳动生产率，可以大大降低生产成本支出；其三，高素质员工更能开动脑筋，寻求节约的方法，提出合理化建议，减少浪费，从而降低能耗和原材料消耗，降低成本；其四，高素质员工表现为能力强、自学性高，无须严密监控管理，可以大大降低管理成本。这样，各种成本的降低会使企业在市场竞争中处于价格优势地位。

（2）人力资源是企业获取和保持产品差异化优势的决定性因素。企业产品差异化优势主要表现在创造比竞争对手质量更好的产品和服务，提供竞争者没有的创新性的产品和服务。显然，对于前者，高素质的员工，对创造高质量的一流产品和服务具有决定性的作用；对于后者，高素质的员工，尤其是具有创造能力、创新精神的研究开发人员更能设计出创新性的产品和服务。二者结合起来，就能使企业持续地获取和保持相对于竞争对手的产品差异优势，使企业在市场竞争中始终处于主动的地位，立于不败之地。

问题：

（1）影响人力资源的质量的因素有哪些？

（2）如何理解人力资源的作用？

第二节　人力资源管理概述

一、人力资源管理的含义

1954年，彼得·德鲁克提出并界定了人力资源概念后，人力资源管理的概念逐渐形成。1958年，工业关系和社会学家怀特·巴克（E.Wight Bakke）发表了《人力资源功能》一书，首次将人力资源管理作为企业的一种职能性管理活动予以阐述。他认为，人力资源管理是管理人员所具有

的一种广泛意义上的普通管理职能，通过对工作场所的个体进行适当的管理，使企业所有员工有效地工作和取得最大的发展机会。他主要从七个方面说明了人力资源管理职能超出了人事或工业关系经理的工作范围。具体包括：人力资源管理职能必须适应一定的标准，即“理解、保持、开发、雇用或有效地利用以及使这些资源成为整个工作的一个整体”；人力资源管理必须在任何组织活动的一开始加以实施；人力资源管理职能的目标是使企业所有员工有效地工作和取得最大的发展机会，并利用他们所拥有的与工作相关的技能使工作达到更高的效率；人力资源管理职能不仅包括和人事劳动相关的薪酬和福利，还包括企业中人们之间的工作关系；人力资源管理职能和组织中各个层次的人员息息相关，甚至包括CEO；人力资源管理职能必须通过组织中负责监督他人的每一个成员来实现，直线管理者在期望、控制和协调等活动方面承担着基本的人力资源职能；所有人力资源管理的结果所关注的一定是企业和员工根本利益的同时实现。

随着人力资源管理理论和实践的不断发展，人力资源管理的各种流派不断产生，他们从各自不同的研究领域来对人力资源管理的概念进行界定和解释，很难达成一致的人力资源管理的概念。当代人力资源管理学界较有代表性的观点大致有以下几个：

美国的R. 韦恩·蒙迪等在其《人力资源管理》一书中提出，人力资源管理是利用人力资源实现组织目标的管理。

美国的舒勒等在《管理人力资源》一书中提出，人力资源管理是采用一系列管理活动来保证对人力资源进行有效的管理，其目的是实现个人、社会和企业的利益。

加里·德斯勒（Gary Dessler）在其所著的《人力资源管理》一书中提出，人力资源管理是为了完成管理工作中涉及人或人事方面的任务所需要掌握的各种概念和技术。

迈克·比尔提出，人力资源管理包括会影响公司和雇员之间关系的（人力资源）性质的所有管理决策和行为。

国内学者赵曙明认为，人力资源管理是对人力这一特殊的资源进行有效开发，合理利用与科学管理。

国内学者彭剑峰认为，人力资源管理是依据组织和个人发展的需要，对组织中的人力这一特殊资源进行开发、合理利用与科学管理的机制、制度、流程、技术和方法的总和。

国内学者董克用认为，人力资源管理是指组织为了获取、开发、保持和有效利用在生产和经营过程中必不可少的人力资源，通过运用科学、系统的技术和方法所进行的各种相关的计划、组织、领导和控制活动，以实现组织既定目标的管理过程。

综合国内外学者对人力资源管理的各种观点，本书认为，所谓人力资源管理，就是组织为实现其既定目标，运用现代化的科学方法和理论，获取、开发、保持和有效利用人力资源的管理过程。

正确理解人力资源管理的概念，应当弄清以下几个问题：

1. 人力资源管理与管理学

管理是社会生产力发展的产物，是共同劳动的结果。管理是为了达到一定的目标，管理者依照某些原则、程序、方式、方法和手段，对有关的人和事进行计划、组织、指挥、协调和控制的一系列活动过程的总称。在组织、领导、激励、控制等管理的职能中都包含着人力资源管理的内容。因此，人力资源管理是现代管理学的分支，两者是局部与整体的关系。

2. 人力资源管理和企业管理

人力资源管理是企业的一个组成部分，人力资源管理和企业管理是部分与整体的关系。具体来说，一方面，人力资源管理是企业管理的重要组成部分。企业的正常运行、既定目标的实现，都离不开各种资源，企业管理从某种意义上来说，就是对企业中投入和拥有的资源进行有效管理。而人力资源是企业各种资源中最重要的资源，企业中各项工作的实施都离不开人力资源，没有人力资源，企业的既定目标的实现就失去了可能性，而人力资源管理正是要人尽其才，事得其人，人事相宜，为企业既定目标的实现提供强有力的支持和保证。另一方面，无论人力资源管理在企业管理中处于多么重要的位置，发挥着多么重要的作用，它也只是企业管理的一个组成部分，与企业管理也只是部分和整体的关系，所以，人力资源管理不能也不可能代替企业管理去解决企业管理中的全部问题。

3. 人力资源管理与人事管理

人事管理与人力资源管理代表了关于人的管理的不同历史阶段。

人事部门的正式出现大致在20世纪20年代。目前，人事管理领域进一步扩大，在西方的管理观念和实践上，已经趋向采用“人力资源管理”这

一概念来代替人事管理的概念。

人事管理是国家管理、社会组织管理的重要职能。在企业生产经营活动中，人事管理是企业管理的重要组成部分。传统的人事管理（Personnel Management，PM）是以人与事的关系为核心，以组织、协调、控制、监督人与事的关系为职责，以谋求人与事的相适为目标的管理活动，是企业管理中一个相对独立的系统。早期的人事管理主要是人事档案管理，如记录员工的进出、工资晋升、职务升降、岗位变动以及奖惩等情况。企业组织人事部门的主要职能往往被人们看作记录性的档案管理。此后，人事管理又发展了一种被称为"反映性管理"的职能，如某人工伤、出现劳动纠纷等可以通过"反映"得到解决。但是，人事管理在很长的一段时间里仍然处于一种被动性的和缺乏灵活性的状态，它至多停留在"反映"的程度上。应当指出的是，人事管理作为企业管理中的重要一环，是在管理活动过程中逐渐发展和完善的，它在决策中的重要地位也日益凸显。几十年来，随着知识经济的兴起，企业界的有识之士越来越认识到员工对于企业兴衰存亡的决定性作用，逐步确立了"以人为本"的企业管理指导思想，针对人事管理传统模式的被动性、缺乏灵活性的弊端，欧洲各国率先对人事管理作了较大的变革，代之以人力资源管理。

由于人力资源管理与人事管理二者在很多方面相互联系、互相渗透，所以很容易让人误认为传统人事管理与人力资源管理只是名称上的不同，仅是对同一个事物的不同称呼而已。实际上它们之间有本质上的区别，其差异点主要表现在以下四个方面：

（1）核心不同。传统的人事管理，强调以"工作"为核心，看重人对工作的适应性。员工应该服从工作的需要，对员工的评价也只是对其工作绩效的评价，而对员工的个人愿望和发展置之不顾。人力资源管理则强调以"人"为本，以"人"为核心，强调人的价值与人的决定性作用。当然，这并不是意味着对工作的轻蔑，而是努力寻求"人"与"工作"相互适应的契合点，是一种较为典型的"双赢方案"。

（2）在企业中的战略地位不同。传统的人事管理，特别是在计划经济下的国有企业，人事部门被看作一个普通业务管理部门，一个与企业的经济效益没有多少直接联系的部门。而现代意义上的人力资源管理则被看作企业经营战略的重要组成部分，是企业竞争的重要资源。

（3）工作的着眼点不同。传统的人事管理主要着眼于当前人员的补充、岗位的培训等。无论从指导思想还是从工作内容来看，都主要偏重于事务性。人力资源管理则是从最大限度地挖掘人的潜能、调动人的积极性的战略高度来谋求企业的长远发展，追求投入产出的最佳方式。

（4）系统关系不同。传统的人事管理是多个、分散的管理部门，比如，上、中层干部归组织部管，其他人员归人事科管，培训归教育科管……而人力资源管理则是一个完整的系统，它把组织中与人有关的各个项目统筹管辖、合理安排，具有较强的科学性和实用性。

因此，我们可以说，人力资源管理是现代的人事管理。二者之间是一种继承与发展的关系：一方面，人力资源管理是对人事管理的继承，是从传统的人事管理演变而来的，人力资源管理依然要履行人事管理的许多职能；另一方面，人力资源管理又是对人事管理的发展，它的立场和角度完全不同于人事管理，可以说是一种全新视角下的人事管理。

4. 人力资源管理与组织行为学

人力资源管理与组织行为学，是应用学科与基础理论学科间的关系。组织行为学集中了行为科学的主要研究成果，偏于心理方面的研究，包括个体心理、群体心理、组织心理、领导心理等内容。这些理论的应用就构成了人力资源管理的基本内容。在实际的学科研究中，很难将组织行为研究与人力资源管理研究二者截然分开。诸如团队组织、组织文化、组织变革、组织强化、领导者开发等就很难界定成单一的人力资源管理或单一的组织行为学。也可以理解为，组织行为学是研究人力资源的心理层面，而人力资源管理则主要研究人力资源的职能层面，如人力资源计划、招聘、培训、绩效、薪酬、劳动关系、组织文化建设等各种管理职能。

二、人力资源管理的发展历程及趋势

（一）人力资源管理的发展历程

人力资源管理从产生直至发展到目前相对完善的理论体系，经历了一个长期的演变过程。作为管理的重要构成部分的人力资源管理，其发展必然是伴随着管理理论的不断丰富和发展而逐步发展完善的。因为系统化和理论化的管理最早产生于西方社会，所以，我们对人力资源管理发展历程的考察主要集中于西方发达国家。应当强调的是，对人力资源管理发展阶段的研究，其目的并不在于这些阶段本身，而是要借助这些阶段的划分来把握人力资源管理的整个发展脉络，从而加深对它的理解。

国内外学者对西方国家人力资源管理发展历程的研究一般都是按照将其划分为若干个阶段的思路来进行的。而对于阶段的具体划分，他们从不同的角度出发，提出了诸多的观点和看法。其中具有代表性的观点包括六阶段论、五阶段论、四阶段论和三阶段论。这些理论从不同的角度揭示了人力资源管理的发展历程。

1. 六阶段论

（1）以美国华盛顿大学的弗伦奇（French，1998）为代表的学者，从管理的历史背景出发，将人力资源管理的发展划分为六个阶段：

①科学管理运动阶段。以泰罗和吉尔布雷思夫妇为代表，关注的重点是职位分析、人员的选拔和报酬方案的制定。

②工业福利运动阶段。工业福利运动几乎与科学管理运动同时展开。这时，专门从事员工福利方案制定和实施的所谓社会秘书（福利秘书）在企业中出现，员工的待遇和报酬成为管理者关心的重要问题。

③早期工业心理学。工业心理学的创始人雨果·芒斯特伯格等心理学家的研究成果有力地推动了企业人事管理工作的科学化进程。个人心理特点和工作绩效关系的研究以及人员选拔中预测效度的提出，使得人事管理逐步进入科学化的发展轨道。

④人际关系运动时代。1923年在芝加哥西方电气公司霍桑工厂进行的著名的霍桑实验的结果，使管理从科学管理时代步入了人际关系时代。在其影响下，人力资源管理开始由以工作为中心转到以人为中心。

⑤劳工运动阶段。雇佣者与被雇佣者的关系，一直是人力资源管理的重要内容之一。在美国，从1842年到1935年，劳工运动经历了近百年的发展阶段。从美国马萨诸塞州最高法院1842年对劳工争议案的判决开始，美国的工会运动快速发展，1886年美国劳工联合会成立。大萧条时期，工会也处于低潮。1935年，随着美国劳工法案——瓦格纳法案（Wagner act）的颁布，工会重新兴盛。罢工现象此起彼伏，缩短工时、提高待遇的呼声越来越高，因此出现了“集体谈判”。20世纪60~70年代，美国联邦政府和州政府连续颁布了一系列关于劳动和工人权利的法案，促进了劳工运动的发展，人力资源管理成为法律敏感行业。从那时起直到今天，在西方国家

的人力资源管理中，处理劳工关系，使企业避免劳动纠纷诉讼，一直都是人力资源管理的重要任务。

⑥行为科学与组织理论时代。进入20世纪80年代，组织管理的特点发生了变化。在激烈的竞争环境中，企业越来越重视其对外部环境的反应能力和根据外部环境进行变革的组织弹性，以此来增强企业的竞争力。在这个阶段，人力资源管理的特点，是将组织看作整个社会系统的一个子系统，而人是这个系统的组成部分。从单个的人到组织，把个人放在组织中进行管理，强调文化和团队的作用。

（2）我国学者董克用也将人力资源管理的发展历程划分为六个阶段。

①萌芽阶段：即工业革命时代，时间大致从18世纪末到19世纪末。工业革命的出现使社会生产方式发生了根本性变化。由于劳动分工思想的提出，个体劳动在工厂中消失，工人的协作劳动成为主体，因此对工人的管理问题就逐渐凸显出来。在这一阶段，诸如在劳动分工的基础上对每个工人的工作职责进行界定、实行具有激励性的工资制度、对工人的工作业绩进行考核等各种管理思想逐渐形成。尽管这些管理思想基本上以经验为主，并没有形成科学的理论，但是奠定了人力资源管理的雏形。

②建立阶段：即科学管理时代，时间大致从20世纪初至1930年前后。科学管理思想的出现使管理从经验阶段步入了科学阶段，这在管理思想发展史上具有划时代的意义。一方面，诸如职位分析、招聘录用、员工培训等人力资源管理的基本职能在这一阶段初步形成；另一方面，出现了负责招聘录用、抱怨处理、工资行政等事务的专门的人事管理部门。这些都标志着人力资源管理的初步形成。

③反省阶段：即人际关系时代，时间大致从20世纪30年代到第二次世界大战结束。从1924年开始到1932年才结束的霍桑实验引发了对科学管理思想的反思，将员工视为“经济人”的假设受到了现实的挑战。霍桑实验发现了人际关系在提高劳动生产率中的重要性，揭示了对人性的尊重、人的需要的满足、人与人的相互作用以及归属意识等对工作绩效的影响。人际关系理论开创了管理中重视人的因素的时代，是西方管理思想发展史上的一个里程碑。这一理论同时也开启了人力资源管理发展的新阶段，很多企业采用了诸如设置专门的培训主管、强调对员工的关心和理解以及增强员工和管理者之间的沟通等人事管理的新方法。人事管理人员负责设计和

实施这些方案，人事管理的职能得到了极大的丰富。

④发展阶段：即行为科学时代，从20世纪50年代到70年代。从50年代开始，基于人际关系的人事管理方法逐渐受到了挑战，“愉快的工人是生产率高的工人”的假说并没有得到事实的证明。组织行为学的发展，使得人事管理从对个体的研究与管理扩展到对群体和组织的整体研究和管理，人力资源管理也从监督制裁到人性激发、从消极惩罚到积极激励、从专制领导到民主领导、从唯我独尊到意见沟通、从权力控制到感情投资，并努力寻求人与工作的配合。

⑤整合阶段：即权变管理时代，从20世纪70年代到80年代。在这一阶段，企业的经营环境发生了巨大的变化，各种不确定性的因素在增加，企业管理不仅要考虑到自身的因素，还要考虑到外部的各种因素的影响。在这种背景下权变理论应运而生，它强调管理的方法和技术要随企业内外环境的变化而变化，应当综合运用各种管理理论而不只是某一种。在这种理论的影响下，人力资源管理发生了深刻的变化，同样强调针对不同的情况采取不同的管理方式、实施不同的管理措施。

⑥战略阶段：即战略管理时代，从20世纪80年代至今。进入80年代以后西方经济发展过程中一个突出的现象就是兼并，为了适应兼并发展的需要，企业必须制定出明确的发展战略，因而战略管理逐渐成为企业管理的重点，而人力资源管理对企业战略的实现有着重要的支撑作用，所以，从战略角度思考人力资源管理的问题，将其纳入企业战略的范畴成为人力资源管理的主要特点和发展趋势。

2. 五阶段论

以罗兰和费里斯（Rowland & Ferris，1982）为代表的学者根据人力资源的发展史，将其发展历程划分为五个阶段：工业革命时代、科学管理时代、工业心理时代、人际关系时代、工作生活质量时代。

五阶段论中，前四个阶段的划分和弗伦奇六阶段论基本一致，但特别的是五阶段论把工作生活质量划分为一个独立的时代。工作生活质量是员工对自己在工作环境中的生理和心理健康状况的知觉。关于工作生活质量可以从两个不同的角度来理解：一是可以等同于组织的客观条件和活动，如内部晋升政策、民主管理、员工参与、安全工作条件等；二是可以等同于员工个人对于自己在组织中生活的感受和认识，主要是自己的需要是否得到了满足。工作生活质量的核心是参与，其方法有很多，如工会—管理者协作项目、参与式工作设计、利润分享、员工持股方案等。因此，20世纪80年代以后，参与管理、民主管理、全面质量管理、学习型组织、企业文化等盛行，人力资源管理也受到了影响。

3. 四阶段论

以科罗多拉（丹佛）大学的韦恩·卡肖（Wayne F.Cascio，1995）为代表的学者从功能的角度将人力资源管理的发展历程分为四个阶段。

（1）档案保管阶段——20世纪60年代。在这一阶段，企业内部设置了独立的或非独立的人事部门，其主要工作就是招聘录用、培训和人事档案管理。此时，人力资源管理缺乏对其工作性质与目标的认识，并且企业内部也没有清晰的人事管理条例和制度。

（2）政府职责阶段——20世纪70年代前后。政府对企业内部管理的介入和相关法律的制定都对企业人力资源管理产生了巨大影响。美国1964年通过《民权法》后，又相继颁布了《反各种族歧视法》《退休法》和《保健安全法》等涉及公民雇用的多种法规，企业如果违反了这些法规就会付出巨大的经济代价。这迫使企业各层领导对劳动人事管理工作给予了足够的重视，不允许任何环节有丝毫疏忽，力求避免和缓解劳资纠纷，并在出现劳资纠纷时能争取主动。但这种重视仅仅是从规避法律风险的角度出发，只是为了应对政府的要求，因此，许多企业的高层领导都将人力资源管理所支出的费用视为不能直接为企业创造价值和产生利润的非生产性消耗。

（3）组织职责阶段——20世纪70年代末到80年代。随着心理学、社会学和组织行为学渗透到企业管理领域而形成的理论被企业广泛接受、劳资关系紧张的加剧以及政府官员对企业的不公正干预等因素的影响，企业领导人逐渐转变了以往把人事管理视为政府职责的观念，而将人事管理作为企业自己的“组织的职责”，视人力资源为企业最重要的战略资源，吸收人事经理进入企业领导高层，共同参与企业的经营决策。许多企业的高层领导人都相信，调动人的积极性和掌握处理人际关系的技能非常重要，它既是保证企业排除当前困境的有效方法，也是保证企业未来成功的关键因素。20世纪80年代初，美国以及欧洲一些国家出现了人力资源开发和管理的组织，人事部门也纷纷改名为人力资源管理部，企业实现了由强调对物的管理向强调对人的管理的转变。

（4）战略伙伴阶段——20世纪90年代。人力资源战略成为公司重要的竞争战略，把人力资源管理上升到公司战略的高度，使人力资源管理与公司的总体经营战略紧密联系在一起是20世纪90年代后企业人力资源管理的重要发展。在这个阶段，人们已经达成一个共识：在国际范围的市场竞争中，无论是大公司还是小公司，要想获得和维持竞争优势，核心的资源是人力资源。这使得人力资源管理成为整个企业管理的核心。

4. 三阶段论

（1）福姆布龙、蒂奇和德兰纳（Fombrun，Tichy & Deranna，1984）首先提出把人力资源作为战略的概念，并根据人力资源管理在组织管理中所扮演的角色和所起的作用，把人力资源管理的发展历程分为三个阶段：

①操作性角色时代。在这一阶段，人力资源管理的主要内容是一些简单的事务性工作，在管理中发挥的作用并不是很明显。

②管理性角色时代。在这一阶段，人力资源管理开始成为企业职能管理的一部分，承担着相对独立的管理任务和职责。

③战略性角色年代。随着竞争的加剧，人力资源在企业中的作用愈加重要，人力资源管理开始被纳入企业的战略层次，要求从企业战略的高度来思考人力资源管理的相关问题。

（2）国内学者付亚和、孙健敏（1995）等也将西方人力资源管理的发展历程划分为三个阶段：

①初级阶段：早期的工业心理学和以泰罗为代表的古典科学管理学派，管理的中心是如何通过科学的工作方法来提高人的劳动效率。

②人事管理阶段：以工作为中心。

③人力资源管理阶段：强调人与工作的相互适应。

这种阶段的转变也可以从流行的专业术语中反映出来。初级阶段，主要围绕劳工关系展开，所使用的术语主要是劳工关系、工业关系、雇佣关系、劳动管理、人力管理、人事管理等。

在人事管理阶段，强调人对工作的适应，借助于心理学的研究方法和研究结果，把工作分析、心理测验、绩效考核、职业生涯、管理开发等作为研究主体。

进入20世纪80年代后期，人力资源管理转变为人与工作的相互适应，或者是以人为中心的管理，强调工作为人服务（包括客户和员工），人是最大的资本和资源。人力资源战略、组织变革、企业文化、员工权利、灵活的报酬制度和管理制度、全员持股方案等成为流行术语。

（二）人力资源管理的发展趋势

随着知识经济时代的来临，信息通信技术更加发达，技术更新速度进一步加快，融资手段、方式的多样化，使得组织间的竞争由产品、财力的竞争，逐渐发展到智力资本的竞争。组织只有取得了比竞争对手更为优质的人力资源，并充分发挥其智力，才会在竞争中获得并保持优势。因此，我们可以说组织竞争已经逐渐步入了智力资本竞争时代。顺应时代的发展，组织必须不断提升对人力资源的重视程度，把人力资源的开发和管理作为组织提高效率、保证自身竞争优势的利器。在21世纪，人力资源管理以更加积极的姿态出现，其发展突出以下重点：

1. 以人为本

在知识经济时代，由于组织规模的不断扩大，组织内部的协调机制发生了根本性的变化，组织管理者更多地通过授权、沟通，而不是命令、控制来协调员工的观念和行为，从而达到既实现组织目标，又满足员工个人发展的需要。通过文化建设，倡导共同的价值观，带动组织管理工作的全面发展。也就是说，管理的理念与管理方式越来越柔性化、人性化，这是人力资源管理价值观的创新。

2. 学习型组织

知识经济时代的人力资源开发与管理，首先需要每一位员工都成为自觉学习的“学习人”。学习知识和不断创造新的知识，并将知识转化为现实的生产力，都成为21世纪人们最重要的活动。学习型组织的真谛是：一方面使组织具有不断改进的能力，提高组织竞争力；另一方面实现个人与工作的真正融合，使人们在工作中实现生命的意义。学习型组织的成功缔造，使得组织和员工实现不断进步、共同创造美好未来的最终目的。这正是“以人为本”管理理念在人力资源管理中的具体体现，是人力资源管理的组织创新。

3. 跨文化管理

随着经济全球化的到来，国际性的交流日益频繁，不同文化背景下的

管理理念相互冲撞、融合，如何处理好人力资源管理政策和功能的国际化和本土化成为希望实施全球战略的跨国公司所面临的最大挑战。虽然从人力资源管理的职能角度来看，跨国公司与普通公司一般无二，但不同国家的环境和文化必然使得诸如人员的选择、培训、评估和职位晋升等人力资源管理的实践活动在方式方法上存在着相当大的差异。如何处理好由文化差异所带来的管理理念和管理方式上的差异，成为人力资源管理所面临的一项新课题。

4. 战略人力资源管理

人力资源已经成为组织重要的战略性资源，并被充分考虑到组织的战略规划中去。人力资源管理部门不只是为其他部门提供例行性服务，组织也不再只是对人力资源进行浅层次的管理，而是将人力视为一种可增值的资源进行深度开发与经营。组织需要建立起由高管人员、直线经理以及专业人力资源管理团队共同组成的人力资源经营主体，将人力资源管理提升到战略高度。

三、人力资源管理的功能

由于人力资源管理的功能和职能在形式上可能有些相似，并且在英文中“功能”和“职能”也都对应为同一单词“function”，所以许多人常常把人力资源管理的功能和人力资源管理的职能相互混淆。但从严格的意义上来说，功能和职能在本质上是不同的，因此，将人力资源管理的功能和职能加以严格区分是有意义的。人力资源管理的功能是指它自身应该具备或者发挥的作用，而人力资源管理的职能则是指其所应承担或履行的一系列活动。人力资源管理的功能是通过它的职能来实现的，是人力资源管理职能履行的结果。

人力资源管理的功能主要体现在四个方面，即人力资源的获取、开发、保持、激励，如图1–3所示。

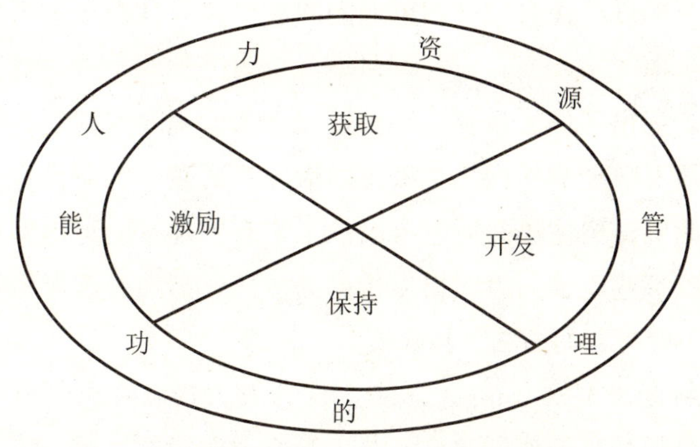

图1-3 人力资源管理的功能

获取功能是指为实现企业目标，吸引和甄选合适的人员进入企业，并配置到相应的岗位上；开发功能是指不断地培训员工，开发员工的潜能，使他们掌握在本企业现在及将来工作所需要的知识、能力和技能；保持功能是指使现有员工满意并继续留在本企业工作；激励功能是指引导与改变员工的态度、行为，使其在本职工作岗位人尽其才，创造优良绩效。

应当注意的是，人力资源管理的这四项功能不是孤立无关的，而是密切联系、相辅相成、彼此配合的。组织在某一方面的决策常常会影响其他方面的决策。具体来说：获取功能是基础，它为其他功能的实现提供了前提条件，没有人进入，其他功能就无从谈起，但是如果选择不恰当的人进入企业，也会给其他功能的发挥带来极大的障碍；激励功能是核心，只有激励员工创造优良业绩，才能确保组织战略目标的实现，最终使企业得以生存与发展，所以，其他功能都是为其服务的；开发功能是手段，没有合适的培训与开发，员工无法掌握相应的知识、能力与技能，就不可能获得较高的绩效，激励功能也无法发挥，所以育人是用人的前提，通过育来实现用，以达到最终目标；保持功能是保障，只有使获取的员工满意并安心在本企业工作，才能形成并保持企业的核心竞争力，降低企业成本，开发功能与激励功能也才有稳定的对象，而对象的稳定可以保证对其作用的连续性和持久性。

四、人力资源管理的目标

人力资源管理应当达到或实现什么样的目标，一直都是学术界和人力资源管理专业人员在认真研究和思考的问题，国内外学者提出了许多概括和说明。

美国学者提出了四大目标：第一，保证适时地雇用到组织所需要的员工；第二，最大限度地挖掘每个员工的潜质，既服务组织目标，也确保员工的发展；第三，留住那些通过自己的工作有效地帮助组织实现目标的员工，同时排除那些无法为组织提供帮助的员工；第四，确保组织遵守政府有关人力资源管理方面的法令和政策。

阿姆斯特朗（Armstrong，1992）认为人力资源管理应当实现10个目标：①通过公司最有价值资源——员工来实现公司的目标；②使人们把促成组织的成功当作自己的义务；③建立具有连贯性的人事方针和制度；④努力寻求人力资源管理方针和企业目标之间的统一；⑤当企业文化合理时，人力资源管理方针应起支持作用，否则人力资源管理方针应促使其改善；⑥创造理想的组织氛围，鼓励个人创造性，培育积极向上的作风；⑦创造灵活的组织体系，帮助公司实现竞争环境下的具体目标；⑧提高员工个人在决定上班时间和职能分工方面的灵活性；⑨提供工作和组织条件，为员工充分发挥潜力提供支持；⑩维护和完善员工队伍以及产品和服务。

萧明政（2001）将人力资源管理的目标归纳为三点：①保证组织人力资源的需求得到最大限度的满足；②最大限度地开发和管理组织内外的人力资源，促进组织的持续发展；③维护和激励组织内部的人力资源，使其潜能得到最大限度的发挥，使其人力资本得到应有的提升和扩充。

董克用认为（2003），人力资源管理的目标应当从最终目标和具体目标两个层面来理解，如图1-4所示。

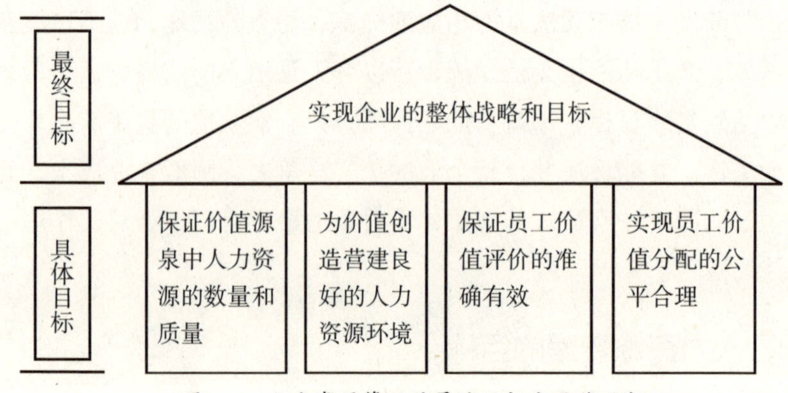

图1-4 人力资源管理的最终目标和具体目标

图1-4中显示，人力资源管理的最终目标是有助于实现企业的整体战略和目标。因为对企业进行管理的目的就是要实现企业的既定目标，而人力资源管理作为管理的组成部分，必然要有助于此目标的实现。虽然不同企业的整体目标可能有所不同，但创造价值以满足相关利益群体的需要这一最基本的目标都是一致的。而人力资源管理具体目标的实现可以保证人力资源管理的最终目标的实现，从而支持企业整体目标的实现。

从企业价值链的角度来看，人力资源管理的具体目标就是要对企业价值链中各个环节的实现提供强有力的支持，如图1-5所示。

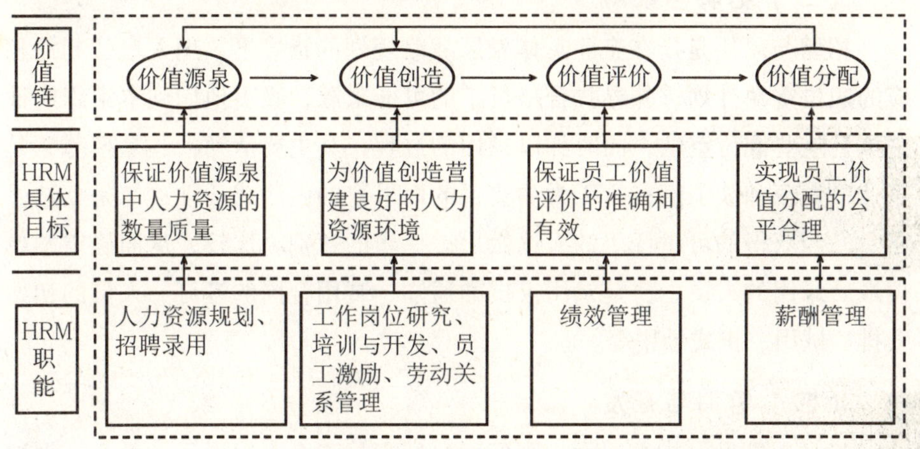

图1-5 企业价值链和人力资源管理具体目标及职能活动的关系

五、人力资源管理的职能

人力资源管理的目标是通过其承担的各项职能及从事的各项活动得以实现的。有关人力资源管理的职能和活动，国内外的学者看法不一，存在许多观点。综合来看，人力资源管理的基本职能活动大致可以归纳为以下七个方面。

（一）人力资源规划

人力资源规划是为了实现企业的战略目标，根据企业的人力资源现状，科学地预测企业在未来环境变化中的人力资源供求状况，并制定相应的政策和措施，从而使企业的人力资源供给和需求达到平衡，并使企业和个人都获得长期的利益。其主要活动：一是根据组织的发展战略和经营目标预测未来在一定时期内，组织的人力资源需求和供给；二是根据预测的结果，制订平衡供需的计划。

（二）工作岗位研究

工作岗位研究是指以企事业各类劳动者的工作岗位为对象，采用科学的方法，经过系统的岗位调查、岗位信息的采集，以及岗位分析和岗位评价，制定出岗位说明书等人事管理文件，为员工的招聘、考核、培训、晋升、调配、薪酬和奖惩提供客观依据的过程。其主要活动：一是界定组织内各职位所要从事的工作内容和承担的工作职责；二是确定各职位所要求的任职资格。

（三）招聘与录用

招聘与录用是指在企业总体发展战略规划的指导下，用人单位制订相应的职位空缺计划，并寻找合格员工的可能来源，吸引他们到本组织应征来填补这些职位空缺，同时加以录用的过程。其主要活动：一是招募，是企业以发现和吸引潜在员工为主要目的而采取的做法或活动；二是甄选，是对已经获得的可供任用的人选做出进一步的甄别、比较，从而确定本单位最后录用的人员；三是录用人员的通知、试用合同的签订、人员的初始安排、试用、正式录用等。

（四）培训与开发

培训与开发是指组织为实现经营目标和员工个人发展目标而有计划地组织员工进行学习和训练以改善员工工作态度、增加员工知识、提高员工技能、激发员工创造潜能，进而保证员工能够按照预期标准或水平完成所承担或将要承担的工作和任务的人力资源管理活动。其主要活动：一是进行培训与开发需求分析，二是制订培训与开发计划，三是组织实施培训与开发计划，四是进行培训与开发效果评估及反馈。

（五）绩效管理

绩效管理是指为了实现组织发展战略目标，采用科学的办法，通过对员工个人或组织的综合素质、态度行为和工作业绩的全面监测分析与考核评定，不断激励员工提高综合素质，改善组织行为，充分调动员工的积极性、主动性和创造性，挖掘其潜力的活动过程。其主要活动：一是构建绩效计划与指标体系，二是绩效管理的过程控制，三是绩效考核与评价，四是绩效反馈与面谈，五是绩效考核结果的应用。

（六）薪酬管理

薪酬管理是在组织经营战略和发展规划的指导下，综合考虑内外部各种因素的影响，确定自身的薪酬构成、薪酬水平、薪酬结构，并进行薪酬调整和薪酬控制的过程。其主要活动：一是确定薪酬水平、薪酬结构和薪酬形式；二是进行薪酬调整和薪酬控制。

（七）劳动关系管理

劳动关系管理是以促进企业经营活动的正常开展为前提，以缓和和调整企业劳动关系的冲突为基础，以实现企业劳动关系的合作为目的的一系列组织性和综合性的措施和手段。其主要活动：一是促进企业劳动关系合作，二是缓和及调整企业劳动关系冲突。

必须指出的是，人力资源管理各项职能间相互联系、相互影响，共同组成了一个有机的系统。在这个系统中，有两个职能尤为重要：一是工作岗位研究，二是绩效管理。工作岗位研究是整个人力资源管理职能体系的基础，它为人力资源管理的其他职能提供了支撑和保证；绩效管理是核心，人力资源管理的其他职能或多或少地都要和它发生联系。

六、人力资源管理的责任

人力资源管理部门及其工作人员是人力资源管理的责任者，这一点毋庸置疑。但除此之外是否还有其他的责任者，恐怕就没有那么明确了。现实中很多人，甚至包括一些企业领导人都存在着一个错误的认识，认为人力资源管理部门及其工作人员是人力资源管理的唯一责任者，因此企业人力资源管理的一切问题，都应当由他们负责。实际上，虽然人力资源管理部门及其工作人员的全部工作都围绕着企业内的“人”来展开，担当着企业人力资源的选、育、留、用的重任，但这并不是说企业人力资源管理的全部责任都应当由他们来承担，人力资源管理的责任者应当是企业从高层、中层到基层的所有管理者。对这一点，必须予以澄清。从是否专门从事人力资源管理工作的角度来看，我们可以把人力资源管理者分为两大类：一类称之为专业人力资源管理者，即人力资源管理部门的专业人员，他们担负着人力资源管理政策、制度、程序、方法的制定工作；另一类称之为一般人力资源管理者，即直线经理，他们是人力资源管理实践活动的主要承担者。从宏观上来说，这两类人员共同担负着企业人力资源管理

的责任；从微观上来说，这两类人员分工合作、各司其职，在整个人力资源管理活动中各有不同的工作分工和工作重点。具体来说表现在以下几个方面：其一，专业人力资源管理者制定的企业人力资源管理相关政策和制度，由一般人力资源管理者加以层层分解和贯彻落实；其二，专业人力资源管理者对一般人力资源管理者的工作进行监督，检查其对人力资源管理政策和制度的执行情况，及时发现问题予以纠正，与此同时还要提供必要的指导和技术支持，保障他们顺利完成人力资源管理工作；其三，一般人力资源管理者根据其工作现实状况，提出有关人力资源管理的需求，专业人力资源管理者根据需求提供相应服务。专业人力资源管理者和一般人力资源管理者在人力资源管理具体职责上的大致分工见表1–1。

表1–1 一般人力资源管理者与专业人力资源管理者的职责分工

职能	一般人力资源管理者的职责	专业人力资源管理者的职责
工作岗位研究	1.为岗位分析人员提供相关工作信息 2.协助岗位分析人员编写和修改岗位说明书	1.根据部门主管提供的信息，编制岗位说明书 2.与其他部门进行沟通，修订岗位说明书
人力资源规划	1.提出未来需求人员的数量要求 2.提出未来需求人员的质量要求	1.汇总各部门的人员需求计划，综合分析，预测企业总体的人员需求 2.预测企业总体的人员供给 3.拟定供需平衡总体计划
招聘与录用	1.说明空缺岗位对人要求，为选拔测试提供依据 2.面试应聘人员 3.做出录用决策	1.根据规划确定招聘时间、范围和方法 2.发布招聘信息 3.初步筛选应聘人员 4.配合用人部门对应聘者进行测试，确定最终人选 5.为新员工办理各种手续
培训与开发	1.对新员工进行指导和培训 2.向人力资源管理部门提出培训需求 3.参加有关的培训项目 4.对培训提出意见	1.制定培训方案，包括培训形式、项目和责任等 2.汇总各部门的需求，平衡并形成企业的培训计划 3.组织实施培训计划 4.收集反馈意见
薪酬管理	1.提供各项工作性质及相对价值方面信息 2.提出相关的奖惩建议	1.实施工作评价 2.进行薪酬调查 3.确定薪酬体系 4.审核各部门的奖惩建议 5.办理福利、保险项目

续表

职能	一般人力资源管理者的职责	专业人力资源管理者的职责
绩效管理	1.确定本部门考核指标的内容和标准 2.参加考核者的培训 3.具体实施本部门的考核 4.根据考核结果向人力资源管理部门提出相关建议	1.制定薪酬管理的体系，包括考核内容的类别、周期、方式及步骤等 2.指导各部门确定考核指标的内容和标准 3.对管理者进行考核培训 4.组织考核的实施 5.处理员工对考核的申诉 6.保存考核的结果 7.根据考核结果做出相关决策
劳动关系管理	1.营造相互尊重、相互信任的氛围，维持健康的劳动关系 2.贯彻劳资协议的各项条款 3.确保员工申诉程序按照劳资协议执行，在调查后作出申诉的最终裁决 4.与人力资源管理部门共同参与劳资谈判 5.建立沟通机制，保持员工沟通渠道的畅通 6.确保员工在纪律、解聘、职业安全等方面受到公平对待	1.分析导致员工不满的深层次原因 2.帮助直线经理理解劳资协议的条款，防范易出现的问题 3.向直线经理提出员工投诉的处理建议，帮助有关方面就投诉问题达成最终协议 4.帮助直线经理提高沟通技能 5.开发和推行确保员工得到公平对待的相关程序

问题：

1. 怎样理解人力资源管理和传统人事管理之间的关系？

2. 如何理解“人力资源管理的职能是一个体系”这句话？

3. 为什么说“所有的管理者都是人力资源管理的责任者”？

【本章小结】

人力资源是指能够推动社会和经济发展，并能被组织所利用的劳动者的能力，是人的脑力和体力的总和，包括知识、经验、技能和体能等能力。人力资源是一种特殊的资源，它具有生物性、能动性、时效性、再生性、可变性、差异性、社会性和可开发性等特征。人力资源和人力资本是既有联系又有区别的两个概念。人力资源包括数量和质量两个方面。

人力资源管理，是组织为实现其既定目标，运用现代化的科学方法和理论，获取、开发、保持和有效利用人力资源的管理过程。人事管理与人力资源管理代表了关于人的管理的不同的历史阶段。人力资源管理的功能主要体现在获取、开发、保持、激励四个方面。有助于实现企业的整体战略和目标是人力资源管理的最终目标，这个最终目标是依靠四个具体目标——保证价值源泉中人力资源的数量和质量、为价值创造营建良好的人力资源环境、保证员工价值评价的准确有效和实现员工价值分配的公平合理来实现的。人力资源管理的职能主要包括：工作岗位研究、人力资源规划、招聘与录用、培训与开发、绩效管理、薪酬管理和劳动关系管理等。

【复习思考题】

1. 如何理解人力资源的概念？
2. 如何理解人力资源的数量和质量？
3. 人力资源的特征有哪些？
4. 人力资源和人力资本的区别与联系各是什么？
5. 人力资源有什么作用？
6. 什么是人力资源管理？
7. 人力资源管理和传统的人事管理的关系如何？
8. 国内外学者对西方国家人力资源管理发展历程的划分主要有哪几种？
9. 人力资源管理的功能有哪些？
10. 人力资源管理的目标是如何划分的？
11. 人力资源管理的职能活动包括哪些方面？
12. 人力资源管理的作用如何？
13. 人力资源管理的责任是如何划分的？
14. 人性假设理论的内容有哪些？
15. 激励理论的主要类型有几种？具体内容是什么？
16. 需求层次理论的内容是什么？
17. 双因素理论的具体内容是什么？
18. 期望理论的内容是什么？
19. 公平理论的内容是什么？
20. 什么是强化？其方式有哪些？
21. 综合型激励理论有哪些，你是如何理解的？

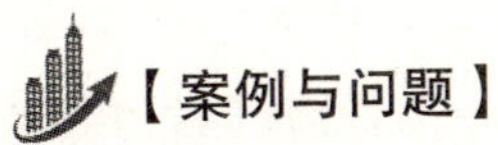
【案例与问题】

美的集团的用人之道

美的集团董事会主席何享健曾说：“我宁愿放弃100万元的利润，而不愿失去一个工程技术人员。”可见美的集团爱才如命。

谋事在人，成事也在人。经济的竞争、市场的竞争，归根到底是人才的竞争。谁拥有了一流的人才，谁在竞争中就拥有了主动权。

美的集团是一家以家电业为主，涉足房产、汽车、物流等领域的大型综合性现代化企业集团，是中国最具规模的家电生产基地和出口基地之一。目前，美的拥有美的、威灵、华凌等十余个品牌，除顺德总部外，还在广州、湖北武汉、湖南长沙等地建有十大生产基地；营销网络遍布全国各地，并在美国、中国香港等国家和地区设有10个分支机构。2005年，美的集团整体实现销售收入456亿元，品牌价值跃升到272.15亿元，位居全国最有价值品牌第七位。

20世纪60年代用北滘人，70年代用顺德人，80年代用广东人，90年代用中国人，21世纪用世界人。这是美的集团的用人历程。美的人以其海纳百川的胸怀，与时俱进的胆略，开阔人的视野，谱写了其人才与企业发展的辉煌历史。

美的集团的员工来自全国乃至世界各地，技术人员中有30%是外地人。据说原江西气压机厂就有30多名工程技术人员分布在美的集团的各个关键部门。在美的，企业人力资源战略的远景是致力于成为员工最佳雇主，打造保留与吸引员工的竞争优势，集团及下属单位严谨规划短、中期人力战略：对于基层岗位通过人才网站、现场招聘会、校园招聘、公司人才库搜寻、员工推荐等渠道吸入公司；对于中层岗位，公司建立内部竞聘制度，采取内部竞聘，为有才能之人提供发展机会；对于高层次人才，如国际化人才、高学历（如博士、博士后）与高层人员，侧重通过博士后工作站接收、行业与供应商推荐。处在21世纪这一经济全球化时代的美的，随着海外市场的拓展及在欧美地区等地分支机构的设立，集团人才世界化与国际化更成为美的人力资源最明显特征。据统计，美的近年从世界各地引进的外籍专家及具有海外留学和工作背景的高层次人才就有80人，硕士、博士和博士后有300多名。另外，美的还不断致力于提升本土人才的国际化素质，有效地培养国际化人才。

美的集团为什么能够留住人才？就是因为企业有一个好的机制和好的环境。美的开发新产品实行承包制和领衔制，拨给一定开发经费。新产品开发出来后，给技术人员股份，以后按股份分红，亏损了同样承担风险。这样，充分调动了科研人员的积极性，有的技术人员年收入可达到1000多万元。

美的积极营造鼓励人才干事业、支持人才干成事业、帮助人才干好事业的良好环境，敢于打破单一用人枷锁，不少技术人才从技术研发到管理经营，成为科研与管理兼备的复合型人才。为充分发挥他们的聪明才智，企业让其独当一面，担任企业重要职位。合理的人力资源管理机制不仅使美的引来“金凤凰”，也给了“金凤凰”施展才华的广阔舞台。

有企业家说，一流的企业靠文化留人，二流的企业靠人留人，三流的企业靠钱留人。美的本着“以人才成就事业，以事业成就人才”的核心理念，全面促进人才与企业同步发展，采取了包括组建美的学院、开展多样化培训课程及学历教育、派遣高层管理人员到新加坡国立大学等世界名校深造、开展人才科技月专项奖励优秀科技人员与团体、通过薪酬福利政策向关键人才和科技人才倾斜等举措，扎实推进人才的素质与事业不断提升、发展，以及激励人才为企业前进与发展创造更大的动力，用实际行动诠释着企业留人的秘诀是靠企业文化，企业在用人上无疑是一流企业。

（资料来源：中国赣州网—赣南日报 作者：涂家福）

思考题：

1. 你是如何理解美的集团董事会主席何享健曾说的“我宁愿放弃100万元的利润，而不愿失去一个工程技术人员”这句话的？

2. 美的是如何吸引和留住人才的？

3. 美的“以人才成就事业，以事业成就人才”的核心理念对企业的可持续发展有什么意义？

4. 美的的成功对其他企业有什么借鉴意义？

第二章

工作岗位研究

【学习目的和要求】

工作岗位研究是人力资源管理的基础工作。通过本章的学习，了解工作岗位研究的基本概念、功能，掌握工作岗位调查的内容和方法，工作岗位分析的程序和结果，为后续的内容的学习奠定坚实的基础。

【开篇案例】

HR新人张鹏的困惑

2015年秋，毕业于某大学人力资源管理专业的张鹏，顺利应聘到一家中型的印刷企业，在人力资源部做人事专员。人力资源部一共有三个人，即经理、薪酬专员、人事专员。张鹏主要负责员工的招聘及培训考核工作。每天忙忙碌碌，感觉挺充实。今年年初，企业为了扩大规模，准备新上一条生产线。设备的采购工作已经启动，预计年底能够安装调试完毕，投入试运行。与此同时，新员工的招聘及培训工作也在紧锣密鼓地进行。经理分配给张鹏一个重要的任务，为新建的彩印车间制定人事管理规章制度，包括定岗定编、岗位职责、工作说明书、培训制度、考核制度等。张鹏在工作之余把在学校里学习的教材找了出来，认真读了好几遍，又在网上查询了不少资料，还查阅了企业现有的相关规章制度。虽然掌握了比较充分的资料，但是张鹏还是觉得不知从何下手为好，所以他特别约了经理谈话，希望能够得到进一步的指导。张鹏应该和经理讨论哪些问题呢？为了做好一套切实可行的工作岗位研究实施方案，需要采取哪些步骤？运用哪些研究方法？涉及哪些人员？采用哪些方式？最后需要拿出什么样的成果呢？让我们带着这些问题，与张鹏一起来学习工作岗位研究的理论和实践内容。

第一节　工作岗位研究导论

一、工作岗位研究的基本概念

（一）工作岗位研究的概念

工作岗位研究（position study）是指以企事业各类劳动者的工作岗位为对象，采用科学的方法，经过系统的岗位调查、岗位信息的采集，以及岗位分析和岗位评价，制定出岗位说明书等人事管理文件，为员工的招聘、考核、培训、晋升、调配、薪酬和奖惩提供客观依据的过程。

采用工作岗位研究这一概念对构建有中国特色的工作岗位分析与评价的理论知识体系具有十分重要的意义。它具有五方面的特点：

（1）对象性：工作岗位研究的对象是企事业单位中各级各类的工作岗位，是在一定的时间和空间条件下，需要由劳动者承担的一系列工作任务的总和。强调了客观存在的“事”“物”及“劳动者”的统一。

（2）系统性：工作岗位研究是由岗位调查、岗位分析、岗位评价、岗位设计与岗位分类五个基本环节构成的一个完整的体系。系统性是我国工作岗位研究理论所具有的一个十分鲜明的特点。

（3）综合性：工作岗位研究以现代管理学、工效学、心理学、环境科学等多种学科为理论基础，综合了多学科的研究成果，结合企事业单位的管理实践，对研究对象——工作岗位进行科学的分析和优化设计。

（4）应用性：工作岗位研究是一门理论联系实际的应用学科，伴随着我国企事业单位的发展壮大，经历了“实践—认识—再实践—再认识”的复杂过程，其基本理论与方法得到了广泛的推广与应用。

（5）科学性：工作岗位研究这门学科从研究对象的针对性、研究方法的完备性、研究理论的系统性、研究成果的可操作性等多个侧面都被证明是合乎规律的、严谨的、可验证的。

（二）工作岗位研究相关概念

（1）要素：指工作活动中不能再继续分解的最小单位。例如，速记员速记时，正确书写的各种速记符号；木工锯木前从工具箱中拿出的一把锯子，这些都是构成工作的不可分割的部分。

（2）任务：指工作活动中为达到某一工作目的的要素集合。例如，打印一封英文信（目的），打字员必须能够系统地做到：①熟悉每个英文单词；②在电脑中拼出相应的单词；③辨认与修改语法错误；④把电脑中打好的英文信打印在纸上（四个要素）。

（3）职责：指某主体担负的一项或多项相互联系的任务集合。例如，劳资员有十多项工作职责，其中之一是“定期（如每半年或一年）进行工资调查”，这一职责是由下列任务组成：①设计工资调查表；②发给被调查单位；③对调查表进行必要的了解和说明；④按期收回调查表；⑤进行汇总整理；⑥写出分析报告（半年或一年）。

（4）权限：指完成职责时可行使的权力范围和内容。例如，人力资源经理岗位为完成“为企业补充适当的人力资源”这一职责，被赋予组织招聘、决定录用人员名单等权限。

（5）岗位（职位）：指某一时期内某一主体所担负的一项或几项相互联系的职责及其为完成这些职责赋予的权限的集合。依据权限完成这些职责即履行了一个岗位的要求。例如，办公室主任岗位同时担负单位的人事调配、文书管理、日常事务处理等职责，并具有相应人、财、物的处置权。

（6）职务：指主要职责在重要性和数量上相当的一组岗位的集合或统称。例如，某工厂设两个厂领导岗位，一个管生产，一个管供销（职位：生产副厂长，供销副厂长），两者职责相当，因此职务为“副厂长”。

（7）职业：指不同时间、不同组织中，工作要求相似或职责相近、相当的职位集合。例如：会计师，虽然每个单位的会计师的具体工作内容和职责不尽相同，但大体相当或相似，因此也称为会计师职业。

（8）职系：指职责繁简难易、轻重大小及所需资格条件并不相同，但工作性质相似的所有职位集合。例如，“人事行政”职系，其中职位有劳资员、劳资科长、副处长、处长、人力资源总监等，虽然工作范围、职责不同，但工作性质相似（人事管理），每个职系便是一个职位升迁的系统。

（9）职组：指若干工作性质相近的所有职系的集合。例如，人事行政、社会行政可并入普通行政职组；财税行政和保险行政可并入专业行政职组。

（10）职门：指若干工作性质大致相近的所有职组的集合。上述人事行政、社会行政、财税行政、保险行政等可并入“行政”职门之下。职系、职组、职门是对工作岗位的横向划分。

（11）职级：指同一职系职责的繁简难易、轻重大小及任职条件十分相似的所有职位集合。例如，“人事行政”职系中，“劳资干事、人事干事、师资干事”，为同一职级。“劳资科长、人事科长、师资科长”为同一职级。

（12）职等：是不同职系之间职责的繁简难易、轻重大小及任职条件要求充分相似的所有职位集合。例如，“处长”职等，含人事处长、财务处长、教务处长等职位。

职级、职等是对工作岗位的纵向划分。

二、工作岗位研究的功能

（一）工作岗位研究为员工招聘提供依据

工作岗位研究的核心环节——工作分析，通过岗位调查系统采集岗位信息，并通过科学的分析形成了工作说明书，不仅对某类工作的性质、特征、职务、权限等进行了明确的规定，而且还对担任此岗位工作的人员应具备的体力、体格、知识、技能、能力等方面作了详尽的说明和规定，这就为企事业单位的人力资源管理人员在员工招聘、选任时提供了明确的招收对象和标准，有助于他们准确地选择面试、笔试、情景模拟和心理测评等考核的科目和考核内容，避免员工招聘中的盲目性和随意性，从而保证招聘活动“为事择人、任人唯贤、专业对口、位得其人”的目标得以实现。

（二）工作岗位研究为员工培训指明方向

员工培训是现代企业人力资源管理与开发的基础，是企业为了满足生产经营战略的需要和员工个人职业生涯发展的要求，采用各种有效的方式方法，对员工进行有目的、有计划的教育、训练和培养的活动过程。企事业单位员工培训的最终目标是：最大限度地调动和开发员工的潜能，增强员工的核心竞争力，在促进企业发展的同时，使员工个人也得到全面的发展。岗位研究的成果，首先明确了岗位必备的专业知识和技能的要求，为企事业单位组织员工培训提供了规定性内容，即通过培训使员工更加明确自己的岗位职责，提高履行岗位的能力和水平；其次为员工晋升更高级的职务提出了努力的目标。通过工作岗位分析，员工能够清晰地了解职位晋升图谱，在胜任您的岗位工作的基础上，培养担当更高职务所需的业务能力和综合素质，在实现自身价值的同时，为企事业单位创造出更多的经济价值和社会价值。

（三）工作岗位研究为员工绩效考核制定标准

绩效考核是指按照一定标准，采用科学的方法，对员工的心理品质、职业道德、工作能力、劳动态度、工作业绩等方面进行的全面考察、评定和审查，以此判断员工是否称职，并作为任免、培训、奖惩、薪酬的依据。绩效考核的目标是不断改进组织氛围，优化工作环境，持续激励员工，提高组织绩效。绩效考核的主要环节是制定科学合理的绩效考核指标。工作岗位研究明确了各个岗位的职责、权限，以及承担岗位责任的人员所必备的资格、条件，是有效开展绩效考核的前提和基础，为绩效考核的内容和指标体系以及评价标准的确定提供客观的依据。体现“因事择人、适才适所”的人力资源管理基本原则。

（四）工作岗位研究为薪酬制度设计奠定基础

岗位薪酬制是以员工工作岗位为基础的工资制度，代表了薪酬制度发展的主流。岗位薪酬的最大特点是薪酬的给付“只对岗不对人”，薪酬水平的差异取决于员工工作岗位的差异性，在相同岗位上工作的员工获得相同的薪酬。无须考虑员工个人在年龄、资历、知识、技能、能力等主观条件上的差别性。因此，岗位工资比较准确地反映出员工工作的质量和数量，有利于贯彻“同工同酬”的原则。工作岗位研究与薪酬管理之间的最重要的联结点是：岗位评价和岗位分类是确定企业岗位薪酬制度的基本依据和前提。岗位工资必须要有严格的岗位评价做基础。工资的确定是对岗位各要素进行客观分析与评价的结果。薪酬水平的高低取决于该岗位的性质、技术繁简难易程度、劳动强度的高低、工作责任的大小和劳动条件的好坏等多种要素。工作岗位研究正是从这些要素出发，建立了一套完整的评价指标体系和评价标准，对各岗位的相对价值进行全面衡量后，完成了岗位的分级分类，有效地保证了各个岗位员工薪酬收入之间的协调和统一。

（五）工作岗位研究为企业劳动组织提供保障

企事业单位的组织机构及资源配置都是不断向合理化、科学化目标努力的，工作岗位研究通过对岗位动态的测定和分析，不断对岗位进行设计和改进，保证劳动力与生产要素的配置尽可能均衡、协调地进行。首先，工作岗位研究为企事业单位定岗定编定额定员奠定了基础。企业劳动定额定员管理所采用的工作日写实、测时、工时抽样等技术测定方法，在岗位分析中也得到了广泛的应用，而岗位评价的结果又是确定工序和工种、劳动定额水平，以及标准工作日长度的重要依据之一。其次，在岗位研究的基础上，企事业单位采用工业工程等科学方法，优化劳动环境和工作条件，合理安排工作时间和工作轮班制度，有效地布置工作场地，使劳动者在健康、舒适、安全的条件下，高效率满负荷地进行劳动，保证企业内部生产过程有节奏、均衡、协调地运行。有利于企事业单位节约成本，提高劳动效率，调动员工的积极性、主动性和创造性。

三、工作岗位研究的发展历史

（一）国外岗位研究的产生与发展过程

1. 起源阶段：19世纪80年代至第一次世界大战前（1914年7月）

时代背景：19世纪80年代，欧美各工业发达的资本主义国家为了解决企业组织与管理同经济发展不相适应的问题，进行了改善企业管理的实验，努力把最新成就应用于企业管理之中，从而使企业管理从经验管理阶段进入科学管理阶段。

代表人物之一：泰勒（F.W.Taylor）

贡献：泰勒是企业科学管理的主要倡导者，举世公认的“科学管理之父”，泰勒提出的科学管理原理和方法，可以概括为“三定”，即“定标准作业方法、定标准作业时间、定每天的工作量”，形成定量化的劳动管理。

代表人物之二：吉尔布雷斯夫妇（Frank Gillbreth，Lillian Gillbreth）

贡献：从事“动作与时间”的研究，开创了管理科学上关于“动作研究”的先河。与泰勒注重工厂的管理和时间效益不同，他们更重视动作效率问题，重点研究操作方法与工作程序，通过分析工人们的操作动作，探索如何用最短时间、较少消耗的便捷方法代替时间较长、耗费较多的动作和程序。他们尤其重视采用心理学的方法，首次使用照片分析的方法，并发明了许多新技术，如带时钟的动态照相机。吉尔布雷斯夫妇开创的“微动作研究”广泛应用于建筑业、制造业，获得了巨大的经济效益和社会效益。

这一时期的工作岗位研究多应用于提高生产效率和人员招聘质量。主要作用包括：不需要增加人员、设备和其他投资，即可挖掘生产潜力，提高生产效率，降低成本，增加企业效益。建立起科学的工作标准和劳动定额标准，为企业生产、财物、劳动、计划等环节管理提供依据。有利于减少事故，实现安全生产，克服生产中的薄弱环节，提高产品质量。

2. 兴起阶段：第一次世界大战（1914—1918年）到第二次世界大战时期（1939—1945年）

时代背景：战争的爆发，促使大量工作研究专家、心理学家应征入伍，为战时的征兵、培训、军衔制度等设计了大量有效的方法和技术，并在战争结束后广泛应用于企业管理实践中，收到了巨大的经济效益和社会效益。

代表人物之一：宾汉（W.V.Bingham）

贡献：在卡耐基工学院创建了第一个应用心理学系，在两次世界大战之间，宾汉在应用心理学上创造了不少研究成果，尤其对大规模工作分析项目和工作评价的发展产生了深远的影响。

代表人物之二：斯科特（W.D.Scott）

贡献：通过工作分析的研究，制定了军衔资格标准，编制军官任职技能说明书，促进了军队面谈考评的科学化。创立了斯科特公司，把军队中的研究成果广泛应用于企业。

代表人物之三：艾玛·巴鲁什（Ismar Baruch）

贡献：把工作分析的方法与结果成功地应用于美国国会的《工薪划分法案》，1923年通过并批准在华盛顿特区试行。

代表性机构之一：职位研究会（ORP）

1934年2月由社会科学研究会、国家研究会合并组成，1939年7月归入国家就业局下属的职位分析调查司。

贡献：1936年4月，以工作分析为基础，收集了大量事实资料，最终完成了著名的《职业大词典》（DOT）。该词典以对工人的知识、技能等最基本的要求为标准来划分各项工作职位等级，尽可能对国民经济中的各项工作予以准确的定义，实现合理的人事配置，因而受到广泛好评。

3. 发展完善阶段：第二次世界大战后至今

时代背景：随着工作岗位研究理论的完善，开发出了职位分析问卷（PAQ）、职能工作分析（FJA）、关键事件分析（CIT）、任务清单分析系统（TIA）等技术手段，提高了工作岗位研究的效能。

代表人物之一：麦考密克（E.J.McCormick）、詹纳雷特（P.R. Jeanneret）和米查姆（R.C.Mecham）

贡献：1972年由普渡大学教授麦考密克、詹纳雷特和米查姆设计开发了“职位分析问卷”（Position Analysis Questionnaire，PAQ），共有194项内容。PAQ的特点是同时考虑人员与工作两个变量因素，并将各种工作所需的基础技能与基础行为以一种标准化的形式罗列出来，从而为人事调查、工薪标准制定等提供了一种标准工具，PAQ目前仍然被公认为一种标准的工作分析工具。

代表人物之二：悉尼·法恩（Sindey A. Fine）

贡献：1950年提出了关于“职业职能分类计划”的理论（FOCP）。在此基础上，推演出职能工作分析（Functional Job Analysis，FJA），FJA的基本原理存在于“任务”的定义之中。为促成一项明确的结果，作用于一项目标的完成和职能水平的定向，并且能被可靠地分配，在时间上积累而形成的行动或行动结果。FJA的任务结构均是标准化的，即行为、行为客体、行为修饰语三者都是为了创造一种结构。FJA的结果主要运用于职务描述，此外，还可为建立职务操作标准提供基础，以及应用于职务设计等很多方面。

代表人物之三：福莱·诺格（Flanagan）

贡献：诺格在1949 年《人事评价的一种新途径》（*A New Approach of Evaluating Personnel*）一书中提出了关键事件技术（CIT）。通过关键事件技术，可以从行为的角度系统地观察和描述实际职务的绩效和行为。它是20世纪40年代兴起的一种技术手段，目前在心理学、人力资源管理等许多领域得到广泛应用。关键事件的分析，最早是由于军队方面需要心理专家分析与查找飞行员绩效低的原因，福莱·诺格通过研究和调查，列举出造成绩效低的诸种原因，称之为“关键事件”，与“工作要素”理论相结合应用于人员的甄选、培训发展与绩效考评。关键事件分析方法现在已经在非结构化的工作分析中得到广泛应用。

代表人物之四：克里斯托（Raymond E. Christal）

“美国空军（USAF）人力资源研究室”克里斯托及其助手开发了任务清单分析系统（Task Inventory Analysis，TIA）。它是一种典型的工作倾向性工作分析系统，对它的研究始于20世纪50年代，从10万名以上雇员那里收集过试验性数据，前后经历了20年时间才趋于成熟完善。任职者接受问卷调查时，可核对问卷上的任务与实际任务有何差距，还有权对任务的主要程度分别作出评价，由于任务清单设计工作相对简单，同时也增强了任职者自主管理的可能性，因此在应用中受到普遍欢迎。

国外工作岗位研究的发展历程给我们的启示是：工作岗位研究是现代人力资源管理的基础。美国著名的行政学教授怀特指出，当今人力资源管理建立在两大柱石之上，一是选贤任能，二是职位分类，两者缺一不可。一项工作的分析评价或者一个国家的职位分类是否科学、合理，在一定程度上反映了这个企业或国家的人力资源管理水平。工作岗位研究的发展经历了简单—繁杂—简化的过程，说明我们对工作岗位研究一定要坚持实用可行的原则、科学合理的原则以及标准规范的原则。

（二）中国关于工作岗位研究的发展与应用

1. 古代

与西方国家近代研究的工作相比，我国学者的研究与实践更为系统全面，时间上也早了1000多年。

（1）汉代王符在《潜夫论·忠贵》中提出：“德不称其任，其祸必酷；能不称其位，其殃必大”，在这里，王符已提出了后来由泰勒所提出的“由工作挑选人”的思想，认识到岗位工作对人员资格条件要求的客观性。

（2）明代的宋应星认为，如果不亲自进行观察和调查，就不能掌握事物的本质，因此他经常深入实际，通过观察法与询问调查法，分析工农业生产技术，写出《天工开物》一书，全书共3篇18卷，并附有120幅插图，全面系统地描述了我国古代各种农业、手工业的生产技术和操作程序，这实际上也是工作分析的说明书。

2. 现代

我国现代关于工作岗位的研究以岗位责任制的建立与发展为主线。

1949—1952年，国民经济恢复时期，吸取苏联企业管理的经验。例如，长春铁路公司普遍采用了技术定额查定，按照8小时工作制和岗位的劳动繁简程度，确定工作额及各类岗位的定员标准，精简了机构和二、三级人员，在企业中全面实行和贯彻了生产责任制，8级工资制和计件工资制。

1953—1960年，1958年的“反右”、大跃进运动使第一个五年计划时期企业刚刚建立起来的管理制度遭到否定。

1961—1965年，在党中央“调整、巩固、充实、提高”八字方针的指引下，颁布中国第一个工业企业管理试行条例《国营工业企业管理条例（草案）》（工业70条），以及《企业计时奖励工资暂行条例》《企业计件工资暂行条例》等文件。大庆油田在工作岗位研究方面取得了突出的成果。

1966—1976年，“文革”期间国民经济遭到严重破坏。

1975年，邓小平主持制定了《工业十三条》。

1977年以后，特别是十一届三中全会以后，经济体制改革不断深入，企业管理逐步纳入科学化、合理化、标准化的轨道。20世纪80年代后期，以首都钢铁公司、鞍山钢铁公司等为代表的国有大中型企业实行了现代企业制度改革，企业管理走上了科学化、规范化的轨道。

20世纪90年代以来，工作岗位研究成果取得了巨大进步，理论研究逐步完善，实用技术不断开发，产生的管理效益日趋显著。

传统工作分析与现代工作分析的比较见表2-1。

表2-1 传统工作分析与现代工作分析比较

项目	传统工作分析	现代管理发展趋势	现代工作分析
内容范围方面的问题与改进	单个的、事前的确定工作职责	扩大职责和交叉职责	对职责范围广的工作进行设计时，应当有利于加强员工的适应性
人员关系方面的问题与改进	员工和管理层之间保持较大距离	管理层与员工之间差别逐渐缩小	在设计技能工资体时，工作分析应该有利于改善管理层与员工之间的关系
分析对象方面的问题与改进	静态工作与KSAO（Knowledge Skill Ability Other）	持续变动中的职责和KSAO	应用于未来的现代工作分析，应能提高组织快速解决突发事件的能力

续表

项目	传统工作分析	现代管理发展趋势	现代工作分析
效果问题与对策	缺乏竞争和较大市场份额	全球化竞争，自由贸易，政府干预最小化	在确定工作所需的特殊资格时，应当能够产生竞争化资本优势，在评估分析中应当可以导致竞争性的成本优势
团队问题与对策	孤立的岗位和最少的员工反馈	团队工作和自我管理系统	确定工作任务之间的相互依存以及工作流程时，现代工作分析应有利于增强团队工作绩效

问题：

（1）工作岗位研究是由哪几个环节构成的？其核心内容是什么？

（2）工作岗位研究对招聘、培训、绩效考核、薪酬管理及企业劳动组织有什么作用？

第二节　工作岗位调查

一、工作岗位调查概述

（一）工作岗位调查概念

工作岗位调查是指以工作岗位为调查对象，采用科学的调查方法，收集各种与岗位有关的信息的过程。工作岗位调查的目的是：

（1）收集各种有关的数据、资料以便系统、全面、深入地对岗位进行描述；

（2）为改进工作岗位的设计提供信息；

（3）为制定各种人事文件（如岗位规范、工作说明书等）、进行岗位分析提供资料；

（4）为岗位评价与岗位分级提供必要的依据。

（二）工作岗位调查的内容

工作岗位调查包括四项基本内容：

（1）工作内容（做什么）：包括体力、脑力劳动。

（2）工作方法（怎么做）：机器、设备、原材料、程序标准。

（3）工作目标与原因（为什么做）：每项工作之间的联系。

（4）工作过程与结构（完成过程中包含的环节与要素）：表明了工作任务及其完成的难易程度。

二、工作岗位调查的方法、适用范围及优缺点

（一）工作岗位调查方法

1. 访谈分析法

（1）访谈概念：访谈即“面谈”，即调查人直接访问工作者，了解他们的工作内容及岗位的有关情况，通过面谈不仅可以掌握现场观察和书面调查所不能了解的情况和资料，而且还能进一步证明现有资料的真实性和可靠性，弥补其不足。

（2）访谈分析法既适用于短时间可以把握的生理特征分析，又适用于长时间才能把握的心理特征分析。

（3）访谈对象：可以是工作者，也可以是主管人员或工作者的同级与下级。

（4）访谈形式：个别访谈和集体访谈两种（集体访谈的对象一般是做相同工作或相近工作的员工）。

（5）访谈的前提：拟定详细的访谈问卷或访谈提纲，列出所要调查的问题，访谈是按照时间顺序一一发问，并作详细记录的，一般来说，记录应采取标准形式，便于记录、归纳与比较，并有助于将访谈限制在与工作有关的范围内。

（6）访谈提问设计：

①尽可能提“足够”的问题，把你想知道的问题都尽可能列举出来。

②设计提问一般都在有关的资料和先前的检验检测设计的基础上进行，不要靠主观臆断。

③只选择那些与调查资料直接相关的问题。

④把问题按一定的逻辑顺序排列，把容易的，没有挑战性但又必要的问题排在前面。

⑤初步编出一个粗略的工具（问卷）后，对少量的被访者进行一个先导性的试验访谈，并检查结果，修改或删除问题。

⑥规范回答方式，对定性资料，只要“是”或“否”两种回答形式即可，对于顺序的或更高水平的资料，可以考虑选择性回答。

⑦进行第二次测验访谈，检查问题和回答项是否足够，并通过检查第二次试验访谈的结果来构建最终的访谈提纲。

（7）访谈技巧：

①事先清晰地说明访谈的目的和方法，分析者在访谈前应该对访谈什么，为什么要访谈和怎样访谈有一个清晰的计划。

②访谈的场地环境、器具设备要适合调查的目的，营造一种良好的气氛，使被访谈者感到轻松，能够无拘无束地回答问题。

③选择适当的被访者，被访者的理解水平与所问问题要求之间应该能相互适应。

④尊重被访者，接待要热情，态度要诚恳，用语要适当。要取得被访者的支持和理解。

2. 观察分析法

（1）观察分析法，是由有经验的人，通过直接观察的方法，记录某一时期内工作的内容、形式和方法，并在此基础上分析有关工作要素，达到分析目的的一种活动。观察分析法适用于短时期的外显行为特征分析，即比较简单、不断重复又容易观察的工作分析；不适合隐蔽的心理素质分析，即没有时间规律与表现规律的工作。

（2）工作者自我记录法（工作日志法）。工作日志法的特点是观察者与被观察者合而为一。

要求：工作者每天按时间顺序记录自己所进行的工作任务、工作程序、工作方法、工作职责、工作权限以及各项工作所花费的时间等，一般需要连续记录10天以上。

优点：信息完整、客观性强，适用于管理或其他随意性大、内容复杂的岗位工作分析。

矫正偏差：记录者或多或少会带有自己的主观色彩，因此，要求事后对记录分析结果进行必要的检查矫正，可以由工作者的直接上级来实施。

（3）工作日写实与测时。工作日写实与测时方法见表2-2。

表2-2 工作日写实与测时两种方法一览表

项目 内容	工作日写实	测时
概念与作用	概念：对操作者整个工作日的工时利用情况，按时间消耗的顺序进行观察、记录和分析的一种方法 作用： 1.全面分析、研究工时利用情况，找出工时损失的原因，拟定改进工时利用的措施 2.总结推广工时利用的先进经验，帮助广大工人充分利用工时，提高劳动生产率 3.从工时利用情况中，可以发现生产、技术、财务、劳动等方面管理工作的薄弱环节 4.为最大限度增加产量，规定工人与设备在工作日内合理的负荷量，提供必要的数据，为确定劳动者体力劳动强度的级别提供依据 5.为制定或修订定额中的作业宽放时间，个人需要与休息宽放时间标准提供资料	概念：是以工序或某一作业为对象，按照操作顺序进行实地观察、记录、测量和研究工时消耗的一种方法 作用： 1.以工序作业时间为消耗对象，进行深入系统的分析研究，为制定工时定额提供数据资料 2.通过测时，总结和推广先进工人的操作方法和先进经验，帮助后进工人改善操作方法，使操作方法合理化、科学化，不断减轻工人的体力消耗和劳动强度 3.用于分析和研究多机器看管和生产流水线的节拍，合理制定各工作岗位的劳动负荷量，以便改善劳动组织，提高劳动生产率 4.为掌握岗位的劳动负荷量以及体力劳动强度分级提供依据 5.弥补工作日写实无法获得的工时数据资料

续表

内容 \ 项目	工作日写实	测时
实施步骤与方法	（一）准备阶段 1.选择对象 2.事先调查测时对象及工作地的情况，如设备、工具、劳动组织、工作地布置、工人技术等级、工龄、工种等 3.同被观察者讲明工作的目的意图和要求，以便积极配合 4.明确划分事项和各类工时消耗的代号，以便记录 Tz——作业时间 Tzk——作业宽放时间 Tzhk——组织性宽放时间 Tjk——技术性宽放时间 Tgxk——工人需要与休息宽放时间 Tzj——准备与结束时间 Tfs——非生产时间 Ttgf——非工人造成的停工时间 Ttgg——工人造成的停工时间 （二）实地观察记录 从上班开始一直到下班结束，要将整个工作日的工作消耗毫无遗漏地记录下来，以保证资料的完整性 在观察记录过程中，按顺序判明每项活动的性质，简明扼要地加以记录，并注明每一项事项的开始和结束时间。如有与机动时间交叉的活动事项，应在备注栏注明交叉活动的内容 （三）资料的整理、分析 ①计算各活动事项的时间消耗 ②对所有观察事项进行分类，通过汇总计算出每一类工时的合计数 ③编制工作日写实的汇总表，计算每类工时消耗占全部工作时间及占作业时间的比重 ④拟定各种改进工时利用的技术组织措施，计算通过实施技术组织措	（一）准备阶段 1.选择对象 2.事先调查测时对象及工作地的情况，如设备、工具、劳动组织、工作地布置、工人技术等级、工龄、工种等 3.同被观察者讲明工作的目的意图和要求，以便积极配合 4.将工序分为操作或操作组，在划分操作的基础上，确定“定时点”（应选择在声音和视觉上容易识别的标志） 划分操作的原则： ①基本时间和辅助时间要分开 ②机动时间、手动时间和手工操作时间要分开 5.确定测时的次数，测时最好在上班1~2小时之后，待生产稳定后进行 ①大批量生产比单件小批量生产观测次数要多 ②工序延续时间短的比延续时间长的观察次数要多 （二）实地观测记录 ①连续测时法：按操作顺序连续记录每个操作的起止时间 ②整体法：反复记录全部操作的延续时间 ③反复测时法：第一次测定1、3、5项操作，第二次测定2、4、6项操作，交替记录 （三）资料的整理、分析 ①根据测试记录删去不正常的数值，以便算出在正常条件下操作的延续时间 ②计算有效的观察次数，算出每一操作的平均延续时间 ③计算稳定系数，检验每一项操作平均延续时间的准确性和可靠程度 稳定系数=测时数据中最大数值/最小数值，稳定系数越接近1，越可靠。超过限度，重测

续表

内容 \ 项目	工作日写实	测时
实施步骤与方法	施可能提高劳动生产率的程度 ⑤根据写实结果，写出分析报告	④由每个操作平均延续时间，计算出工序的作业时间，再经过工时评定得到符合定额水平的时间值，作为测定时间定额的依据

工作日写实与测时的差别在于：

①两者的范围不同：工作日写实以整个工作日为对象，进行总体观察，测时只研究某一工序或作业的工时消耗情况。

②两者观测的精细程度不同：工作日写实粗略；测时精细。

③两者具体作用不同：工作日写实的根本目的是掌握工作时间的构成，减少工时损失，为改善工时利用提供依据。测时主要是为了找出工序作业时间内各项操作的正常工时消耗，为制定工时定额提供依据。

（4）工作抽样法。

①工作抽样法概念：工作抽样法是统计抽样法在岗位调查中的具体运用，它是根据概率论和数理统计学的原理，对工作岗位随机地进行抽样调查，利用抽样调查得到的数据资料对总体状况作出推断的一种方法。

②工作抽样法的特点。

a. 使用范围广，可用于工厂企业、医院、商店、饭店、旅馆、机关团体等各类单位的工作研究。

b. 节省时间，节约费用（与测时、工作日写实相比）。

c. 取得的数据真实可靠，能消除被观测人员在生理上、心理上的影响，抽样调查时，只要遵守随机性的原则，且保证有足够的抽样观察的次数，其结果就会具有一定的可靠性和精确性。

d. 测定人员不必每天连续在工作现场进行观察，从而大大减少了工作量，避免了因冗长的观测而使测定人员感到疲劳并产生厌烦情绪。

③工作抽样法的步骤。

a. 有了调查的目的才能确定调查对象和范围，确定岗位抽样所对应达到的可靠程度和精确度。一般来说，岗位抽样的可靠度取95%，精确度取±5%~±10%，即可满足需要。

b. 作业活动分类：调查职员工作情况时，一般按其工时消耗的性质分

类，如工作准备、实际操作、闲谈等；调查设备开动状况时，一般按设备停机的原因分类，如停电、待料、工人休息等。

c. 确定观测次数：掌握职工工时利用的一般情况，需要观测1000~2000次；精确测定设备停机率或工时利用率，需测定3000~5000次；精确制定出工作的时间标准，需要观测5000~10000次。

d. 确定观测时刻：遵守随机原则。采用单纯随机时间间隔、等时间间隔、分层抽样、区域抽样等方式。

e. 现场观测：应预先根据机器设备配置或现场布置的平面图，确定出最值得观测巡回路线和观测点。当测定人员沿巡回路线到达规定的观测位置时，应像拍照一样将瞬间观察到的工作内容，记录到预先设计好的调查表格中，至于调查的对象在一瞬间之前或之后从事什么活动不必管。

f. 检验抽样数据：

上控制界限$=p+3\times\sqrt{p(1-p)/n}$

下控制界限$=p-3\times\sqrt{p(1-p)/n}$

式中，n为每天观测的次数，p为某事项总平均发生率。

例：n=100；p=10%

上$=0.1+3\times\sqrt{0.1\times0.9/100}=0.19$

下$=0.1-3\times\sqrt{0.1\times0.9/100}=0.01$

超过上、下控制界限的数据应删去。

精确程度的检验：

$S=2\times\sqrt{(1-p)/Np}$

式中：S为相对误差，p为删去异常数据的总平均发生率，N为删去异常数据后的总观察次数。

例：p=（120−23）/（1200−100）×100%=8.82%

N=1200−100=1100

$S=2\times\sqrt{(1-0.0882)/1100\times0.0882}=0.19$

如果S超过规定范围（±5%~±10%），应追加观测次数（N），直到满足为止。

当S=10%，则N=4136次

g. 评价最后抽样结果：计算出分类事项的发生次数及发生率以后，应结合观察到的现场情况，做出必要的分析评价和说明，以便采取措施，改进工作程序方法。

（5）主管人员分析法。

①主管人员分析法的概念：由主管人员通过日常的管理权力来记录与分析所管辖人员的工作任务、责任与要求等因素的方法。

②该方法的理论依据：主管人员对这些工作有相当深刻的了解，许多主管人员以前也曾做过这些工作，因此，他们对被分析的工作有双重的理解，对职位所需要的工作技能的鉴别与确定非常内行。

但该方法也许会存在一些偏见，尤其是那些只干过其中部分工作而不全面了解的人，如果采取与工作者自我记录法相结合的方法，则这种偏见可以得到有效的消除。

3. 问卷调查分析法

（1）问卷调查分析法是工作岗位研究中最通用的一种方法，即采用问卷来获取工作分析的信息，实现工作分析的目的，多用于规模大、职位设置繁杂的组织。

（2）问卷调查结果的可靠性和准确性受到两个因素的影响：一是调查表本身设计得是否科学合理；二是被调查者的文化水平、填写时的诚意、兴趣和态度。为此，最好请有关专家设计与编制问卷，并在发放问卷填写时做出具体的说明与指导，最好附上范例。

（3）问卷种类：通信问卷和非通信的集体问卷，检核表问卷和非检核表问卷，标准化问卷和非标准化问卷，封闭性问卷和非封闭性问卷。

（二）上述三种方法的适用范围及优缺点

访谈分析法、观察分析法、问卷调查分析法应用范围及各自的优缺点见表2-3。

表2-3　三种岗位研究调查方法一览表

项目 内容	访谈分析法	观察分析法	问卷调查分析法
适用范围	适用于短时间或长时间的心理特征的分析。运用较广泛（包括个人访谈、同种工作群体访谈、主管人员访谈）	适用于短时期可以把握的外显行为的分析。不适合于长时间才能把握的心理素质分析及没有时间规律与表现规律的行为	适用于规模大、职位设置繁杂的组织，是一种最适用的、形式多样的方法

续表

项目 内容	访谈分析法	观察分析法	问卷调查分析法
优点	对被分析工作任务和责任的详细掌握，还可以发现一些在其他情况下不可能了解到的工作活动和行为	比较客观，以标准格式记录，便于分析、对比、统计	信息获取量大、快速
缺点	信息可能被扭曲	容易忽略偶然发生的工作行为	潜在使用成本较高，设计、统计问卷均需要花费较多时间
完善措施	依据一张结构合理，可加以检核、对比的问卷进行访谈	用主管人员分析法对工作日志的误差进行矫正，用增加观察次数的方法对工作日写实，测时，工作抽样法修正误差	成本与收益相比较，决定是否使用问卷调查分析法，可与其他方法相结合

三、岗位调查表的设计与填写

（一）岗位调查表应包括的内容

（1）您的岗位工作任务的性质、内容和程序，完成各项工作任务所需要的时间以及占制度工作时间的百分比。

（2）您的岗位的名称、工作地点、提供您的岗位职工的职称、职务、年龄、工龄、技术等级、工资等级等。

（3）您的岗位的责任。

（4）承担您的岗位的资格、条件。

（5）担任您的岗位工作所需要的体力。

（6）您的岗位工作的危险性。

（7）您的岗位的劳动强度、劳动姿势、空间、操作的自由度等。

（8）您的岗位使用设备、工具的繁杂程度。

（9）工作条件和劳动环境：如空气流速、温湿度、噪音、工作地照明、粉尘、有毒有害气体、雾滴、振动、热辐射等。

（10）其他需要补充说明的事项。

（二）设计调查表的一般要求

（1）调查表所编列的调查项目和提出的问题应当为调查研究的目标和任务服务，并且与被调查者个人密切相关。如果与主题相关度小或调查结果无法预见其作用的，就不要提出问题。

（2）调查表中的提问，要按照先易后难的顺序排列；要先封闭、后开放；要按逻辑次序排列；可以采用不同长度的形式提问，有助于引起回答者的兴趣；要采用漏斗性技术，即先问范围广泛的、一般的、开放性的问题，后问和岗位相关性很强的问题。

（三）填写调查表的一般要求

（1）按时间先后顺序，先月初后月末，您的岗位的全部工作任务，无论是主要的还是次要的，经常性的还是临时性的，均应一一列出。

（2）在此基础上对每一事项加以说明，如工作繁简、难易、责任大小等。

（3）避免使用含混不清的词句。

（4）指出完成各项工作责任的大小。

（5）指出完成各项工作事项所需要的时间，或完成各事项占总工作时间的百分比。

（6）指出最困难、最重要的工作，并说明原因。

（7）指出是否有监督、指挥、领导的责任。

（8）指出您的岗位与其他岗位的关系（工作关系、人际关系以及文件资料的收发传阅关系）。

（四）调查问卷范例（表2-4）

表2-4 工作岗位分析调查表（示例）

<table>
<tr><td>单位名称</td><td colspan="2"></td><td>直接上级</td><td colspan="2"></td></tr>
<tr><td>部门名称</td><td colspan="2"></td><td>直接下属</td><td colspan="2"></td></tr>
<tr><td>岗位名称</td><td colspan="2"></td><td>填表时间</td><td colspan="2"></td></tr>
<tr><td>岗位级别</td><td colspan="2"></td><td>填表人</td><td colspan="2"></td></tr>
<tr><td colspan="2">岗位概述
（请填写您的岗位的工作职责、应达到的工作目标及工作标准）</td><td colspan="4"></td></tr>
<tr><td colspan="4">具体工作任务</td><td>工作占用时间
1.较多
2.一般
3.较少</td><td>工作重要程度
1.重要
2.一般
3.次要</td></tr>
<tr><td colspan="4">1.</td><td></td><td></td></tr>
<tr><td colspan="4">2.</td><td></td><td></td></tr>
</table>

续表

3.			
工作责任与权限	权限程度 1.较大 2.一般 3.较小	具体内容	
1.决策权			
2.计划权			
3.监督权			
4.资金审批权			
5.设备使用权			
6.人员调配权			
7.信息处理权			
任职资格条件	您的岗位需要的最低标准		
1.应具备的学历、学位			
2.应具备的专业知识			
3.应达到的外语、计算机水平			
4.应接受的业务培训			
5.应具备的工作经验年限			
6.应掌握的办公设备操作技能			
7.其他：（请注明）			
岗位工作能力要求	较高	一般	较低
1.理解判断能力			
2.组织协调能力			
3.决策开拓能力			
4.社会活动能力			
5.语言文字能力			
6.计算测绘能力			
7.业务实施能力			
8.其他：（请注明）			
工作关系	对上请示	平级协调	对下管理
1.内部关系（请写出岗位名称，不要写工作人员姓名）			
2.外部关系（请写出岗位名称，不要写工作人员姓名）			
工作环境与条件	较好	一般	较差
加班频次	较多	一般	较少
工作内容	复杂	一般	单一

续表

工作考核指标	具体内容
1.职业道德	
2.工作业绩	
3.工作态度	

四、岗位调查的组织和实施

（一）准备工作

主要包括了解情况、建立联系、设计岗位调查的方案、确定调查的范围和对象及方法。

（1）根据岗位分析的总目标、总任务，对企事业各类岗位的现状进行初步了解，掌握各种基本数据和资料。

（2）设计岗位调查方案。设计岗位调查方案，主要包括以下几项主要内容：

①明确岗位调查的目的，有了明确的目的，才能正确确定调查的范围、对象和内容，选定调查方式，弄清应收集什么资料，到哪儿去收集和用什么方法去收集。

②确定调查的对象和单位。调查的对象：指被调查的对象总体，它是由许多性质相同的调查单位所组成的一个整体，如企业的生产岗位。

调查如果采用全面的调查方式，须对每个岗位一一进行调查；如采用随机抽样的方式，应取足够的样本数。

③确定调查项目：明确调查的具体内容。

④制定岗位调查表和填表说明。

⑤确定调查的时间、地点和方法。

（3）做好动员工作，使领导、中层干部、员工了解工作的目的和意义。建立良好的合作关系，保证工作顺利进行。

（4）分析任务：根据岗位分析的任务、程序，将任务分解成若干工作单元和环节，以便逐项完成。

（5）培训相关人员：组织参与岗位调查的人员，学习并掌握调查的内容。熟悉具体的实施步骤和调查方法。必要时可做一两个岗位的试点，取得经验。

（二）调查实施

根据调查方案，对岗位进行认真细致的调查研究，在调查中应灵活地运用问卷、观察、小组集体讨论等方法，广泛深入地搜集有关岗位的各种数据资料。

例如，工作岗位的工作内容、工作程序、工作职责、劳动负荷、疲劳与紧张状况、工作任务的生理和心理上的要求、工作环境与工作条件等，对各项调查事项的重要程序、发生频率（数）应详细记录。

（三）分析总结

岗位调查的目的不是简单地搜集和积累某些信息，而是要对岗位的特征和要求作出全面考察，创造性地揭示岗位的主要成分和关键因素，并在深入分析和认真总结的基础上，撰写岗位规范、工作说明书等劳动人事文件。

问题：

（1）工作日写实、测时的异同之处各是什么？

（2）岗位调查表包括哪些基本内容？

第三节　工作岗位分析

一、工作岗位分析的概念

工作岗位分析的概念是对企业各类岗位的性质、任务、职责、劳动条件和环境，以及员工承担您的岗位任务应具备的资格条件所进行的系统分析和研究，并制定出岗位规范、工作说明书等劳动人事文件的过程。工作岗位分析包括三个部分：

（1）在完成岗位调查取得相关信息的基础上，首先要对岗位存在的时间空间范围以及内在活动内容进行科学的界定。然后再对工作岗位进行内容的分析，即对岗位名称、性质、任务、程序、权责、工作对象、工作资料、内外部环境和条件，以及您的岗位与相关岗位之间的联系和制约方式等因素逐一进行比较、分析和描述，并给出必要的总结和概括。

（2）在界定了岗位的工作范围和内容以后，应根据岗位自身的特点，明确岗位对员工的素质要求，提出您的岗位员工应具备的任职资格条件，如知识水平、工作经验、道德标准、心理品质、身体状况等方面的资格和条件，完成对岗位外延的分析。

（3）将上述工作岗位分析的研究成果，按照一定的程序和标准，以文字或图表的形式加以表述，最终制定出工作岗位说明书、岗位规范等人事管理文件。

二、工作岗位分析的具体内容

（一）岗位内涵分析

岗位内涵分析又称岗位规格分析，即对岗位所做的全面描述，它主要包含以下内容：岗位名称的分析、岗位任务的分析、岗位职责与权限的分析、岗位关系的分析、劳动强度的分析、劳动条件和环境的分析、劳动资料和劳动对象的分析等。

岗位内涵分析的作用：确定每一个岗位的工作性质以及不同岗位的工作性质差异，为明确各级管理人员的职责权限、消除职务间的空白与重复、防止相互推诿或多头领导提供依据。

1. 岗位名称分析

一个好的岗位名称不仅能给人们一种观念上的认识，同时还能增加人们对您的岗位感性上的认识，岗位名称必须与岗位的所属部门、任务、职责等相匹配。而且岗位名称要用名词而非动词，例如，“打字员”非“打字”，“司机”非“开车”。

2. 岗位任务分析

（1）任务：为了达到某一特定的目的而进行的活动。当有足够的相关任务时，一个岗位便产生了。

（2）任务分析：就是分析组成岗位的各项任务的性质、内容、实现任务的形式和执行任务的步骤等。

（3）任务分析的作用：通过对任务的分析，可以实现任务的一体化和体现任务的意义。如果一个岗位的任务设计得能够使员工感到自己做了贡献，员工工作积极性就会大大增加，同理，如果一个岗位任务设计对于组织内外部的其他人来说是重要的，那么从事这一岗位工作的人员就会因自豪感而较好地完成工作，从而给企业带来较好的经济效益。

（4）岗位任务分析的方法：常用的岗位任务分析方法有决策表、流程图、语句描述、时间列、任务清单分析系统等定性与定量的方法，其定义及表现形式见表2-5。

表2-5　五种任务分析形式一览表

形式 内容	决策表	流程图	语句描述	时间列	任务清单分析系统
概念	把工作活动中的条件与行动加以区分，根据不同的条件采取不同行动的对策，并以表格的形式揭示出来	以工作活动流程图的形式来揭示工作任务的操作要素与流向	通过语言形式来揭示工作任务中的要素、关系及其运作要求	依据工作时间长短与顺序来揭示整个工作过程中各任务的轻重与关系的形式	把岗位工作活动中所有的任务逐一列出，让被调查的人选择并标明前后顺序、重要程度或困难程度等
表现形式	表格	工作活动流程表	语言	工作时间长短和顺序	列出所有任务

3. 岗位职责与权限分析

岗位职责是根据工作分工与协作的要求，对某一岗位应承担的工作任务的数量要求和质量标准的规定。岗位权限是为了完成岗位职责，对该岗位可行使的权利范围和内容的界定。岗位权限具有三个特点：一是岗位权限是完成岗位工作任务的必要方法、手段和途径；二是岗位权限是企事业单位内部制度赋予的；三是岗位权限是对岗位活动中涉及的要素（人、财、物），在一定限度内可以自主支配和运用的某种权力。

岗位职责与岗位权限是相互联系、相互制约的（表2-6）。对一个岗位而言，如果职责大而权力小，则难以开展工作；反之，则会造成权力滥用。因此，岗位职责与权限的对应性和一致性是非常重要的管理原则。

表2-6　部分岗位职责与岗位权限对应关系一览表

岗位职责	对应的岗位权限
承担总体生产经营活动的管理职责	决策权、命令权、计划权、组织权、指挥权、监督权、协调权、控制权
承担工作决策的职责	决定权、监督权、参与权、执行权
承担制订计划的职责	制定权、审核权、批准权、执行权
承担信息处理的职责	采集权、处理权、检索权、指导权、存储权、传递权、反馈权、沟通权

续表

岗位职责	对应的岗位权限
承担管辖下属的职责	指派权、调动权、指导权、建议权、使用权、分配权、奖惩权、辞退权
承担资金使用的职责	审批权、调动权、支配权、使用权
承担生产资料的使用职责	出让权、处置权、维护权、保管权、使用权

4. 岗位关系分析

（1）岗位关系分析的主要内容。

①一个岗位与另一个岗位有何协调关系，协作的内容是什么？

②岗位人员受谁的监督、指挥，他又去监督、指挥谁？

③岗位上下左右的关系如何？

④岗位人员的升降方向、平调的路线如何？

（2）岗位关系分析的作用。有助于明确岗位之间的联系，找出核心工作的工作流程图，为制定职位晋升图谱奠定基础。

5. 劳动强度分析

（1）劳动强度的概念。劳动强度是指劳动者所从事的劳动的繁重、紧张或密集程度。劳动强度以劳动者在一定时间内体力和智力（肌肉能量和神经能量）的消耗量来衡量。

（2）劳动强度的指标体系。

①劳动紧张程度：对员工在劳动过程中脑、眼、耳和四肢的协调性，感知和处理信息的速度，注意力集中程度，反应的快慢等进行分析。根据作业时间、作业持续时间和动作频数等判断劳动紧张度。

②劳动负荷（体力劳动强度）：根据员工在工作中采用的推、拉、走、跑等动作来分析员工工作量的大小和能量消耗的多少。

③工时利用率：对员工的工时利用情况进行分析，计算净劳动时间与工作日总时间之比。

④劳动姿势：对作业时必须采用的坐、站、跑、蹲、攀、踢、踏、俯卧、仰视、蹲伏、弯腰和倒悬等姿势进行分析。劳动姿势对劳动者的劳动强度和疲劳程度都有一定影响。

⑤工作班制：对各种班制，如常白班、三班倒、两班倒、四班三运转、四六班制、四八班制、大三班等进行分析，以确定工作班制对员工的身心健康是否有影响。

研究劳动强度的目的是确定一个合理的劳动强度，以制定合理的劳动定额，保护劳动者的安全健康，调动劳动者的积极性，提高劳动效率。

劳动强度的分析以定量分析为主，通过测量工作岗位实际的劳动工时、劳动环境条件、能量代谢率及疲劳感等指标，参照国家标准，确定岗位的劳动强度等级。它是岗位评价、分级的基础。

6. 劳动条件和环境分析

劳动条件和环境分析包括以下内容：

（1）工作环境有无噪音污染；

（2）温度；

（3）湿度；

（4）空气中含尘量；

（5）工作环境的危险性等。

关于上述因素的定性、定量分析应结合国家各主管行业公布的各项标准进行。高温作业危害程度分级标准见表2-7。

表2-7 高温作业危害程度分级标准表

温度(℃) / 作业时间(min)	25~26	27~28	29~30	31~32	33~34	35~36	37~38	39~40	41~42	≥43
≤120	Ⅰ	Ⅰ	Ⅰ	Ⅰ	Ⅱ	Ⅱ	Ⅱ	Ⅲ	Ⅲ	Ⅲ
121~240	Ⅰ	Ⅰ	Ⅱ	Ⅱ	Ⅲ	Ⅲ	Ⅳ	Ⅳ	—	—
241~360	Ⅱ	Ⅱ	Ⅲ	Ⅲ	Ⅳ	Ⅳ	—	—	—	—
≥361	Ⅲ	Ⅲ	Ⅳ	Ⅳ	—	—	—	—	—	—

资料来源：安鸿章. 工作岗位研究原理与应用. 第2版. 北京：中国劳动保障出版社，2005.

7. 劳动资料和劳动对象分析

劳动资料、劳动对象和劳动者共同构成了生产力的三要素。劳动过程即劳动者使用劳动资料，作用或影响劳动对象，使其变为劳动产品的过程。

对生产性岗位劳动资料的分析，重点是对看管设备的难易程度、操纵机器的复杂性、精密性程度、胜任岗位所必需的技能经验等进行分析。

在非生产性岗位的分析中，其劳动资料和对象是指对与岗位工作有关的直接涉及使用或影响改变的有形或无形的客体。例如，办公室秘书使用计算机进行公文处理和档案管理，对其劳动资料和劳动对象的分析就涉及计算机、办公文档等软硬件分析。

劳动资料和劳动对象分析一般包括以下内容：

①对资金掌握使用额度的分析；

②对设备操作难易程度的分析；

③对仪器仪表自动化程度的分析；

④对工具仪器先进性的分析；

⑤对原材料等保管使用的分析。

（二）岗位要求分析

岗位要求分析又称员工规格要求分析，即对员工的知识水平、工作经历、道德水平、身体素质要求及绩效考核进行分析。值得注意的是，岗位要求分析不同于人员素质测验，前者的研究对象是不同等级类型的工作与个人特征之间的关系；后者仅仅是一种工具，用来测定某一特定个体具有什么特征，某特征达到何种程度。

1. 知识水平分析

知识水平分析对象不仅指通过正规学校教育获得的知识与技能，也包括通过岗位培训获得的知识与技能，通常由六个方面组成：

（1）文化程度：（高中、大专、本科、硕士、博士）胜任岗位工作的最低学历、学位。

（2）专门知识：胜任岗位工作的专业基础知识与实际工作经验。

（3）政策法规知识：应具备的政策、法律、规章或条例方面的知识。

（4）管理知识：应具备的管理科学知识或业务管理知识。

（5）外语水平：因专业、技术或业务工作需要，对一种或两种外语应掌握的程度。

（6）相关知识：岗位所需主体知识以外的其他知识。

对知识水平的分析可采用6级表示法，即6——精通；5——通晓；4——掌握；3——具有；2——懂得；1——了解。

2. 工作经历要求分析

岗位对员工的要求，不仅表现在知识方法上，还表现在需要您的岗位人员应具备一定的感知判断力和领悟力，这些能力的取得必须依靠工作经历的积累，一般对不同工作经历年限赋予不同的分值。

3. 职业道德分析

通过职业道德分析，提高全体员工的职业道德水准，形成一种团结向上、爱岗敬业、优质生产、服务规范、积极向上的企业文化。

4. 能力要求分析

能力要求分析是对胜任您的岗位工作所应具备的主观条件进行分析，包括七项内容：

（1）理解判断能力：对方针、政策、文件指令、科学理论、目标任务的认识领会程度。对本职工作中各项抽象或具体问题的分析、综合与判断能力。

（2）组织协调能力：组织协调本部门内部及各部门之间工作合作关系的能力。

（3）决策能力：从系统的整体能力出发，对方向性、全局性的重大问题进行决断的能力。

（4）开拓能力：对某一学科、业务或工作领域进行研究、开发、创新、改革的能力。

（5）社会活动能力：为了开展工作，在社会交往、人际关系方面应具有的活动能力。

（6）语言文字能力：在撰写论著、文章、起草文件、报告、编写计划草案、情况说明、业务记录以及在讲学、演说等方面应具有的文字和口头语言表达能力。

（7）业务实施能力：在具体贯彻执行计划任务的过程中，处理工作业务、解决实际问题的能力。

5. 身体素质要求分析

身体素质要求分析对象见表2-8。

表2-8 身体素质要求分析对象一览表

G	智力	V	语言能力
N	数字能力	S	空间理解力
P	形状视觉	Q	书面材料知觉
K	运动协调能力	F	手指灵活性
M	手的技巧	E	眼、手、足协调能力
C	颜色分辨能力		

对身体素质要求分析可采用“五点量法”：5——最重要的、最优化的；4——较重要的、良好的；3——中等重要的、一般的；2——次等重要的、差的；1——不重要的、最差的。

（三）工作岗位分析的成果

1. 工作说明书

工作说明书是工作岗位分析最后形成的主要成果之一，是现代企事业单位人力资源管理必不可少的基础性人事文件。

工作说明书是组织对各类岗位的性质和特征（识别信息）、工作任务、职责权限、岗位关系、劳动条件和环境，以及您的岗位人员任职资格条件等事物所作的统一规定。表2-9为工作说明书示例。

表2-9 人力资源部部长工作说明书（示例）

岗位名称	人力资源部部长	岗位编号	SM-RL-001
直属上级	总裁	所属部门	人力资源部
工资级别		直接管理人数	3
岗位目的	确保公司发展所需的人力资源，完善人力资源管理体系		
工作职责	1.编制公司人力资源战略规划，审核年度招聘计划并监督落实； 2.制订并提交本部门年度工作计划、人员计划； 3.负责本部门员工的考评、培训指导、选拔人才； 4.健全公司人力资源管理制度并监督实施； 5.组织对公司各部门的定岗定编工作； 6.参加员工招聘工作并签署部门意见； 7.建立公司内部人才的分类及梯队体系，制订员工职业生涯发展计划； 8.负责公司紧缺人才的考察和引进工作； 9.建立员工的综合考察体系，对员工的转正、定级、培养、任用和晋升提出建议； 10.负责公司员工的年终绩效考评方案设计并组织实施； 11.负责员工工资、公积金和加班费的审批，年终奖金的发放工作； 12.制定公司的薪酬和福利保障制度，并监督落实； 13.审核员工培训计划并监督落实； 14.完成上级交办的其他工作。		

续表

工作权限	1.对公司人力资源规划具有计划权、监督权； 2.对本部门工作具有计划权、监督权、一定的决策权； 3.对公司人才储备和梯队建设具有计划权、监督权； 4.对公司薪酬方案具有计划权、监督权； 5.对公司绩效考核方案具有计划权、监督权； 6.对一般员工的工作具有调配权、监督权； 7.对员工培训、福利等具有资金审批权； 8.对本部门上报的统计数据具有信息审核权、处理权。
工作关系	上级：接受总裁书面或口头指导。 同级：与各部门经理以及下设直属部门交流和沟通。 下级：对本部门员工进行业务指导，与公司其他部门员工交流和沟通。
岗位任职条件	1.教育背景：硕士以上学历（或同等学力），人力资源管理相关专业。 2.工作经验：8年以上工作经历，3年以上中型企业人力资源管理相关工作经验。 3.专业知识：掌握人力资源管理、心理学的相关知识，熟悉相关政策、法规，了解人力资源管理发展的趋势。 4.能力与技能：外向性格，优秀的沟通能力、亲和力，善于发现人才。

2. 岗位规范

岗位规范也称劳动规范、岗位规则或岗位标准，它是对组织中各类岗位某一专项事物或对某类员工的劳动行为、素质要求等所作的统一规定。岗位规范涉及的内容多，覆盖范围大，大致涉及五个方面：

（1）岗位劳动规则：企事业单位依法制定的要求员工在劳动过程中必须遵守的各种行为规范，包括时间规则、组织规则、岗位规则、协作规则、行为规则等。

这些规则的制定和贯彻执行，将有利于维护企事业单位正常的生产、工作秩序，监督劳动者严格按照统一的规则和要求履行自己的劳动义务，按时保质保量地完成您的岗位的工作任务。

（2）定员定额标准：对企事业单位组织机构劳动定员和劳动定额的制定、贯彻执行、统计分析以及修订等环节所作的统一规定，包括：编制标准、各类岗位人员标准、时间定额标准、产量定额标准或双重定额标准等。

（3）岗位培训规范：根据岗位的性质、特点和任务要求，对您的岗位员工职业技能培训与开发所作的具体规定。

（4）岗位劳动规范：企事业单位根据岗位的任务、职责、劳动手段和工作对象的特点，对上岗员工所作出的各种具体要求，包括岗位名称、技术要求、上岗标准等内容。

（5）岗位员工规范：在岗位系统分析的基础上，对某类岗位员工任职资格以及知识水平、工作经验、文化程度、专业技能、心理素质、胜任能力等方面素质要求所作的统一规定。

3. 工作说明书与岗位规范的区别与联系

工作说明书与岗位规范的区别与联系见表2-10。

表2-10 工作说明书与岗位规范异同一览表

	工作说明书	岗位规范
内容	以岗位的“事”和“物”为中心。对岗位的内涵进行系统深入的分析	涉及内容方法，其中有些内容（如岗位人员规范）与工作说明书的内容有所交叉
主题	通过对岗位的系统分析，形成岗位规格说明书和员工规格说明书，共同构成工作说明书	岗位规范中的岗位人员规范是工作说明书的一个重要组成部分
结构形式	不受标准化原则的限制，内容可繁可简，精细程度不一，结构形式多样化，不拘一格	执行标准化原则，统一制定并颁布执行

问题：

1. 工作岗位内涵分析的主要内容有哪些？
2. 工作岗位要求分析的主要内容有哪些？
3. 工作说明书与岗位规范的异同之处是什么？

【本章小结】

工作岗位研究是指以企事业各类劳动者的工作岗位为对象，采用科学的方法，经过系统的岗位调查、岗位信息的采集，以及岗位分析，制定出岗位说明书等人事管理文件，为员工的招聘、考核、培训、晋升、调配、薪酬和奖惩提供客观依据的过程。在工作岗位研究过程中，会涉及工作要素、任务、职责、权限、岗位（职位）、职务、职业、职系、职组、职门、职级、职等多种相关概念。

工作岗位调查是指以工作岗位为调查对象，采用科学的调查方法，收集各种与岗位有关的信息的过程。工作岗位调查的内容涵盖了工作内容、工作方法、工作目标与原因、工作过程与结构四个方面。工作岗位调查主

要采用的方法有访谈分析法、观察分析法、问卷调查法等。工作岗位调查的工作流程包括准备工作、调查实施、分析总结。

工作岗位分析是指对企业各类岗位的性质、任务、职责、劳动条件和环境，以及员工承担您的岗位任务应具备的资格条件所进行的系统分析和研究，并制定出岗位规范、工作说明书等劳动人事文件的过程。工作岗位分析的内容包括岗位内涵分析和岗位要求分析。

【复习思考题】

1. 工作岗位研究的概念内涵是什么？

2. 一个完整的工作岗位研究过程由几个部分构成？各部分的重点是什么？

3. 工作岗位研究对人力资源的其他管理模块（如招聘、培训、绩效考核、薪酬管理、劳动关系等）有什么影响和作用？

4. 西方早期从事工作岗位研究的代表性人物有哪些？

5. 《天工开物》在中国科技发展史上起着什么样的作用？

6. 工作岗位调查包括哪三个工作阶段？每个阶段的工作重点是什么？

7. 工作日写实、测时的异同之处是什么？

8. 编制岗位调查应注意哪些事项？

9. 一个完整的工作岗位调查表包括哪些基本内容？

10. 工作岗位分析主要包括哪两个方面？

11. 工作内涵分析的主要内容包括哪些？

12. 工作岗位要求分析的主要内容包括哪些？

13. 工作说明书与岗位规范的异同之处是什么？

14. 一份完整的工作岗位说明书应包括哪些内容？

【案例与问题】

你和张鹏需要解决的问题

张鹏所在的光明印刷厂准备新建设一个彩印车间。张鹏需要在2个月之内完成工作岗位调查工作，并在此基础上制定车间的人事管理规章制度，包括定岗定编、岗位职责、工作说明书、培训制度、考核制度等。结合本章所学内容，请您和张鹏一起，按照下面的四个指导方案解决以下问题。

【技能提升一】制定岗位调查方案

岗位调查的意义：岗位调查是工作岗位研究的重要组成部分，只有做好岗位调查，才能准确、全面、系统地收集岗位研究所需掌握的丰富的原始资料，顺利地进行岗位分析、岗位设计和岗位评价等其他环节，正确地认识岗位的性质和特征，达到岗位研究的目的。经过岗位调查获得的信息资料可以用来制定工作说明书，为定岗定编、招聘配置、绩效考评、培训开发等工作提供规范和标准。

岗位调查方案的内容：明确岗位调查的目的意义；遵循的工作原则；调查针对的部门及岗位；拟采用的调查方法；负责调查工作的组织机构及参与人员；调查完成时间及阶段性工作；其他注意事项等。

【岗位调查方案示例】

光明印刷有限公司岗位调查方案

为了梳理组织架构，明确岗位职责，提高工作绩效，经公司领导研究决定，对我公司进行全面的岗位调查，深入收集信息，分析问题，为合理设置工作岗位及工作职责，减员增效提供科学的思路和客观的依据。

一、工作原则

（1）客观性原则。为保证调研工作的客观性，本次调研工作由外部专家负责，各部门应予以积极配合，主动提供相关资料和信息并按时参加调研访谈。

（2）全面性原则。本次调研将涉及人力资源管理的各项工作，以岗位研究、人员调配、薪酬管理、绩效考核等为重点，全面了解目前现状及存在的问题。要求参与调研的人员本着实事求是的态度，尽可能详细全面地反馈情况。

（3）积极参与原则。本次调研是深化内部体制改革、提高企业生产效益的一次重要工作，全体人员要充分认识到此项工作的意义，端正态度，积极参与，保证调研工作的顺利完成。

二、工作内容及时间安排

×月×日–×月×日　工作部署、动员，前期资料收集，制定实施方案

×月×日–×月×日　实地调研、分析问题、梳理工作思路

×月×日–×月×日 拟定工作职责及岗位说明书的初稿

×月×日–×月×日 宣讲、研讨相关岗位调查成果文件

×月×日–×月×日 提交经理办公会审议、批准

三、工作领导小组

为保证调研工作的顺利进行，组建工作领导小组。成员包括：

组长：主管经理

成员：人力资源部经理、相关职能部门经理、外聘专家

四、参与调研的人员

（1）管理岗位在岗人员。

（2）生产岗位核心人员。

五、调查方法

（1）问卷调查法。

（2）访谈法。

（3）观察法。

六、调研时间、地点

具体时间及人员安排见通知。调研地点在公司管理办公室。

七、其他未尽事宜由调研工作领导小组协商解决

综上所述，本次调研要在进行全面系统调研的基础上，为下一步完善建章建制、优化组织架构、理顺工作流程，规范人员管理等工作奠定坚实的基础。

光明印刷有限公司

20××年××月××日

【技能提升二】编制调查问卷

调查问卷的内容：

（1）岗位的标识信息，包括：岗位的名称、所属部门、岗位编号等。

（2）岗位的工作任务，包括：岗位任务的内容和工作流程，完成各项工作任务所需要的时间，岗位任务的难易复杂程度等。

（3）岗位的工作责任，包括：人、财、物的管理责任，安全责任，工作失职可能造成的损失等。

（4）岗位的工作环境和劳动强度，包括：劳动强度、劳动姿势、空

间、操作的自由度等；温湿度、噪声、工作地照明、粉尘、有毒有害气体、振动、热辐射等。

（5）岗位之间的关系，包括：上级、下级、内部外部联系岗位等。

（6）承担您的岗位的资格及条件，包括：学历、资历、工作经验、专业特长、职业技能等。

（7）承担您的岗位的身体素质和心理素质，包括：身高体重、四肢是否健全，有无色盲、色弱等先天疾病等；判断决策力、创新能力、领导能力、计划能力、分析能力、组织能力、协调能力、信息管理能力等。

（8）其他需要补充说明事项。

【调查问卷示例】

工作岗位调查问卷

为全面了解各岗位的工作职责及任职条件，进一步规范管理、提高效益，请您结合您的岗位工作实际，认真填写本调查问卷。如果是选择题，请在（　）中填选项序号，如果是填空题，请在空白处详细工整地写下您的答案，内容较多时可以加附页。请您填好后交由主管领导确认并签字。

感谢您的支持！

一、基本信息

<table>
<tr><td>姓名</td><td></td><td>性别</td><td></td><td>年龄</td><td></td></tr>
<tr><td>学历</td><td colspan="2"></td><td>现任职务（工作）</td><td colspan="2"></td></tr>
<tr><td>在岗工作时间</td><td colspan="2"></td><td>所在单位（部门）</td><td colspan="2"></td></tr>
<tr><td>直接上级</td><td colspan="2"></td><td>直接下级</td><td colspan="2"></td></tr>
<tr><td>本部门有工作联系的人</td><td colspan="2"></td><td>外单位有工作联系的人</td><td colspan="2"></td></tr>
</table>

二、您的岗位工作目标与职责（请用1~2句话简要描述）

三、您的岗位工作任务

<table>
<tr><td rowspan="2">序号</td><td rowspan="2">工作任务</td><td colspan="3">重要性程度</td><td colspan="3">发生频率</td></tr>
<tr><td>重要</td><td>一般</td><td>不太重要</td><td>频繁</td><td>一般</td><td>不太频繁</td></tr>
<tr><td>1</td><td></td><td></td><td></td><td></td><td></td><td></td><td></td></tr>
<tr><td>2</td><td></td><td></td><td></td><td></td><td></td><td></td><td></td></tr>
<tr><td>3</td><td></td><td></td><td></td><td></td><td></td><td></td><td></td></tr>
<tr><td>…</td><td></td><td></td><td></td><td></td><td></td><td></td><td></td></tr>
</table>

四、您的岗位工作责任

序号	工作责任（包括人、财、物、安全等方面）	责任程度		
		重要	一般	次要
1				
2				
3				
…				

1. 您的岗位一旦出现失误，会给公司带来的风险（　　）

（1）无任何风险

（2）仅有一些小风险，但不会给公司造成多大影响

（3）有一定风险，给公司带来的影响能明显感觉到

（4）有较大风险，会给公司带来较严重的影响

（5）有极大风险，给公司造成的影响不可挽回

2. 您的岗位一旦出现失误，会给公司成本带来的影响（　　）

（1）损失金额低于1000元

（2）损失金额在1000~5000元

（3）损失金额在5000~5万元

（4）损失金额在5万~20万元

（5）损失金额在20万~100万元

（6）损失金额在100万元以上

3. 您的岗位指导监督人员的数量（　　）

（1）不指导任何人

（2）监督、指导3个以下基层员工

（3）监督、指导3~5个基层员工；或者1个基层管理人员

（4）监督、指导5~7个基层员工；或者2个基层管理人员

（5）监督、指导7~10个基层员工；或者3个基层管理人员；或者1个中层管理人员

（6）监督、指导4个以上基层管理人员；或者2个中层管理人员

（7）监督、指导2个以上中层管理人员

4. 您的岗位的决策责任（　　）

（1）常做一些小的决定，一般不影响他人

（2）需要做一些大的决定，只影响与自己有工作关系的员工

（3）需要做一些对所属人员有影响的决策

（4）需要做一些大的决策，但必须与其他部门负责人共同协商

五、您的岗位工作环境和劳动强度

1. 您的岗位工作的复杂程度（　）

（1）简单的、独立的工作，不必考虑对他人有什么妨碍

（2）只需要简单的指示即可完成工作，不需要计划和独立判断，偶尔需考虑是否妨碍了他人工作

（3）需专门训练才可胜任工作，但大多只需一种专业技能，偶尔需要独立判断或计划

（4）需运用多种专业技能，经常做独立判断和计划，要有相当高的解决问题的能力

（5）要求高度的判断力和计划力，需要积极地适应不断变化的环境和挑战

2. 您的岗位工作的灵活程度（　）

（1）常规性工作，不需要或很少需要灵活性

（2）大多属于常规性工作，偶尔需要处理一些一般性问题

（3）一般属于常规性工作，经常需要灵活处理工作中出现的问题

（4）大多属于非常规性工作，主要靠自己灵活地按具体情况来妥善处理

（5）属于非常规性工作，需在复杂多变的环境中灵活处理重大的偶然性问题

3. 您的岗位工作的压力（　）

（1）工作常规化，工作很少被打断或干扰，极少迅速地做决定

（2）工作速度没有特定要求，手头工作有时被打断

（3）任务多样化，手头工作经常被打断，工作流动性很强

（4）任务多样化，工作时间很紧张，工作流动性很强，很难坐下来安静地处理问题

4. 您的岗位对于体式的要求（　）

（1）工作姿势随意

（2）坐着的时间占全部工作时间的一半以上

（3）站立的时间占全部工作时间的一半以上

（4）以非正常体位工作（如仰卧、侧卧、侧屈等）

5. 您的岗位工作的紧张程度（　）

（1）工作时限、节奏自己掌握

（2）大部分时间工作时限、节奏自己掌握，有时比较紧张，但持续时间不长

（3）工作时限、节奏自己基本无法控制，明显感到工作紧张

（4）完成每日工作，需持续保持注意力高度集中，经常感到疲劳

6. 您的岗位工作的均衡性（　）

（1）一般没有忙闲不均的现象

（2）有时忙闲不均，但有规律性

（3）有时忙闲不均，但无规律性

（4）经常忙闲不均，且忙的时间持续很长，需打破正常的作息时间

（5）经常出差，休息时间不固定

7. 您的岗位工作的危险性（　）

（1）不会对人造成任何伤害

（2）不注意可能造成人体局部损伤

（3）可能造成较严重的伤害

（4）常在具有危险性的环境下工作

8. 您的岗位工作时间是（　）

（1）长白班

（2）需要倒班

（3）经常加班

（4）经常出差

六、您的岗位任职条件

1. 您的岗位需要的学历水平（　）

（1）大专及以下

（2）大学本科

（3）硕士

（4）博士及以上

2. 您的岗位所需的工作经验（　）

（1）不需要

（2）1~3年

（3）3~10年

（4）10年以上

3. 您的岗位需要的写作技能（　　）

（1）一般简报、便条、备忘录、通知的撰写

（2）工作报告、工作汇报、部门工作总结的撰写

（3）公司重要文件或研究报告的撰写

（4）合同或法律文件的撰写

4. 您的岗位需要的工作技能（　　）

（1）一般办公软件、办公设备（如复印机）的使用

（2）专业办公软件、办公设备（如绘图仪）的使用

（3）需要特殊培训的工作技能

七、您的岗位需要的身体素质和心理素质

1. 您的岗位有无身高、体重、容貌的要求

（1）有

（2）无

2. 您的岗位有无视力、听力、味觉、嗅觉、触觉的要求

（1）有

（2）无

3. 您的岗位有无遗传疾病、传染性疾病（如甲肝）的要求

（1）有

（2）无

4. 您的岗位对心理素质的要求

序号	心理素质	要求程度				
		低	较低	中等	较高	高
1	判断决策力					
2	创新能力					
3	领导能力					
4	计划能力					
5	分析能力					
6	组织能力					
7	协调能力					
8	信息管理能力					
…						

【技能提升三】编制访谈提纲

访谈提纲的内容：针对不同等级的岗位应制定具有针对性的访谈提纲。对高层管理者的访谈，主要是了解企业的历史、文化、战略愿景、市场竞争状况、优劣势、机遇与挑战。对中层管理者的访谈，如果为了完善部门的工作职责以及重新定岗定编，可根据原有的部门职责，结合目前的工作实际情况编制访谈提纲。对基层员工的访谈，可以围绕工作任务、工作责任以及岗位任职条件等展开，记录访谈中的关键事件，为制定岗位说明书提供第一手信息来源。

【访谈提纲示例】

光明印刷有限公司中层管理者访谈提纲

×××您好！

首先感谢您抽出时间接受这次访谈，我们这次访谈的主要目的就是通过和您的沟通收集一些关于公司人力资源管理方面的意见和建议。包括您个人和您负责的部门的工作任务、职责权限、岗位关系、任职条件等方面的情况。您的意见和建议，对我们的工作至关重要。当然，我们郑重地向您承诺，访谈中所涉及的内容，我们都会严格为您保密，所以您不必有任何思想压力。

1. 个人情况（所在岗位、入职时间、工作时间、成长经历、学历等）
2. 您所在岗位的具体职责（工作任务）是什么？您有什么权限？
3. 您的劳动强度如何？是否觉得劳累？
4. 您的工作环境如何？是否经常加班？
5. 您向谁直接汇报？汇报的内容主要包括哪几个方面？汇报的频次如何？
6. 您直接管理几个下属？您下属的工作分工是什么？
7. 您认为本部门的工作任务是否饱和？
8. 您认为本部门的人员岗位是否需要重新调整？
9. 您认为本部门比较合理的岗位和编制数是多少？
10. 您认为现有的薪酬体系是否需要调整？您有什么建议？
11. 您认为公司现有的绩效考核指标是否合理？您有何改进的建议？
12. 您对公司的人力资源管理工作是否了解？有何建议？

感谢您的配合和支持！

【技能提升四】撰写岗位说明书

岗位说明书的内容：虽然岗位说明书并没有一个标准化的格式，但大致都包括以下几部分的内容，工作标识、工作概要、工作任务、工作职责、岗位关系、工作环境和条件、工作绩效标准、岗位任职条件等。岗位说明书是在进行了充分的岗位调查之后，经过科学专业的分析和梳理之后才形成的。岗位说明书的初稿撰写出来之后，需要经过部门主管、现岗位人员进行认真的补充和修订，并经过工作岗位研究领导小组的审阅方能定稿，经过企业相应的审批流程后，作为规章制度予以实施。岗位说明书不是一成不变的，需要定期根据工作职责的变化进行修订，保证其科学性和规范性。

【岗位说明书示例】

印刷车间主任岗位说明书

岗位名称	印刷车间主任	岗位编号	
所在部门	生产制造部	岗位定员	
直接上级	生产制造部主任	工资等级	
直接下级	生产班组长	薪酬类型	
所辖人员	5人	岗位分析日期	
本职：根据生产计划，组织车间人员完成上级部门下达的产品生产任务和其他任务			
职责与工作任务			
职责一	职责表述：执行生产计划，组织生产		工作时间百分比：30%
	工作任务	落实上级部门生产计划分解到本车间的部分	频次：
		组织完成印刷生产任务	
		对重要客户及特殊定单进行产、质量跟踪检查	频次：
		监督检查原辅材料的使用情况，生产成本控制，保证生产正常进行	频次：
		安排新进原辅材料的试用，并提出试用意见	频次：
		提出原辅材料的申购计划	频次：
		负责车间安全生产工作	频次：

续表

<table>
<tr><td rowspan="6">职责二</td><td colspan="2">职责表述：监督管理车间劳动纪律</td><td>工作时间百分比：20%</td></tr>
<tr><td rowspan="5">工作任务</td><td>监督管理车间劳动纪律</td><td>频次：</td></tr>
<tr><td>保证车间资产的完整</td><td>频次：</td></tr>
<tr><td>本车间内在制品管理</td><td>频次：</td></tr>
<tr><td>物品定置管理</td><td>频次：</td></tr>
<tr><td>监督员工规范操作</td><td>频次：</td></tr>
<tr><td rowspan="5">职责三</td><td colspan="2">职责表述：车间相关技术管理</td><td>工作时间百分比：15%</td></tr>
<tr><td rowspan="4">工作任务</td><td>监督检查生产工艺文件及作业指导书执行情况</td><td>频次：</td></tr>
<tr><td>组织力量完成新工艺流程的试运行和新产品的试制</td><td>频次：</td></tr>
<tr><td>监督检查在制品的质量状况，填写相关质量体系记录</td><td>频次：</td></tr>
<tr><td>分析造成质量问题的原因，研究解决办法并提出建议</td><td>频次：</td></tr>
<tr><td rowspan="5">职责四</td><td colspan="2">职责表述：车间设备管理</td><td>工作时间百分比：15%</td></tr>
<tr><td rowspan="4">工作任务</td><td>监督检查设备的运转情况和日常性维护保养工作</td><td>频次：</td></tr>
<tr><td>提出车间设备技改申请</td><td>频次：</td></tr>
<tr><td>组织配合设备检修工作</td><td>频次：</td></tr>
<tr><td>组织配合设备故障排除</td><td>频次：</td></tr>
<tr><td rowspan="8">职责五</td><td colspan="2">职责表述：车间组织管理</td><td>工作时间百分比：10%</td></tr>
<tr><td rowspan="7">工作任务</td><td>制定部门相关管理制度和经费预算，并负责实施执行</td><td>频次：</td></tr>
<tr><td>负责车间员工的技术培训和安全教育工作</td><td>频次：</td></tr>
<tr><td>检查员工的出勤和工作情况</td><td>频次：</td></tr>
<tr><td>制订本部门的用人计划，提出本部门的用人申请</td><td>频次：</td></tr>
<tr><td>根据车间生产设置车间岗位，设定人员编制</td><td>频次：</td></tr>
<tr><td>负责本部门员工的选拔、评价</td><td>频次：</td></tr>
<tr><td>组织车间合理化建议活动，调动员工积极性</td><td>频次：</td></tr>
<tr><td rowspan="5">职责六</td><td colspan="2">职责表述：车间生产辅助物品管理</td><td>工作时间百分比：10%</td></tr>
<tr><td rowspan="4">工作任务</td><td>车间办公用品的管理（包括领取、发放等）</td><td>频次：</td></tr>
<tr><td>监督检查原辅材料的使用情况，保证生产正常进行</td><td>频次：</td></tr>
<tr><td>安排新进原辅材料的试用，并提出试用意见</td><td>频次：</td></tr>
<tr><td>提出原辅材料的申购计划</td><td>频次：</td></tr>
<tr><td>职责七</td><td colspan="3">职责表述：完成上级下达的其他任务</td></tr>
</table>

续表

权力	
权限一：对车间各项工作的指挥权，业务范围内的紧急事件处理权	
权限二：对本部门员工的考核权	
权限三：对所属下级的工作争议有裁决权	
权限四：有对直接下级岗位调配的建议权、任命的提名权和奖惩建议权	
权限五：零部件和原辅材料的申购权	
权限六：对质量体系和环境体系相关文件的修改建议权	
权限七：对本车间技改方案的建议权	
权限八：对违反操作规程和工艺纪律的员工有制止权和处罚权	
权限九：对本部门内的岗位有人员调配权	
工作协作关系	
内部协调关系	其他部门、车间
外部协调关系	
所需记录文档	生产产量记录、员工考勤统计、相关质量体系记录
任职资格	
教育水平	大专以上文化程度
专业	有理工类或生产管理类专业教育背景
经验	3年以上车间班组管理经验
知识	具有计算机应用、机械原理、电子基础知识相关知识
技能技巧	熟练使用常用办公软件和网络，较好的英语阅读能力，机械设备维修
培训经历	管理基础知识、光盘生产印刷知识
工作条件及其他	
使用工具设备	电话、电脑（能上内部网）、维修工具，其他办公用品
工作环境	车间，有印刷用化学有害物品
工作时间特征	每周 48 小时工作时间，按需要加班
备注：	

第三章

人力资源战略与规划

【学习目的和要求】

人力资源战略与规划是人力资源管理的基础职能活动。通过本章的学习，了解和掌握人力资源战略、人力资源规划的含义；企业战略、企业文化战略；制定人力资源规划的程序；人力资源存量分析、人力资源需求预测以及人力资源供给预测的方法和步骤；平衡人力资源供给与需求的政策和措施。

【开篇案例】

手忙脚乱的人力资源经理

D集团在短短5年之内由一家手工作坊发展成为国内著名的食品制造商。企业最初从来不制订什么计划，缺人了，就现去人才市场招聘。企业日益正规后，开始每年年初制订计划：收入多少，产量多少，员工定编人数多少等，人数少的可以新招聘，人数超编的就要求减人，一般在每年年初招聘新员工。可是，一年中总是有人升职、有人平调、有人降职、有人辞职，年初又有编制限制，不能多招，而且人力资源部也不知道应当招多少人或者招什么样的人，结果人力资源经理一年到头老往人才市场跑。

近年来，由于3名高级技术工人退休，2名跳槽，生产线立即瘫痪。集团总经理召集紧急会议，命令人力资源经理3天之内招到合适的人员顶替空缺，恢复生产。人力资源经理两个晚上没睡觉，繁忙奔走于各人才市场和面试现场，最后勉强招到2名已经退休的高级技术工人，使生产线重新开始运转。人力资源经理刚刚喘口气，地区经理又打电话给他说自己的公司已经超编了，不能接收前几天分过去的5名大学生，人力资源经理不由得怒气冲冲地说："是你自己说缺人，我才招来的，现在你又不要了！"地区经理说："是啊，我两个月前缺人，你现在才给我，现在早就不缺了。"人力资源经理争辩道："找人也是需要时间的，我又不是孙悟空，你一说缺人，我就变出一个给你？……

第一节 人力资源战略概述

一、企业经营战略概述

企业的人力资源战略派生和从属于企业的经营战略，要制定有效的人力资源战略，即必须明确企业的经营战略，以及人力资源在其中的位置与作用。

（一）企业经营战略的概念和层次

长期以来，管理学家们对企业经营战略的看法并不一致。20世纪50年代，一些管理学家们认为企业经营战略包括三个方面：①企业宗旨；②企业目标；③实现目标的行动方案。钱德勒在其《经营战略与结构》（1962）一书中提到企业经营战略由三个部分构成：①企业长远目标；②实现目标的行动方案；③资源分配。安索夫则在其《公司战略》（1965）中认为，企业经营战略实际是企业产品和企业活动与市场的组合。

近年来，管理学家们对企业经营战略的理解渐趋一致，即认为企业战略是一种计划，用以整合组织的主要目标、政策与活动次序（奎因：《变革的战略》，1980）。

巴尼和格里劳干脆提出，企业经营战略不过是一个实现企业宗旨的详尽计划。（《组织管理：战略、结构、行动》，1992）

企业经营战略包括目标和方法两个因素，是企业在追求长远目标时，针对环境的挑战所采取的方式或反映。一个战略管理者有四个主要任务：①制定目标；②规划达到目标的行动方案；③推行战略，将方案付诸实行；④收取回馈信息去监察行动的进展，进行战略性控制。

企业经营战略一般分为三个层次：总体战略、事业战略和职能战略，如图3–1所示。

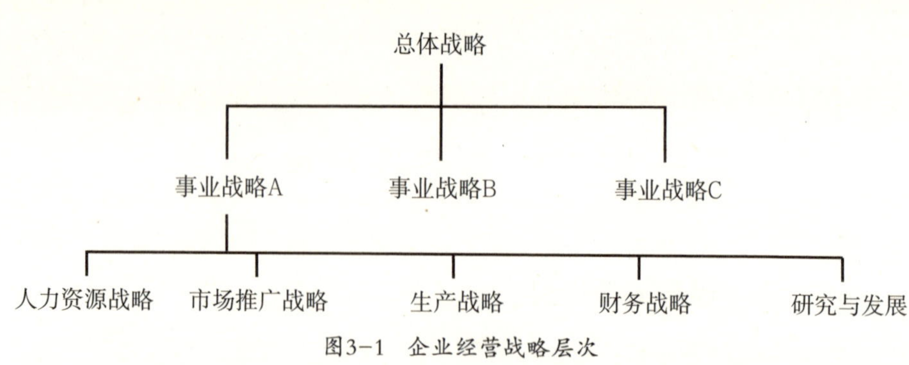

图3-1 企业经营战略层次

总体战略主要用在多元化的企业里，是企业的长远发展方向，用以决定企业所要经营的产品或服务范畴，以及企业资源的分配和整合。总体战略为长期战略或宏观战略，其内容通常较为概括，其成效也难以评鉴。

事业战略主要用于整合事业单位的功能，使各事业单位在配合总体战略的同时，亦能发挥独特的竞争优势。在多元化的企业中，相关的事业单位可能被组合成一个战略性的事业单位，在共用专才之余，更可达成共识，以便进行工作规划。在单一产品的企业里，事业战略即等于总体战略。事业战略一般是中性的，即3~5年的规划。

职能战略主要以调整各职能单位内的活动，使其发挥最大的效力，以协助事业战略达成企业的总体战略。职能战略是短期的，一般是指1年内的计划，内容是具体而清晰的。

（二）企业经营战略的类型

企业经营战略多种多样，千差万别，这里主要分析与人力资源战略有密切关系的企业基本竞争战略、企业发展战略和企业文化战略。

1. 企业基本竞争战略

在众多的企业战略研究中，影响最大的莫过于哈佛大学的波特。他在《竞争战略》（1980）一书中提出一个企业在严酷的市场竞争中能否生存和发展的关键在于其产品的“独特性”和“顾客价值”，若二者缺一，企业就很难在竞争中取得优势。为获得竞争优势，企业可以根据自己的情况采取以下三大基本竞争战略中的一种。

（1）成长战略。企业在采用这种战略时，力求在生产经营活动中降低成本、扩大规模、减少费用，使自己的产品比竞争对手的产品成本低，因为可以用低价格和高市场占有率保持竞争优势。这种战略尤其适合于成熟的市场和技术稳定的产业。

（2）产品差别化战略。企业采取这种战略是努力使自己的产品区别于竞争对手产品，保持独特性。为达到这一目的，企业可能生产创新性产品，即竞争对手无法生产的产品，或产品具有竞争对手产品所不具有的独特功能。企业也可以生产高品质产品来实现这一目的，以优秀品质胜过竞争对手的产品。

（3）市场焦点战略。这种经营战略是指企业集中精力于一较小较窄的市场细分中进行生产经营，努力使自己在这一市场隙缝中专门化，弥补他人产品的不足，这一战略主要是通过巧妙地避开竞争而求得生存和发展。

2. 企业发展战略

企业的发展战略主要分以下四种：成长战略、维持战略、收缩战略和重组战略。

（1）成长战略。企业在市场不断扩大、业务不断增长时通常采取成长战略，以抓住发展机会。企业在采取成长战略时，可以根据其具体情况而选择以下三种不同的成长战略。

集中式成长战略。即在原有产品基础上，集中发展成为系列产品，或开发与原产品相关联的产品系列。采用这种发展战略的典型范例是四川长虹股份公司。在公司的开创阶段，长虹选择了“独生子女”政策，即集中全部精力和资源生产经营电视。当公司的产品形成规模，创出名牌后，又改为“多子女”政策，在电视机的基础上，开始全面出击，开发相关联的其他家电产品，如空调、VCD、数字移动通信电话等。

纵向整合式成长战略。即向原企业产品的上游产业或下游产业发展，如饲料生产厂家可以发展养殖、食品加工和销售，甚至餐饮，正大集团就是成功运用了这种成长战略。

多元化成长战略。即企业在原产品或产业的基础上，向其他不相关或不密切相关的产品和产业发展，形成通常所说的“多角化经营”的格局。例如，三九集团的迅速发展就在于采用了多元化成长战略，从30万元起家，从仅仅生产一种胃药的企业，发展成了今天拥有数十亿资产，跨医药、工程、建筑、啤酒、饭店、旅游等产业的企业集团。

（2）维持战略。当市场相对稳定，且被几家竞争企业分割经营时，处于其间的企业常常采用维持战略，即坚守自己的市场份额、客户和经营区域，防止企业利益被竞争对手蚕食，同时保持警惕，防止新对手进入市场。采用这种战略的企业，经营目标不再是高速发展，而是维护已有的市场地盘，尽可能大地获取收益和投资回报。常用的维持方法包括：培养客户的忠诚感、维护名牌的知名度、开发产品的独特功能、挖掘潜在的顾客等。

（3）收缩战略。当企业的产品进入衰退期或因经营环境变化而陷入危机时，企业可以采取收缩战略以扭转颓势，克服危机，争取柳暗花明，走出困境。

（4）重组战略 。这是企业通过资产重组的方式寻求发展的战略。常见的资产重组方式有：

兼并。即一家企业收买另一家企业，被收买的企业的法人主体被撤销，整体并入新的企业。例如，康佳公司就是通过对全国数十家电视机生产厂家的兼并，在短短几年里就迅速发展成为一家大型企业集团。

联合。即两家以上的企业合并在一起，组成新的企业，原企业法人主体撤销，整体并入新的企业。近年来，世界大型企业纷纷掀起一股联合的热潮，如波音与麦道，克莱斯勒与大众等。

收购。即一家企业对另一家企业的股权进行收买，直至达到控股，从而控制被收购企业。这既可以通过股市对上市公司进行收购，也可以通过接触和说服大股东出让股权从而控制非上市公司。

3. 企业文化战略

企业文化主要指一个企业长期形成的并为全体员工认同的价值观念和行为规范。每一个企业都会有意或无意地形成自己特有的文化，它来源于企业经营管理者的思想观念，企业的历史传统、工作习惯、社会环境和组织结构等。密执安大学的奎因认为，企业文化可以根据两个轴向而分成四大类，如图3-2所示。

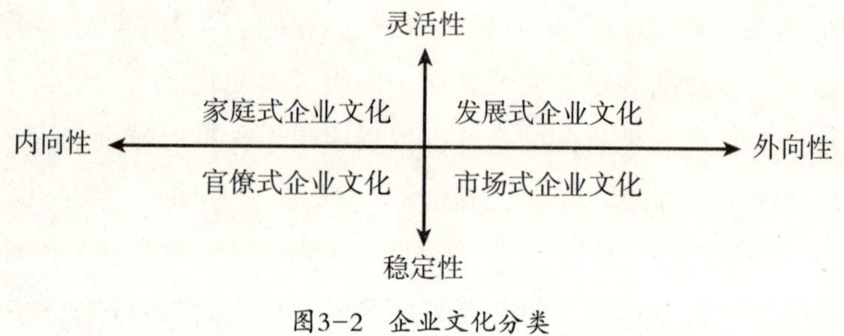

图3-2 企业文化分类

（1）发展式企业文化。特点是强调创新和成长，组织结构较松散。

（2）市场式企业文化。特点是强调工作导向和目标的实现，重视按时完成各项生产经营目标。

（3）家庭式企业文化。特点是强调企业内部的人际关系，企业像一个大家庭，员工像一个大家庭里的成员，彼此间相互帮助和相互关照，最受重视的价值是忠诚和传统。

（4）官僚式企业文化。特点是强调企业内部的规章制度，凡事皆有章可循，重视企业的结构、层次和职权，注意企业的稳定性和持久性。

以上是对企业战略的分析，每个企业的战略实际上都是经营战略、发展战略和文化战略的综合运用，这三个方面都将影响企业人力资源战略的选择和制定。

二、企业人力资源战略分析

人力资源战略属于职能战略，用以支持企业总体战略和事业战略，所以必须与企业经营战略配合，才能发挥最大效用。

（一）人力资源战略理念

1. 软性的人力资源战略

这种战略认为员工是企业最宝贵的资源，故应珍惜、奖励、发展和并入企业的组织文化里。

2. 硬性的人力资源战略

这种战略认为员工和企业其他资源一样，都应予以尽量有效益及节约地运用。两种不同观点不但影响到员工所得到的待遇，而且代表着两种不同劳动关系。特别要指出的是，同一种人力资源战略有时可包含两种观点，管理者要留意战略所带出的信息是否跟管理层拟传达给员工的观点一致。

（二）人力资源战略分类

1. 康奈尔大学的分类

据美国康奈尔大学的研究，人力资源战略可分为三种：诱引战略、投资战略和参与战略。

（1）诱引战略。这种战略主要是通过丰厚的薪酬去诱引和培养人才，从而形成一支稳定的高素质的员工队伍。常用的薪酬制度包括利润分

享计划、奖励政策、绩效奖酬、附加福利等。由于薪酬较高，人工成本势必增加。为了控制人工成本。企业在实行高薪酬的诱引战略时，往往严格控制员工数量，所吸引的也通常是技能高度专业化的员工，招聘和培训的费用相对较低，管理上则采取以单纯利益交换为基础的严密的科学管理模式。

（2）投资战略。这种战略主要是通过聘用数量较多的员工，形成一个备用人才库，以提高企业的灵活性，并储备多种专业技能人才。这种战略注意员工的开发和培训，注意培育良好的劳动关系。在这方面，管理人员担负了较重的责任，确保员工得到所需的资源、培训和支持。采取投资战略的企业目的是要与员工建立长期的工作关系，故企业十分重视员工，视员工为投资对象，使员工感到有较高的工作保障。

（3）参与战略。这种战略谋求员工有较大的决策参与机会和权利，使员工在工作中有自主权，管理人员更像教练一样为员工提供必要的咨询和帮助。采取这种战略的企业很注重团队建设、自我管理和授权管理。企业在对员工的培训上也较重视员工的沟通技巧、解决问题的方法、团队工作等，如日本企业开创的QC小组就是这种人力资源战略的典型。

2. 史戴斯和顿菲的分类

根据史戴斯和顿菲的研究（1994），人力资源战略可能因企业变革的程度不同而采取以下四种战略：家长式战略、发展式战略、任务式战略和转型式战略，如表3-1所示。

表3-1　史戴斯和顿菲的人力资源战略分类

变革程度	管理方式	人力资源战略
基本稳定，微小调整	指令式管理为主	家长式战略
循序渐进，不断变革	咨询式管理为主，指令式管理为辅	发展式战略
局部改变	指令式管理为主，咨询式管理为辅	任务式战略
总体改革	指令式管理与高压式管理并用	转型式战略

（1）家长式人力资源战略。这种战略主要运用于避免变革，寻求稳定的企业，其主要特点是：

①集中控制人事的管理；

②强调程序、先例和一致性；

③进行组织和方法研究；

④硬性的内部任免制度；

⑤强调操作和督导；

⑥人力资源管理的基础是奖惩和协议。

（2）发展式人力资源战略。当企业处于一个不断变化和发展的经营环境时，为适应环境的变化，企业采取渐进变革式和发展式人力资源战略，其主要特点是：

①注重发展个人和团队；

②尽量从内部进行招聘；

③大规模的发展和培训计划；

④运用内在激励多于外在激励；

⑤优先考虑企业的总体发展；

⑥强调企业整体文化；

⑦重视绩效管理。

（3）任务式人力资源战略。这种企业面对的局部变革，战略的制定是采取自上而下的指令方式。这种单位在战略推行上有较大的自主权，但要对本单位的效益负责。采取这种战略的企业依赖于有效的管理制度，其主要特点是：

①非常注重业绩和绩效管理；

②强调人力资源规划、工作再设计和工作常检查；

③注重物质奖励；

④内部和外部招聘并重；

⑤进行正规的技能培训；

⑥用正规程序处理劳动关系问题；

⑦非常强调战略事业单位的组织文化。

（4）转型式人力资源战略。当企业已完全不再适应经营环境而陷入危机时，全面变革急不可待，企业在这种紧急情况下没有时间让员工较大范围地参与决策，彻底地变革有可能触及相当部分员工的利益而不可能得到员工的普遍支持，企业只能采取强制高压式和指令式的管理，包括企业战略、组织机构和人事的重大改变，创立新的结构、领导和文化。与这种彻底变革相配合的是转型式人力资源战略，其主要特点是：

①进行影响到整个企业和事业结构的重大变革；

②调整员工队伍的结构，进行必要的裁员，缩减开支；

③从外部招聘管理骨干；

④对管理人员进行团队训练，建立新的“理念”和“文化”；

⑤打破传统习惯，摒弃旧的组织文化；

⑥建立适应经营环境的新的人力资源系统和机制。

问题：

1. 企业战略的内容及分类有哪些？

2. 人力资源战略的内容及分类有哪些？

第二节 人力资源规划概述

一、人力资源规划的含义与目标

（一）人力资源规划的含义

人力资源规划是人力资源管理的一项基础性工作。不断变化着的内部和外部环境必然会使企业定期进行员工的流入、流出。为保证企业在需要的时候及时得到各种需要的人才，企业在发展过程中要有与其战略目标相适应的人力资源配置。

人力资源规划是指为了实现企业的战略目标，根据企业的人力资源现状，科学地预测企业在未来环境变化中的人力资源供求状况，并制定相应的政策和措施，从而使企业的人力资源供给和需求达到平衡，并使企业和个人都获得长期的利益。

（二）人力资源规划的目标

人力资源规划有以下主要目标：

1. 防止人员配置相对过剩或不足

如果拥有过多的员工，组织就会因工资成本过高而损失经营效益；如果员工过少，又会由于不能满足现有顾客需求而导致销售收入降低。而且由于配置不足而不能满足现有产品或服务需求，还会导致未来顾客的流失，将潜在的顾客推到竞争对手那里。人力资源规划不仅有助于保证组织经营效益的提高，而且有助于及时满足顾客需要。

2. 保证组织在适当时间、地点有适当数量且具有必备技能的员工

组织必须从技能、工作习惯、个性特征、招募时间等方面预计其所需要的员工类型，这样才能招聘到最合适的员工。在此基础上，对他们进行充分的培训，才能使员工在组织需要的时候产生最高的工作绩效。因此，通过人力资源规划把包括技能水平、员工个人与组织的适应程度、培训、工作体系、计划需求等多因素加以综合考虑，并将这些因素整合起来，是战略性人力资源管理的一个重要组成部分。

3. 确保组织对外部环境变化做出及时且适当的反应

人力资源规划在客观上要求决策者全面考虑外部环境中各个相关领域里的各类情形，例如，国内经济可能增长或继续停滞或收缩；本行业可能保持现状或竞争变得更加激烈或竞争态势趋缓；政府规制约束可能不变或放松或变得更加严厉；技术可能或不能进一步发展；税率和利息率的提高、降低或维持不变。人力资源规划促使组织对外部环境状态进行思索和评估，预测可能的变化，而不是对某种情况的出现做出被动反应，这将使组织总能比竞争对手先进一步。

4. 为组织的人力资源活动提供方向和思路

人力资源规划一方面是为其他各种人力资源职能（如人员配置、培训与开发，工作绩效测评、薪酬等）确定了方向；另一方面它还确保组织采用比较系统的观点看待人力资源管理活动，理解人力资源计划和组织战略之间的相互关系，以及某一个职能领域的变化会对另一个职能领域产生的影响。例如，一个科学的人力资源计划能够确保对员工进行培训与对员工进行工作绩效测评的一致，并且在薪酬决定中也特别考虑这些因素。

5. 将业务管理人员与职能管理人员的观点结合起来

虽然人力资源规划通常由公司人力资源部发起和进行，但它也需要组织中所有管理人员的参与协作。公司人力资源部的领导未必会比一个具体部门的负责人更了解其所负责能力的那个领域的情况。人力资源部与业务管理人员之间的沟通是确保任何人力资源规划活动成功的基础。公司人力资源部必须帮助业务管理人员参与规划过程，但在安排他们参与规划过程的同时，也要考虑到其业务专长和既定的工作职责。

二、人力资源规划的内容

人力资源规划的内容，也就是它的最终结果，主要包括两个方面。

（一）人力资源总体规划

它是指对计划期内人力资源规划结果的总体描述，包括预测的要求和供给分别是多少，做出这些预测的依据是什么，供给和需求的比较结果是什么，企业平衡需求供需的指导原则和总体政策是什么，等等。

总体规划中最主要的内容包括：

（1）供给和需求的比较结果，也可以称作净需求，进行人力资源规划的目的就是得出这一结果。

（2）阐述在规划期内企业对各种人力资源的需求和各种人力资源配置的总体框架，阐明人力资源方面有关的重要方针、政策和原则，如人才的招聘、晋升、降职、培训与发展、奖惩和工资福利等方面的重大方针和政策。

（3）确定人力资源投资预算。

（二）人力资源业务规划

人力资源业务规划是总体规划的分解和具体，它包括人员补充计划、人员配置计划、人员接替和提升计划、人员培训与开发计划、工资激励计划、员工关系计划、退休解聘计划等内容，这些业务规划的每一项都应当有自己的目标、任务和实施步骤，它们的有效实施是总体计划得以实现的重要保证，如表3–2所示。

表3–2 人力资源业务规划的内容

规划名称	目标	政策	预算
人员补充计划	类型、数量、层次对人员素质结构的改善	人员的资格标准、人员的来源范围、人员的起点待遇	招聘选拔费用
人员配置计划	部门编制、人力资源结构优化、职位匹配、职位轮换	任职条件、职位轮换的范围和时间	按使用规模、类别和人员状况决定薪酬预算
人员接替和提升计划	后备人员数量保持、人员结构的改善	选拔标准、提升比例、未提升人员的安置	职位变动引起的工资变动

续表

规划名称	目标	政策	预算
培训与开发计划	培训的数量和类型、提供内部的供给、提高工作效率	培训计划的安排、培训时间和效果的保证	培训开发的总成本
工资激励计划	劳动供给增加、士气提高、绩效改善	工资证策、激励政策、激励方式	增加工资奖金的数额
员工关系计划	提高工作效率、员工关系改善、离职率降低	民主管理、加强沟通	法律诉讼费用
退休解聘计划	劳动力成本降低、生产率提高	退休政策及解聘程序	安置费用

三、人力资源规划分类

在实践中，人力资源规划存在不同的方式，对这些形式的区分，有助于我们更加深入地把握人力资源规划的内容。

以人力资源规划是否单独进行为标准，可以划分为独立性的人力资源规划和附属性的人力资源规划。独立性的人力资源规划是指将人力资源规划作为一项专门的职责来进行，最终结果体现为一份单独的规划报告，这就类似于市场、生产、研发等职能部门的职能性战略规划；附属性的人力资源规划则是指将人力资源为企业整体战略计划的一部分，在规划整体战略的过程中来对人力资源进行规划，并不是专门进行的，其最终结果大多不单独出现。独立性的人力资源规划，其内容往往都比较详细；副属性的人力资源规划则内容相比较简单，甚至省略某些项目。

以人力资源规划的范围大小为标准，可以划分为整体的人力资源规划和部门的人力资源规划。整体的人力资源规划是指在整个企业范围内的规划，它将企业的所有部门都纳入规划的范围；部门的人力资源规划则是指在某个或某几个部门范围内进行的规划。虽然整体的人力资源规划是以部门的人力资源规划为基础来进行的，但是这两者并没有从属关系，有时企业可能只进行部门的而不进行整体的人力资源规划。

按照人力资源规划的规划期长短，可以划分为短期的人力资源规划、中期的人力资源规划和长期的人力资源规划三类。短期的人力资源规划是指一年及一年以内的规划，这类规划由于时间相对较短，因此其目标比较明确，内容也比较具体，更多地体现为可操作性的东西；长期人力资源规划是指五年或者五年以上的规划，由于规划的时间比较长，对各种因素不可能做出准确的预测，因此这类规划往往是指导性的，在具体实施时要随着内外部环境的变化而不断调整，具有强烈的战略性色彩；中期人力资源规划则介于长期和短期之间，一般是指一年以上五年以内的规划。对短期规划来说，中期规划具有一定的指导性；而对于长期规划来说，中期规划又是它的具体落实，就好比是长期规划的阶段性目标，往往具有战术性的特点。

四、人力资源规划的原则

在制定人力资源规划时，必须遵循以下原则：

（一）充分考虑内部、外部环境的变化

未来总是充满许多不确定的因素，人力资源规划应充分考虑内外环境的变化，“随机应变”。这里的内部环境变化主要包括企业发展战略的变化、企业员工流动的变化等；外部环境变化主要包括政府有关人力资源政策的变更，社会保障法规的变更，环境保护法规的变更等都会引起人员流动及供求的变化，进而影响人力资源规划。那么如何更好地适应这些变化呢？俗语说“计划是为了变化”，因此，必须在人力资源规划中大做文章，要及时对可能出现的情况作出预测和风险分析，进而设计出有效应对风险的应急策略，这样才能够发挥好人力资源的价值和效用。

（二）目标性原则

人力资源规划的制定和实施要与组织发展目标相统一。人力资源规划的应用范围很广，既可以运用于整个组织，也可局限于某一部门或某个集体。不管哪种规划都必须与组织的整体发展目标相统一，才能确保组织各项资源的协调，使人力资源的规划具有准确性和有效性。

（三）兼顾原则

人力资源规划不仅是面向企业的规划，也是面向员工的规划，因此，坚固原则是指尽量达到组织和员工双方的共同发展。在知识经济时代，随着人力资源素质的提高，员工越来越重视自身的发展前途，组织的发展也离不开员工的贡献，两者是相互依托、相互促进的。如果只考虑企业的发展需要而忽略了员工的发展，则会有损企业发展目标的完成，优秀的人力

资源规划一定是能够使企业和员工得到长期利益的规划，一定是使企业和员工共同发展的规划。因此，在人力资源规划中，必须兼顾组织和员工的利益，进而达到组织和员工共同发展的结果。

五、人力资源规划的意义

任何企业的发展都需要人力资源的充分保证，另外，人力资源的成本也是必须仔细考虑的问题。应当说，人力资源规划的实施对于企业的良性发展以及人力资源管理资源系统的有效运转具有非常重要的作用。

（一）人力资源规划是战略性人力资源规划

战略性人力资源管理规划吸取了现代企业战略管理研究和战略管理实践的重要成果，遵循战略管理的理论框架，高度关注企业战略层面的内容。一方面，把传统意义上聚焦于人员供给和需求的人力资源规划融入其中；另一方面，更加强调人力资源规划与企业的发展相一致。战略性人力资源规划是在对内外部环境理性分析的基础上，明确企业人力资源管理所面临的挑战以及现有人力资源管理体系的不足，清晰地勾勒出与企业未来发展相匹配的人力资源管理体制，并制定出能把目标转化为行动的可行措施以及对措施执行情况的评价和监控体系，从而使人力资源战略形成一个完整的战略系统。

（二）人力资源规划有助于企业人员状况的稳定

人力资源规划实在对企业人力资源状况的全面分析和评价的基础上进行的，这包括企业人力资源的总量、类别和年龄结构、相对充裕度等，从而能够发现企业内部存在的一些人才浪费和低效现象。企业为了自身的生存和发展，必须随时依据环境的变化及时做出相应的调整。

（三）人力资源规划有助于企业降低人工成本

通过人力资源规划预测企业人员的变化，逐步调整企业的人员结构，避免人力资源的浪费，使企业人员结构尽可能合理化，企业就可以将员工的数量和质量控制在合理的范围内，从而节省人工成本，大大提高人力资源的利用效率。

（四）人力资源规划对人力资源管理的其他职能具有指导意义

人力资源规划作为企业的战略决策，是企业各种具体人事决策的基

础。人事决策对企业管理的影响很大，如晋升政策、培训政策、分配政策等，而且调整起来也很困难，牵涉到很多方面的问题。要使企业人事决策正确，就需要准确的人力资源供需信息。虽然人力资源规划目标的实现需要以人力资源管理的其他职能为基础，但是它反过来对于这些职能也具有指导意义，为它们提供了行动的信息和依据，使这些智能活动可以与企业的发展结合得更加紧密。由此可知，企业通过人力资源规划，可使人员招聘计划、员工培训开发计划、薪酬计划、激励计划等人力资源管理具体职能都能相互协调和配套。

六、人力资源规划的作用

1. 人力资源规划是企业制定战略目标的重要依据

任何企业在制定战略目标时，首先需要考虑的是组织内拥有的以及可以挖掘的人力资源。一套切实可行的人力资源规划，有助于管理层全面、深入地了解企业内部人力资源的配置状况，进而科学、合理地确定企业的战略目标。

2. 人力资源规划是企业满足组织发展对人力资源需求的重要保障

企业内部和外部环境是不断变化的，任何企业的生存与发展都要受到内部和外部环境的制约。对普通员工的短缺，企业可以在短时间内从劳动力市场上招聘，也可以通过对现有员工进行有目的的培训以满足工作需要。但是，企业经营中的中高级管理人员和专业性较强的技术人员的短缺问题则完全不同，必须未雨绸缪。

3. 人力资源规划可使企业有效地控制人工成本

企业的人工成本中最大的支出是工资，而工资总额在很大程度上取决于企业中的人员分布状况。人员分布状况是指企业中的人员在不同职务、不同级别的数量状况。当企业属于发展初期时，低层职位的人员较多，人工成本相对便宜。随着企业的发展、人员的职位水平上升、工资成本增加，在没有人力资源的情况下，未来的人工成本是未知的，难免会出现成本上升、效益下降的趋势。因此，通过人力资源规划预测未来企业发展，有计划地调整人员分布状况，把人工成本控制在合理的支付范围内，是十分重要的。

4. 人力资源规划有助于满足员工需求和调动员工的积极性

人力资源规划展示了企业内部发展机会，使员工充分了解自己的哪些需求可以得到满足以及满足的程度。如果员工明确了那些可以实现的个人目标，就会去努力追求，在工作中表现出积极性、主动性、创造性；否则，在前途和利益未知的情况下，员工就会表现出干劲不足，甚至有能力的员工还会采取另谋高就的做法来实现自我价值。如果有能力的员工流失过多，就会削弱企业实力，降低士气，从而进一步加速员工流失，使企业的发展陷入恶性循环。

七、人力资源规划的程序

人力资源战略与规划制订可以分为如下几个步骤，如图3-3所示。

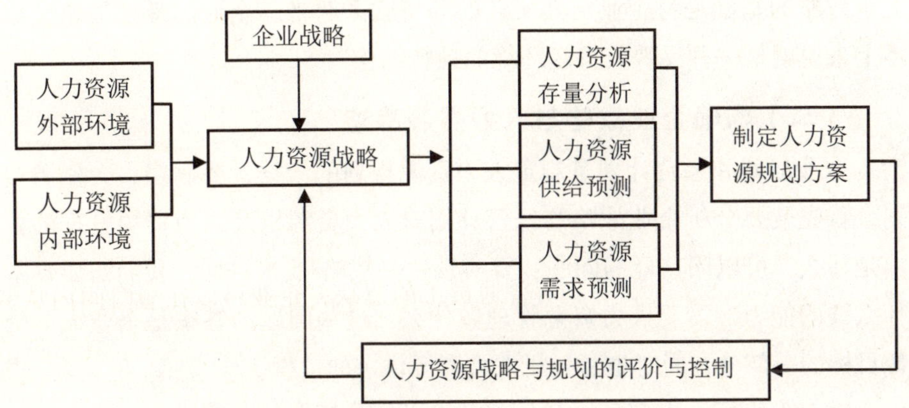

图3-3 人力资源规划的一般过程

（一）环境分析

人力资源规划的第一步就是要对企业的内部和外部环境进行分析，并作出评价。企业在进行环境分析的时候，必须仔细考察企业的内部和外部环境，以获取可能对企业未来人力资源管理产生影响的信息。企业环境分析主要包括两个方面，即内部环境和外部环境。

内部环境包括企业的研究与开发、制造、市场销售、人力资源和其他对企业的绩效产生影响的方面。另外，内部环境还包括涉及企业内部不同部门的决策行为，如资源分配、制定规划、管理能力开发和客户服务等流程。企业内部的资源包括资本、技术、人力资源等也是企业在进行内部环境分析的时候必须要考虑的问题。此外，企业结构、维护、员工等也是企业内部环境的关键组成部分。

企业的外部环境主要包括外部宏观环境和对企业产生影响的竞争者、供应商、顾客等市场主体。企业在对外部环境进行分析时，首先要全面理解如人口结构、法律、政治、社会和技术变化趋势等宏观企业经营环境。此外，企业还要注意对竞争环境进行分析。企业要能够通过对竞争环境的分析，鉴别竞争对手的行动对自身的威胁和影响。例如，企业可能由于竞争对手的新产品推出速度加快，而需要加大新产品的研发和销售力度及鼓励员工的创新精神等。

著名的SWOT分析方法认为，对企业的优势、劣势、机会和威胁进行分析可以形成企业的战略。人力资源环境分析作为人力资源战略与规划的第一步，是企业形成自己的人力资源战略的基础。波特曾经讲过，“制定竞争战略的基础是将企业与其所在的环境联系起来。企业的最佳战略从根本上来说就是一种反映其特定环境的独特结构”。

（二）明确企业战略与人力资源战略

企业战略和经营计划是制定人力资源规划的依据，要制定人力资源规划，首先就要分析企业战略与经营计划对人力资源以及人力资源管理的要求是什么。可以问这样的问题：要实现这一战略/战术目标，我们需要具备什么样的能力？需要人力资源管理做什么？这些问题的答案是企业人力资源目标的一部分，同时也是分析人力资源供求的依据。

在对人力资源内部环境和外部环境进行分析以及明确了企业战略后，我们就可以制定人力资源战略了。企业战略作为一个整体发展战略包括人力资源战略、财务战略、市场战略等子系统。人力资源管理系统是企业管理众多系统中的一部分，每一个系统都对企业战略的形成发挥作用，并且每一个系统都有自己细分的子系统。人力资源系统中包括人员规划、人力资源配置与开发、评估与奖励、员工关系等子系统。人力资源战略本身也正是通过这些子系统体现出来的。人力资源作为企业竞争优势的来源在企业中具有越来越重要的地位。人力资源战略作为企业战略的一个子系统，对企业战略的实现所起的作用也越来越大。企业有不同的人力资源战略选择，如技能战略、产业战略、工资化战略等。每种战略有不同的适用范围，企业可以根据自身的情况选择不同的人力资源战略。

（三）进行人力资源供给和需求预测

确定了人力资源战略以后，我们就可以根据人力资源战略进行相应的人力资源规划。要进行人力资源规划，企业首先必须对现有的人力资源状况进行分析，尤其应当了解自身目前已有的员工存量、素质以及相对于竞争对手而言自身在人力资源上的优势和劣势是什么。然后，企业必须根据自身的未来发展战略，对未来的人力资源需求作出尽可能准确的预测，找到现在人力资源状况与未来理想的差距。最后，企业必须根据劳动力市场的现状对未来的人力资源供给作出准确的预测，确定未来的劳动力市场能否给企业发展提供合适质量和数量的人力资源。

（四）确定人员需求，制定人力资源规划方案

人员需求和供给预测完成后，就可以将本企业人力资源需求的预测结果与同期内企业本身可供给的人力资源情况进行对比分析。从比较分析中可预算出各类人员的净需求。这个净需求数如果是正的，则表明企业需要招聘新的员工或对现有的人员进行有针对性的培训；这个需求数如果是负的，则表明企业这方面否人员是过剩的，应该精简或对员工进行调配。需要说明的是，这里所说的“净需求”既包括人员数量，又包括人员结构、人员标准；既要确定“需要多少人”，又要确定“需要什么人”，数量和标准需要对应起来。人员净需求的测算结果，不仅是企业调配、招聘人员的依据，还是企业制定其他人力资源政策的依据。企业根据某一具体岗位上的员工余缺情况，可以分析企业在人员培训、激励上的得失，从而及时采取相应的措施。

当目前的人力资源状况和未来理想的人力资源状况存在差距时，企业必须制定一系列有效的人力资源战略与规划方案。在员工过剩的情况下，企业可能需要制订一系列的人员裁减计划；在员工短缺的情况下，则可能需要在外部招聘，而如果外部劳动力市场不能保证有效供给，企业则需要考虑在内部通过调动补缺、培训、工作轮换、提升等方式增加劳动力供给。

接下来就是制定详细的人力资源规划内容，这包括确定人力资源规划的其他各项内容，如补充计划、使用计划、培训开发计划、职业计划、绩效计划、薪酬福利计划、劳动关系计划、预算等。规划中既要有指导性、原则性的政策，又要有可操作的具体措施。

（五）人力资源战略与规划的评价与控制

在具体实施人力资源规划的过程中，人类预测理性的有限，内外部环境的混沌变化，都有可能使得最初制定的人力资源规划不能真正有效地达到企业预期追求的目标和要求，因此，必须建立一套科学的评价与控制体系，利用评价结果对最初的人力资源规划主动调整以适应变化了的内外部环境，修正企业在人力资源规划实施中的偏差，最终保证人力资源规划的持续滚动发展。因此，对人力资源规划进行系统化的反馈、评价与控制就成为一项对企业利害攸关的重要工作。

对人力资源规划的评价与控制的基本目的就是保证企业最初所制定的人力资源规划与其具体实施过程动态实时的相互适应。人力资源战略与规划的评价与控制的基本内容包括：选择人力资源规划关键环节中的关键监控与评估点，确立评价与控制基准和原则，监测评估关键点的实际变化及变化趋势，选择实施适应的控制力和正确的控制方法，调整偏差。人力资源战略与规划的评价与控制的工具一般包括人力资源管理信息系统、预算法、定量分析等。

对人力资源规划进行评价与控制的意义是：通过审核与评估，可以听取管理人员和员工对人力资源管理工作的意见，动员广大管理人员和员工参与人力资源的管理，以利于调整人力资源计划和改进人力资源管理工作；人力资源成本是一个企业中最高的成本项目之一，对这样一个重要的成本项目，管理者当然必须加以严格的审核和控制，人力资源管理人员可以通过审核和评估，调整有关人力资源方面的项目及其预算。

【案例研究】

苏澳玻璃公司的人力资源规划

近年来，苏澳公司常为人员空缺所困惑，特别是经理层次人员的空缺常使得公司陷入被动的局面。苏澳公司最近进行了公司人力资源规划。公司首先由四名人事部的管理人员负责收集和分析目前公司对生产部、市场与销售部、财务部、人事部四个职能部门的管理人员和专业人员的需求情况以及劳动力市场的供给情况，并估计在预测年度各职能部门内部可能出现的关键职位空缺数量。

上述结果用来作为公司人力资源规划的基础，同时也作为直线管理人员制定行动方案的基础。但是在这四个职能部门里制定和实施行动方案的过程（如决定技术培训方案、实行工作轮换等）是比较复杂的，因为这一过程会涉及不同的部门，需要各部门的通力合作。例如，生产部经理为制定将本部门A员工的工作轮换到市场与销售部的方案，则需要市场与销售部提供合适的职位，人事部作好相应的人事服务（如财务结算、资金调拨等）。职能部门制定和实施行动方案过程的复杂性给人事部门进行人力资源规划也增添了难度，这是因为，有些因素（如职能部门间的合作的可能性与程度）是不可预测的，它们将直接影响预测结果的准确性。

苏澳公司的四名人事管理人员克服种种困难，对经理层的管理人员的职位空缺作出了较准确的预测，制定了详细的人力资源规划，使得该层次上人员空缺减少了50%，跨地区的人员调动也大大减少。另外，从内部选拔工作任职者人选的时间也减少了50%，并且保证了人选的质量，合格人员的漏选率大大降低，使人员配备过程得到了改进。人力资源规划还使得公司的招聘、培训、员工职业生涯计划与发展等各项业务得到改进，节约了人力成本。

苏澳公司取得上述进步，不仅仅是得利于人力资源规划的制定，还得利于公司对人力资源规划的实施与评价。在每个季度，高层管理人员会同人事咨询专家共同对上述四名人事管理人员的工作进行检查评价。这一过程按照标准方式进行，即这四名人事管理人员均要在以下14个方面作出书面报告：①各职能部门现有人员；②人员状况；③主要职位空缺及候选人；④其他职位空缺及候选人；⑤多余人员的数量；⑥自然减员；⑦人员调入；⑧人员调出；⑨内部变动率；⑩招聘人数；⑪劳动力其他来源；⑫工作中的问题与难点；⑬组织问题；⑭其他方面，如预算情况、职业生涯考察、方针政策的贯彻执行等。同时，他们必须指出上述14个方面与预测（规划）的差距，并讨论可能的纠正措施。通过检查，一般能够对下季度在各职能部门应采取的措施达成一致意见。

在检查结束后，这四名人事管理人员则对他们分管的职能部门进行检查。在此过程中，直线经理重新检查重点工作，并根据需要与人事管理人员共同制定行动方案。当直线经理与人事管理人员发生意见分歧时，可通过协商解决，行动方案上报上级主管审批。

问题：

（1）人力资源规划的含义是什么？

（2）人力资源规划的作用和意义及局限性有哪些？

（3）人力资源规划的必要性有哪些？

第三节 人力资源规划的分析与预测

一、人力资源存量分析

（一）外部人力资源的数量与质量、结构分析

人力资源作为一个经济范畴，其有自身的规律性，其中，数量与质量是人力资源规律性的两个方面。人力资源既然是生产能力的总和，那么其总体也就是数量、质量二者的乘积，即：

人力资源总数=劳动力人口数量*质量

出于计量的需要，也可以采用另一种公式：

人力资源总量=劳动力人口数量*劳动力人口平均质量

1. 外部人力资源数量分析

人力资源数量，指的是构成劳动力人口的那部分人口数量，其单位是“个”或者“人”。而劳动力人口，指的是具有劳动力的人口。

人口总体如果依据其自然属性划分，年龄是划分的重要标记之一。在劳动年龄上、下限之间的人口称为“劳动适龄人口”或者“劳动年龄人口”。劳动力人口的数量与劳动适龄人口的数量大致相等。劳动年龄的划分在不同的国家略有差异。中国现行的劳动年龄规定为：男性16~60岁，女性16~55岁。在劳动适龄人口内部，存在着一些丧失劳动能力的病残人口；在劳动适龄人口之外，也存在着一些具有劳动能力、正在从事社会劳动的人口。在计算人力资源数量时，应当对上述两种情况加以考虑，对劳动适龄人口的数量加以修正。

综上所述，人力资源的数量即一个国家或地区范围内劳动适龄人口总量减去其中丧失劳动能力的人口，加上劳动适龄人口之外具有劳动能力的人口。

人力资源数量的构成包括下列七个部分：

①处于劳动年龄之内，正在从事社会劳动的人口，它占据人力资源的大部分，可称为“适龄就业人口”。

②尚未达到劳动年龄，但已经从事社会劳动的人口，即“未成年劳动者”或“未成年就业人口”。

③已经超过劳动年龄，仍继续从事社会劳动的人口，即“老年劳动者”或“老年就业人口”。

以上这三部分人构成“就业人口”的总和。

处于劳动年龄之内，具有劳动能力并要求参加社会劳动的人口，可以称为“求业人口”。它与前述三部分一起，构成经济活动人口。

①处于劳动年龄之内，正在从事学习的人口，即“就学人口”。

②处于劳动能力之内，正在从事家务劳动的人口。

③处于劳动年龄之内，正在军队服役的人口。

④处于劳动年龄之内的其他人口。

前三部分是现实社会劳动力供给，是直接的、已经开发的人力资源；后四部分并未构成现实的社会劳动力供给，是间接的、尚未开发的、处于潜在形态的人力资源。

影响人力资源部数量的因素主要有以下三个部分：

①人力资源总量及其再生产状况。人力资源来源于社会总人口的一部分，人力资源的数量体现为劳动力人口的数量。因此，从直接意义上讲，人口的状况就决定了人力资源的数量。由于劳动力人口是人口总体中的一部分，因此，人力资源数量首先取决于一国人口总量及通过人口的再生产形成的人口的变动。从动态方面看，人口总量的变化体现为自然增长率的变化，而自然增长率又取决于出生率和死亡率。

②人口的年龄构成。人口的年龄构成是影响人力资源数量的一个重要因素。在人口总量一定的条件下，人口的年龄构成直接决定了人力资源的数量，即人力资源数量=人口总量*劳动年龄人口比例。据第五次全国人口普查结果，2000年中国15~64周岁的劳动年龄人口有88793万人，占总人口的70.15%，与第四次全国人口相比上升了3.14%，与世界人口数据相比，0~14周岁的人口占总人口的22.89%，而65岁以上的人口占总人口的6.96%。与世界人口数据相比，15~64周岁劳动年龄人口的比重，中国为

70.15%，世界平均为61.4%，其中发达国家为66.5%，发展中国家为60%。

③人口迁移。人口迁移，即人口的地区间流动。人口迁移由多种原因造成，主要是经济原因，即人口由生活水平低的地区向生活水平高的地区迁移，由收入水平低的地区向收入水平高的地区迁移，由物质资源缺乏的地区向物质资源丰富的地区迁移。人口迁移的主要部分是劳动力人口的迁移，这就会引起局部人力资源数量上的增减和人力资源总体分布的改变。目前，从人口迁移的方向看，中国普遍存在的人口迁移趋势是：从中西部地区向东部发达地区迁移，尤其是接受过高等教育的人口由中西部不发达地区向东部发达地区迁移的趋势更加明显。

2. 外部人力资源质量分析

人力资源的质量，是指人力资源所具有的体质、智力、知识和技能水平，它一般体现在劳动力人口的体质水平、文化水平、专业技术水平上，是区别不同的人力资源个体或总体的关键。与文化水平、专业技术水平相比，人与人之间的体质差异相对比较小，所以，我们着重研究劳动力人口的文化水平与专业技术水平。除了采用受教育等级与年限、劳动者的职称技术等级外，人力资源的质量还可以采用每万人口中大学生人数、小学普及率、中级普及率专业人员占全国劳动者比重等国民经济与社会统计中常用的指标来衡量。

随着社会劳动力的发展，现代科技技术对人力资源的质量提出的要求越来越高，人力资源的质量相对于人力资源的数量而言更为重要。人力资源的质量的重要程度还体现在其内部的替代性方面。一般来说，人力资源的质量对数量的替代性较强，而数量对质量的替代性较弱，有时甚至不能替代。人力资源开发的根本目的就是把更多的人教化为对生产贡献大、对社会经济发展带来更高效益的高质量劳动力。人力资源的质量主要受以下几个方面的影响：

①遗传和其他先天因素。人类的体质和智能具有一定的继承性，来源于人口代系间遗传基因的保持，并通过遗传与变异使人类不断地进化、发展。人口的遗传，从根本上决定了人力资源的质量及最大可能达到的限度。但是不同的人在不同的体质水平与智力水平上的先天差异是比较小的，当然不包括那些因遗传、疾病而致残的人。

②营养因素。营养因素是人体正常发育的重要条件，一个人儿童时期

的营养状况，必然影响其未来成为人力资源时的体质和智力水平。营养也是人体正常活动的重要条件，只有充足而全面地吸收营养，才能维持人力资源原有的质量水平。

③教育方面的因素。教育是人类传授知识、经验的一种社会活动，是一部分人对另一部分人进行多方面影响的过程，这是赋予人力资源一定质量的一种最重要、最直接的手段。它能使人力资源的体质、智力水平都得到提高。中国的教育投资比例低、收益差。中国的教育投资占国民生产总值（GDP）的比重低于世界平均水平，甚至低于发展中国家的平均水平。根据世界银行数据库的统计数据，1999年中国公共教育经费支出占国民生产总值的比重为2.08%，而2000年的世界平均水平为4.04%，印度的比重为4.12%，美国2001年的比重为5.75%，2003年更进一步提升至5.86%。根据2000年第五次全国人口普查的数据，每10万人中，接受过大专及以上教育的人口为3611人，接受过高中和中专教育的人口为11146人，接受过初中教育的人口为33961人，接受过小学教育的人口为35701人。此外，中国还有文盲人口8507万人，文盲率为6.72%。

3. 外部人力资源结构分析

所谓人力资源结构，是指一个国家或一个地区的人力资源总体在不同方面的分布构成，它包括年龄、性别、质量、地区、城乡等方面。人口是决定人力资源结果以及变动的最基本因素。此外，社会的经济状况，包括经济发展水平、经济结构、经济关系、受教育程度、自然地理条件等方面的因素，也在不同程度上对人力资源结构及其变动产生影响。

人力资源结构的不同，反映了人力资源总体以及内部的不同性质与状态，这构成了社会对于人力资源使用的基础因素。特别是在目前中国劳动力流动幅度不大的情况下，各个地区的人力资源总体及其结构决定着可以投入社会经济活动的劳动力总量及分布状况，并在相当程度上影响着各地区的就业总量及结构。

（1）人力资源的性别结构。男性和女性人口在从事社会经济活动方面对不同职业的适应能力有很大的不同。一般来说，男性比女性的劳动能力强、参与率高、适应性强、参加社会劳动的年限长、流动性强，因此，人力资源的性别结构会影响整个社会人力资源的供给与使用状况。从性别构成上来说，我国的男性人口一直稍多于女性人口。国际上，一般以100个

女性所对应的男性的比值来检视一个国家或一个民族的性别比。2000年的第五次全国人口普查表明，中国目前的人口性别比例为106.74，男性人口在总人口中所占的比重较第四次全国人口普查略有增长。

（2）人力资源的地区结构。人力资源的地区结构，即人力资源在不同地区的分布，可以以自然地理区、经济区、行政区来划分，它是地区生产力配置的基础。要达到人力资源合理分布的目标，需要根据各地区经济发展的短期和长期需求与人力资源的现实状况，对人力资源进行规划。此外，还应该考虑人口资源在总量方面和地区间分布的变动，从而对人力资源进行合理配置。

目前，如何调整人口与人口资源的区域分布将会是中国社会在经济发展过程中面临的一个突出问题。50多年来，中国采取了包括行政手段在内的一系列措施，试图在全国范围内形成区域间人口均衡合理分布的局面，现实生活中却出现了一系列引人注目的变化。首先是总人口的分布格局50多年来几乎未变，2000年，中国人口重心又回到了接近1949年的位置。其次，在一些地区，人口的流入或流出已对地方社会经济发展产生了直接的影响。在今后一段时间内，中国的人口和人力资源流动仍将趋向沿海城市，具有向心性和集中性等特点。在市场经济的新形势下，如何把握这些特点，在促进经济发展的同时，引导人力资源分布向良性方向发展，将是一个需要慎重对待的重大课题。2001年，中国许多省市进行撤乡并镇，对农村人口向城镇转移起到了很大的促进作用。

（3）人力资源的城乡结构。城乡结构也是人力资源结构的一个重要方面。人力资源的城乡结构是由人口的城乡分布决定的，并且受城乡间人口流动的影响。它反映了一个社会经济发展的总水平及农业与非农业部门的发展状况。人力资源城乡结构的变化，以农村劳动力进入城市为主要流向。

中国人口的城乡结构与中国经济发展水平不相适应。纵观中国50多年来城镇化的进程，可以概括为两个特征：一是上下波动、曲折发展。1980年，中国城镇人口的绝对数与1960年大致相当。二是进展缓慢，严重滞后于社会经济发展水平。从1949年到1990年的41年间，中国城镇人口比重从10.64%上升到26.23%，只上升了15.59个百分点，平均每年仅上升0.38个百分点，相对于世界各国来说，这是相当缓慢的。中国城市化水平低，造成了效率低下，城乡分割，阻碍了中国城镇化水平的提高和社会经济的发展。但1990年第四次全国人口普查之后，乡村人口的绝对数量开始减少，这表明农村人口向城市的流动速度加快了，也表明中国城市吸纳农村人口的能力增强了。2000年，中国城镇人口在总人口中的比重上升到了36.06%。1990—2000年，中国城镇人口在总人口中的比重年均增加大约1个百分点。自2000年开始，中国部分大城市和绝大多数中小城镇开始进行户籍制度改革，放宽了农村居民转变为城镇户口的政策限制。户籍制度的改革，在很大程度上预示着中国未来人口城镇化的速度将更快。事实上，根据2005年全国1%人口抽样调查数据推算，中国城镇人口在总人口中的比重上升到了42.99%。

（4）人力资源的质量结构。一般来说，人力资源在体制方面的差异不会过大，因此，人力资源的质量结构主要在于“智力”方面，这体现在劳动力人口，特别是经济活动人口的受教育程度上。此外，社会劳动者达到职业技能不同等级的比例，也是人力资源质量结构的一个方面。

不同的社会经济状况，不同的生产力发展水平，要求有不同的劳动力质量与之相适应。不能脱离现实的生产力水平，简单地认为高质量劳动力数量越多越好，比例越大越好。这是因为，超过了社会经济客观需要的过多的高质量人力资源，不仅不能充分发挥其作用，而且其中一部分不得不从事质量要求较低的社会劳动，造成人力资源的巨大浪费。由于高质量人力资源不同类别之间的替代性较差，因此，合理的人力资源质量结构不仅要求不同等级、不同层次的人力资源保持一种适宜的比例，而且要求各个等级、各层次的人力资源内部从事不同性质的劳动、不同职业类型的人力资源也保持协调的比例。

（二）内部人力资源的数量与质量、结构分析

人力资源存量是基于企业现有状况的客观描述、分析与总结，存量分析的关键是分析企业现有的人力资源结构，识别可能的优势和劣势。

1. 内部人力资源数量分析

（1）工作流分析。企业的生产经营活动是一个相互联系、相互依赖、前后衔接的有机整体，每个部门的人力资源配置都应与其所承担的工作量相适应。否则必然会出现一些部门人手紧张、任务不能按时完成，而另一些部门无工作可做的现象，造成人力资源的浪费。如图3–4所示，假设

某项活动由A、B、C、D、E五道工序依次完成。由图可见，企业的人力资源配置不合理，只有A、D两个工序的人员是满负荷工作的，因而，整个活动的成果也就由这两道工序所决定。B、C、E三道工序的人员存在工作等待，其阴影和部分就表现为人员的冗余。

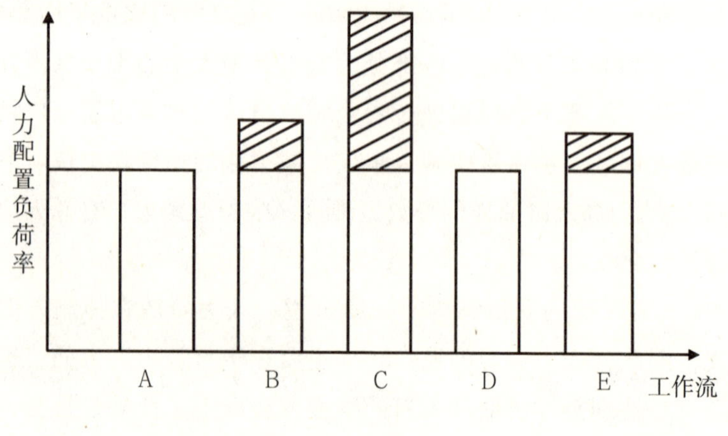

图3-4　工作流分析

（2）岗位配置分析。人力资源规划的一个重要目标就是把各类人员分配在最能发挥他们专长的岗位上，做到人尽其才，人尽其用，否则就会造成人力资源规划的浪费。进行岗位配置分析就是对岗位及其人员进行分类，用矩阵表列出企业现有人力资源及其使用情况。从中可以分析企业人力资源的实际使用状况和使用效果，如表3-3所示。

表3-3　人员岗位配置表

使用类别 人数 资料类别 人数		W1	W2	W3	C	T	S	M	待分配
		78	582	200	100	50	75	35	5
W1	50	50							
W2	60	28	572						
W3	200		8	192					
C	100				100				
T	60		2	8		50			
S	80						75		5
M	35							35	

从表3-3中可知，该企业存在着较为严重的人力资源浪费现象，有28

名熟练工在做非熟练工的工作；工程技术人员中，2人在做熟练工的工作，8人在做技工的工作；还有5名专业管理人员处于待岗的状态。

（3）冗员分析。企业中的人力资源问题主要表现在两个方面：一是人力资源的短缺，二是人力资源的过剩和浪费。实际上，绝大部分企业同时存在这两种现象，因此问题的解决必须从现有人力资源的浪费开始。

企业中的过剩人员表现为企业的冗员。所谓冗员，就是超出企业正常生产经营活动实际需要的人员，不包括正常的后备人员。后备人员是为保证生产经营和企业长远发展需要而进行的适量的人员储备，如替补人员和在职培训人员。因此，

企业的冗员=全部职工–实际需要–合理储备

冗员分析不只是确定企业冗员人数的多少，而是要分析冗员的具体构成和具体情况，以便制定切可实行的冗员利用与处理方案。

企业的冗员一般可分为两大类情况。第一类是素质与工作不相适应的人员，包括老弱病残人员、知识技能不足的人员、思想觉悟不合格的人员；第二类是素质与工作适应但超过实际需要的富余人员，包括只愿干本职工作和希望调换工作的人员。

2. 内部人力资源质量分析

企业的人力资源质量是指企业成员所具有的对企业生产有直接和显著影响，并具有相对稳定性的品质特性。人力资源的素质分析可以从以下几方面进行：

（1）个人的思想觉悟和企业的群体文化。有价值的行为源于有价值的思想观念的引导，这一点对个人和组织都是一样的。目前企业文化建设的兴起也正是建立在这种认识的基础之上，有没有效率观念即雷厉风行的工作作风，有没有“消费者至上”的信念即热情服务的职业道德，有没有集体意识和协作精神，有没有开拓创新的意识和勤奋拼搏的精神等，对企业生产力的提高和战略目标的实现产生至关重要的影响和作用。凡是事业有成的员工都有着国营的思想觉悟和工作作风；凡是成功的企业，也都有明确的企业精神和企业理念。

个人的思想觉悟和企业的群体文化，虽然难以用客观而明确的标准来测定，但还是可以通过社会心理调查及员工的绩效数据加以分析。比如，有人曾对中美两国企业职工的需求进行过对比研究，在被调查的454

名美国职工中，以“能力有所作为，获得自我实现感”作为第一需求的人数最多。这说明我国企业的员工整体素质与美国企业相比，还存在一定的差距。

（2）员工的知识技能水平。这包括知识水平和技能水平两个方面。员工的知识水平主要指员工的文化知识、专业知识和工作经验等。员工的技能水平则包括智能、操作技能、表达能力及管理技能。员工的这些技能对企业产品的市场竞争力及企业的发展产生直接的影响。随着科技的日益发展，企业对员工知识技能水平的要求也将越来越高。

企业员工的知识技能水平从员工个人来看，可以用员工所获得的专业技术职称及其最终学历来表示，而企业整体的知识技能水平，则可以用专业技术人员占全部职工的比重、中高级职称人数占全员的比重、大中专毕业生占全员的比重、职工的平均文化程度等指标来表示。

（3）群体的知识及技能结构。企业生产经营的顺利运转需要各方面的人才，既需要掌握不同专业知识的人员，也需要具有不同技术层次的人员。这样既能保证生产经营任务的完成，又能尽可能降低人工成本；既能保证组织的需要，又能使员工得到最充分的利用和发挥。因此，企业员工群体的知识及技能结构是企业人力资源素质高低的又一重要指标。群体的知识及技能结构一般从年龄结构、专业技能结构、知识技能层次结构等方面进行分析。

①年龄结构。在人力资源规划中，员工的年龄结构非常重要。一方面它关系到企业发展过程中员工新老更替的顺利进行；另一方面不同年龄的员工岗位有不同的优势和作用。年龄结构分析一般按员工的年龄进行分组统计，用统计图或统计表反映出员工的年龄分布状况，并预测今后年龄结构的发展趋势。

②专业技能结构。专业技能结构主要指企业员工中掌握不同知识技能的人员之间的比例关系。企业的运营需要多方面的人才，要有一线的操作人员，要有工程技术人员，也要有管理人员；各类人员中又有其专业分工结构的问题。只有企业生产经营中所需的各类人员按比例有序结合，人力资源才能够得到充分合理的利用。专业技能结构的分析，可以通过计算其比例来进行，也可根据工作流分析的原理进行。

③知识技能层次结构。知识技能层次结构是指企业所拥有的高、中、

初级职称人员的比例关系，一般通过计算各类人员的比重来进行分析。企业人力资源中高、中、初级人员应与其生产经营的项目及其未来的发展前景和市场竞争状况相适应，否则就会出现人才的短缺或人才的浪费。

④员工队伍的整体素质评价。企业间由于所从事的行业不同，面对的目标市场不同，经营产品的层次不同，其对员工的素质要求也不相同，企业员工必须适应本职岗位的要求。企业人员对其岗位的适应性是衡量该企业员工整体素质高低的通用标准，可用适职率来表示。适职率等于素质适应岗位职务要求的员工人数与企业的全部员工人数之比。

二、人力资源需求预测

人力资源需求的预测就是指对企业的未来某一特定时期内所需要的人力资源的数量、质量以及结构进行估计。这里所指的需求是完全需求，是在不考虑企业现有人力资源状况和变动情况下的需求，至于净需求，要和预测的供给进行比较后才能够得到。例如，企业现有100人，明年有10人退休，如果没有其他因素的变动，那么明年的人力资源需求仍为100人，但内部的人力资源供给却只有90人，两者比较后的净需求为10人。

（一）人力资源需求分析

对人力资源的需求进行预测，不同的人可能有不同的思路，为了便于理解，这里我们按照对职位进行分析的思路来预测人力资源需求。企业对人力资源的需求直接与企业内部的职位联系在一起，企业设置多少职位，它就需要多少人员；因此，只要预测出企业内部职位的变动，相应地就可以预测出企业对人力资源的需求，当然，这种预测既要有数量上的也要有结构上的。预测职位变动时通常需要考虑以下几个因素：

1. 企业的发展战略和经营规划

这直接决定着企业未来的职位设置情况，例如，当企业决定实行扩张战略，未来企业设置的职位肯定就要增加；再如，当企业调整经营领域时，未来企业的职位结构就会发生相应的变化。

2. 产品和服务的需求

按照经济学的观点，企业对人力资源的需求是一种派生需求，它源自顾客对企业产品和服务的需求，这两种需求之间是一种正相关的关系，当产品和服务的需求增加时，企业设置的职位相应也会增加；反之，企业设

置的职位就会减少。产品和服务需求数量的变化，直接体现在企业经营规模的变化上。

3. 职位的工作量

如果职位的工作量不饱满，就要合并相关职位，职位数量就要减少；相反，如果职位的工作量超负荷，就要增设相应的职位，职位数量就要增加。衡量职位的工作量是否合理，主要借助工作分析来进行。

4. 生产效率的变化

在其他条件不变的情况下，生产效率的变化会引起职位数量的反向变化，生产效率提高，同一职位承担的工作量增加，职位的设置会减少；生产效率降低，职位的设置就要增加。而引起生产效率变化的原因有很多，如生产技术的变革，工作方式的调整，对员工进行的培训，薪酬水平的提高以及员工能力和态度的变化等。

需要强调的是，上述每一项分析都是在假定其他条件不变的前提下进行的，如果多个因素同时作用，产生的结果可能会有所不同。例如，员工的生产效率提高，即产品和服务的需求增加，职位的设置可能也不会增加，因为这两种相反的作用相互抵消了影响。

通过以上分析，可以得出未来企业职位设置的变化值，将它和现有的职位进行比较就能够计算出未来一定时期内企业的职位设置情况，从而预测出人力资源的需求。

（二）人力资源需求预测的影响因素

影响人力资源需求的因素很复杂，既有社会、政治、经济方面的因素，也有企业战略、经营状况、管理水平及现有员工素质等因素，如表3-4所示。下面我们将分别从宏观层面和微观层面加以分析。

表3-4 人力资源需求的影响因素

宏观层面（企业外部）	微观层面（企业内部）
经济环境	企业战略
社会、政治和法律环境	企业的经营情况（产品、产量、效率等）
劳动力市场	企业的管理水平和组织结构
技术进步	现有人员的素质和流动情况
外部竞争者	

1. 宏观层面

宏观层面上影响人力资源需求的因素很多。由表3–6可以看出，经济方面的因素，社会、政治、法律方面的因素，技术进步，竞争者状况和劳动力市场等都会影响人力资源需求状况。

（1）经济环境。经济环境影响企业未来的发展趋势和社会经济发展状况，对企业人力资源需求也有很大影响。这里所说的经济环境既包括国家或地区的经济状况、行业的经济状况，也包括世界的经济状况。特别是在经济全球化的今天，企业越来越多地参与到世界范围的竞争中，各国经济状况都可能对一国企业的人力资源需求和配置产生直接或间接的影响，如区域性的经济危机导致世界范围的经济疲软，对高速发展时期，企业对人力资源的需求比较旺盛，而经济低迷时期，社会对人力资源的需求可能普遍不足。虽然经济因素对人力资源需求的影响较大，但是可预测性较差，只能据此做一些宏观层面的分析。

（2）社会、政治和法律环境。这包括社会习惯、法律法规、国家政策和行政体制等方面的因素。社会政治环境因素如政局的动荡会影响人力资源需求，进而影响企业的人力资源规划。法律法规的变更也会影响人力资源需求，如户籍管理政策和档案管理办法的变更、社会保障法规的变更、环境保护法规的变更等都会引起人员的流动及供求的变化，进而影响人力资源规划。特别是在西方发达国家，法律法规的影响更显著。有关雇佣关系的各种行政法规，规范和界定了雇佣关系的性质以及人力资源管理活动的合法范围。从表面上看，雇佣关系建立在一系列人力资源管理政策和实践的基础上，但同时必须遵守有关法令法规和行政命令。在欧美等劳动关系比较发达的国家，政策法规对企业人力资源对企业管理活动的强制作用十分明显。

这些因素虽然容易测量，但是对企业的真正影响却难以确定。比如，国家的一项法规从颁布到执行有一段滞后期，在此期间很难不折不扣地执行，然而这些因素对人力资源需求的影响有时却很明显，如国家制定了扶持高科技产业的政策，会导致企业对计算机信息类人才的需求增加。

（3）劳动力市场。劳动力市场是企业获取合格人才的潜在场所，而企业员工的能力在很大程度上决定着企业能否顺利地实现自己的目标，因此，劳动力市场是人力资源管理必须考虑的一个重要的外部因素。劳动力

市场是随时变化的，这也引起企业内部劳动力质量和数量的变化。劳动力市场是影响企业人力资源需求的一个重要因素，企业只有对劳动力市场进行分析，才能够准确地进行人力资源需求预测。这一内容在本书的第二章已经有所论述，在此不进行详细分析。

（4）技术进步。技术革新与进步对人力资源需求的影响较大。市场竞争推动技术进步，技术创新和升级代换通常伴随着技术水平低的工人的需求减少，对有技能的工人的需求增加。技术创新和升级经常在不同行业中出现，不同技术也需要不同类型、不同专业的人力资源。例如，第二次工业革命大大提高了劳动生产率，是对人力资源（主要是低技能工人）的需求锐减，而相应要求大批能熟练使用现代机器的工人出现。现在，信息技术和生物技术革命已经对我们的社会经济生活各方面产生了巨大的影响，它们既会直接影响企业的人力资源需求，也会通过人们对企业产品或服务需求的改变对企业人力资源需求产生直接影响。

（5）外部竞争者。竞争者一直是影响企业人员需求的一个重要因素。一方面，竞争者之间可能相互争夺人才，直接影响企业的人力资源配置和需求；另一方面，竞争对手的易变性，导致社会对企业产品或劳动力的需求变化，这种对产品或劳动力的需求变化必然引起企业人力资源的需求变化。特别是在人才紧缺的地方，竞争对手的人才政策对企业的人才有很大影响，企业更需要有针对性地进行人力资源需求预测，并开展人员招聘活动。

此外，不同的地区由于经济发展不同，人力资源需求也不一样。典型的是，中国的东部沿海地区经济发达，对高级经营管理人才和技术人才有更高的现实需求，而西部地区随着经济发展步伐的加快，对人才的需求也会越来越旺盛。地区因素在对人力资源需求产生影响的同时，对人力资源的供给也会产生影响，而且地区因素对人力资源供给的影响也许更显著。

上面分析了影响人力资源需求的宏观因素。但是，社会对人力资源的需求（总需求）是以微观经济单位（即企事业单位等）为基础的，人力资源需求的现实形态是微观的，各个经济单位对人力资源的需求总和才形成一个社会对人力资源的总需求。因此，仅仅从宏观上研究影响人力资源是极为粗糙的，很可能在数量和质量方面存在极大误差。即使在总体上大致准确，也会在需求结构上存在缺陷。所以说，虽然我们进行人力资源需求预测离不开宏观因素的考虑，但是对企业而言，明白影响本企业人力资源需求的微观因素也许更有意义。下面就从微观层面及企业的角度来分析影响人力资源需求的因素。

2. 微观层面

微观层面分析也就是对组织内部劳动力状况以及与人力资源管理活动相关的活动进行评价。企业必须清楚自己组织内部的劳动力状况，特别是员工的构成和多样性，否则就无法制定切合实际的人力资源政策和活动项目，从而无法理解员工的构成和多样性。另一方面，企业还必须了解员工的志向、偏好和兴趣的转变，特别是在工作报酬方面。比如，西方国家的双职工家庭有很多，随着经济的不景气，双职工家庭的数目有稳定增加的趋势。家中有婴儿的员工希望公司提供产假、日托之类的福利。公司如果对此不重视，这些员工很可能会转而投奔能提供这些福利的公司。因此，对内部环境的预测分析，可以帮助企业预测对已有员工的损失数量或者吸引新员工的数量。

从微观层面看，影响企业人力资源需求的因素主要有企业战略、经营状况、企业的管理水平和组织结构，以及现有人员的素质和流动情况等。

（1）企业战略。企业战略是影响人力资源需求的重要因素，企业的战略目标规划为企业规定了发展方向和目标，决定了其发展速度，决定了企业发展需要什么人来完成。由于战略的实施一般需要较长的时间，因此在制定企业战略时，既要考虑现有的人员状况，也要为未来的发展储备人才，要么进行培训开发，要么从外部招聘。战略一旦制定， 就会对企业未来的人力资源需求和配置产生决定性影响。如果企业希望发展更大，则采取扩张性战略，进入新的市场或扩建部门机构或成立分公司，将来需要具备一定素质的员工数量就会增加。因此，战略规划和组织计划制约、规定着人力资源规划，并对人力资源需求预测提出要求。

（2）企业经营状况。组织的经营效率也是影响人力资源需求的重要因素。高效率的组织为了满足企业高速扩张的需要，可能需要的人员数量较少，但是质量要求较高。如果组织经营效率低下，则需要分析现有人员的配置是否合理，甚至涉及减员问题。其他与经营状况有关的影响企业人力资源需求的具体指标有组织的工作任务（如销售量和销售额）、完成工作量的决定因素等。举例来说，企业如果希望生产或销售量增加一倍，那

么完成所需的人数必然也相应增加，但不能简单地增加同样的倍数，而要考虑到企业的生产率和管理效率等因素。

（3）企业的管理水平和组织结构。企业的管理水平是指组织、管理生产经营活动的技术和方法所达到的先进程度。企业可以充分利用现有人员，但是管理水平的高低首先取决于管理人员的素质。管理水平高，自然就对高水平管理人员的需求较大。此外，现有组织高层发生重大变化时组织战略及人事政策都会随之改变，自然也会影响人力资源需求。

组织结构对人力资源需求也会产生影响。随着组织区域扁平化，管理幅度增加，员工跨层升迁的机会也就有所减少，对具有较高管理能力的高层管理人员的需求增加；对现有员工的需求减少，而对从外部招聘新人的需求增加。组织结构对人力资源需求的影响，还体现在要求员工有更高的素质、能学能适应新角色等方面。

（4）现有人员的素质和流动情况。人力资源需求预测其实不仅仅是预测未来所需的人才，合理使用现有的人力资源显得更重要。现有的人员要看能否适应企业增加产量、提高效率的需要，能否适应市场竞争的需要。如果现有的人员配置合理，则相对来说现有工作对人力资源的需求就不太重要，可以着眼于未来。此外，还要考虑中止合同而发生的流动比例或流动频率等因素。人员流动对企业来说成本相当高，包括离职成本、重置成本和培训与开发成本等，对于专业技术人员和管理人员来说，可能流动成本还要高得多。人员流动性对人力资源需求提出了更高的要求，一方面可能是由于前期的人力资源需求预测不到位；另一方面也要求面向未来做出更合理的预测。

（5）工会组织。在西方有工会组织的行业和企业里，工会会员的聘用条件和待遇是由工会与资方通过集体谈判确定的，并以劳动合同的形式固定下来。劳动合同中规定的条款一般都会涉及用工和岗位的要求和劳动报酬。就工作岗位的要求而言，要明确列出工作职责和任务范围，列出工作的级别（以便日后晋升或降级之用）。这些都要经过双方的谈判方能确定。同样，内部劳动力市场的运作方式，比如，职位空缺的通报方式和工龄制度，也都要协商解决。至于劳动报酬的内容和水准，更是如此。总之，有工会组织的地方，聘用条件的确立必须要有工会的参与。

（三）人力资源需求预测的方法

1. 人力资源需求预测的定性方法

人力资源需求预测的定性方法是利用有关人员的经验对未来人力资源需求做出判断，常用的方法主要包括管理评价法和德尔菲法。

（1）管理评价法。管理评价法是预测人力资源需求最常用的方法，它是由高层主管、部门经理、人力资源经理等人员预测和判断企业在某一时段对人力资源的需求。它可以分为上级估计法和下级估计法两种，前者由高层领导根据组织发展战略、经营环境的变化预测人员需求；后者是首先由基层管理人员根据生产能力、员工流失等情况预测人员需求，然后向上级主管部门汇报。预测人员需求的主要依据包括组织目标、生产规模、市场需求、销售规模、人员配置及流动性等。

这种方法的主要缺点是具有较强的主观性，对判断依据及判断者的经验的影响较大。它通常应用于中短期的预测，并且在预测中将上级估计法和下级估计法结合起来运用。

（2）德尔菲法。德尔菲法是有关专家对企业组织某一方面的发展的观点达成一致的结构性方法。使用该方法的目的是通过综合专家们各自的意见来预测某一方面的发展。

德尔菲法的特征是：吸收专家参与预测，充分利用专家的经验和学识；采用匿名或背靠背的方式，使每一位专家独立自由地做出自己的判断；预测过程经过几轮反馈，专家的意见逐渐趋同。

德尔菲法的以上特点使它成为一种最为有效的判断预测法。德尔菲法的操作程序可简要概括为四步：

首先，作预测筹划。预测筹划工作包括：确定预测的课题及各预测项目，设立负责预测组织工作的临时机构，选择若干名熟悉所预测课题的专家。

其次，由专家进行预测。预测机构把包含预测项目的预测表及有关背景材料表寄送给各位专家，各专家以匿名方式独自对问题做出判断或预测。

再次，进行统计与反馈。专家意见汇总后，预测机构对各专家的意见进行统计分析，综合成新的预测表，并把它再分别寄送给各位专家，由专家们对新预测表做出第二轮判断或预测。如此反复经过几轮（通常为3~4

轮），专家的意见趋于一致。

最后，表述预测结果，即由预测机构把经过几轮专家预测而形成的结果以文字或图表的形式表现出来。

德尔菲法应注意的地方是：由于专家组成员之间存在身份和地位上的差别以及其他社会原因，有可能使其中一些人因不愿批评或否定其他人的观点而放弃自己的合理主张。要防止这类问题的出现，必须避免专家们面对面地集体讨论，而是由专家单独提出意见；对专家的挑选应基于其对企业内外部情况的了解程度。专家可以是第一线的管理人员，也可以是企业高层管理人员或外请专家。例如，在估计未来企业对劳动力需求时，企业可以挑选人事、计划、市场、生产及销售部门的经理作为专家。

2. 人力资源需求预测的定量方法

人力资源需求预测的定量方法主要有趋势分析法、比例分析法、工作负荷分析法、统计预测法等。

（1）趋势分析法。趋势分析法是利用组织的历史资料，根据某个因素的变化趋势预测相应的人力资源需求。例如，根据一个公司的销售额以及历史上销售额与人力资源需求的比例关系，确定一个相对合理的未来比例，然后根据未来销售额的变化趋势来预测人力资源需求，如表3-5所示。

表3-5 人力资源需求趋势分析

年 份	销售额（万元）	劳动生产率（销售额/员工数，万元/人）	人力资源需求量（人）
1993	2 351	14.33	164
1994	2 613	11.12	235
1995	2 935	8.34	352
1996	3 306	10.02	330
1997	3 613	11.12	325
1998	3 748	11.12	337
1999*	3 880	12.52	310
2000*	4 095	12.52	327
2001*	4 293	12.52	342
2002*	4 446	12.52	355

注：带*的年份为预测年份。

（2）比例分析法。比例分析法是在组织的艺术工艺与管理模式相对稳定的情况下，当组织规模变动时，根据某类相对容易准确核定的人员需求数量来预测其他人员需求数量，如根据一线生产工人的需求量预测辅助工人、专业技术工人与管理人员数量，从而预测总体人力资源需求。

（3）工作负荷预测法。工作负荷预测法是根据工作分析的结果算出劳动定额，再按未来的产品生产量目标算出总工作量，然后折算出所需人数，可以用公式表示为：

未来每年所需员工数=未来每年工作总量/每年每位员工所能完成的工作量=未来每年的总工作时数/每年每位员工工作时数

（4）统计预测法。统计预测法（statistical forecast method）是根据过去的情况和资料建立数学模型并由此对未来趋势做出预测的一种非主观方法。常用的统计预测法有比例趋势法、经济计量模型法、一元线性回归预测、多元线性回归预测、非线性回归预测等。

①一元线性回归预测法。人力资源需求预测中，如果只考虑组织的某一因素对人力资源需求的影响，如企业的产量，而忽略其他因素的影响，就可以采用一元线性回归预测法；如果考虑两个或两个以上因素对人力资源需求的影响，则须用多元线性回归预测法；如果历史数据显示，某一因素与人力资源需求量之间不是一种直线相关的关系，那么得用非线性回归法来做预测。一元线性回归预测法是在实践中用得比较多的一种方法。

②比例趋势法。这种方法通过研究历史统计资料中的各种比例关系，如管理人员同工人之间的比例关系，考虑未来情况的变动，估计预测期内的比例关系，从而预测未来各类职工的需要量。这种方法简单易行，关键在于历史资料的准确性和对未来情况变动的估计。

③经济计量模型法。这种方法是先将公司的职工需求量与影响需求量的主要原因之间的关系用数学模型的形式表示出来，依此模型及主要因素变量来预测公司的职工需求。这种方法比较复杂，一般只在管理基础比较好的大公司里才采用。

三、人力资源供给预测

人力资源的供给预测就是指对在未来某一特定时期内能够提供给企业的人力资源的数量、质量以及结构进行估计。由于超出企业获取能力的供给对企业来说是没有任何意义的，因此，在预测供给时必须要对有效的人

力资源供给进行预测。一般来说，人力资源的供给包括内部供给和外部供给两个来源。内部供给是指从内部劳动力市场提供的资源，外部供给则是指从外部劳动力市场提供的人力资源。

（一）人力资源供给分析

如果说对人力资源需求的分析更多的是以“事”为中心而展开的话，那么对人力资源供给的分析就要以“人”为中心来进行。由于人力资源的供给有两个来源，因此，对供给的分析也要从这两个方面入手。相比内部供给来说，企业对外部人力资源供给的可控性比较差，因此，人力资源供给的预测主要侧重于内部的攻击。

1. 外部人力资源供给分析

由于外部供给在大多数情况下并不能被企业所直接掌握和控制，因此，外部供给的分析主要是对影响供给的因素进行判断，从而对外部供给的有效性趋势作出预测。

一般来说，影响外部供给的因素主要有外部劳动力市场的状况、人们的就业意识、企业的吸引力等。当外部劳动力市场紧张时，外部供给的数量就会减少；而当外部劳动力市场宽松时，供给的数量就会增多。人们的就业意识也会影响外部的供给，如果企业不属于人们择业时的首选行业，那么外部供给量自然就比较少，反之就比较多。还有企业的吸引力也会影响外部的供给，当企业对人们的吸引力比较强，人们都愿意到这里来工作，供给量就会增多；相反，如果企业不具有吸引力，人们都不愿意到这里来工作，那么供给量就会减少。在分析企业的吸引力时，不仅要看绝对水平，还要看相对水平，也就是与竞争对手相比的吸引力如何，这对于吸引专业性较强的人力资源来说更有意义。

2. 内部人力资源供给分析

由于人力资源的内部供给来自企业内部，所以，内部供给的分析主要是对现有人力资源的存量及其在未来的变化情况作出判断，这种分析主要有以下几种：

（1）现有人力资源分析。人力资源不同于其他资源，即使外部条件都保持不变，人力资源自身的变化也会影响未来的供给，比如退休、生育等，因此，在预测未来人力资源的供给时，需要对现有的人力资源状况作出分析。例如，企业现有58岁的男性员工30人，那么即使没有其他因素的影响，由于这些人两年后要退休，因此，后年企业内部的人力资源供给将会减少30人。一般来说，现有人力资源的分析主要是对年龄结构作出分析，因为人力资源自身的变化大多与年龄有关，此外，还有员工的性别、身体状况也要进行分析。

（2）人员流动分析。在进行人员流动分析时，假定人员的质量不发生变化，人员的流动主要包括两种。一种是人员由企业流出。由企业流出的人员数量就形成了内部人力资源供给减少的数量，造成人员流出的原因很多，如辞职、辞退等。比如，企业现有1000人，预测后年的辞职率为3%，那么后年的人力资源供给就要减少30人。另一种是人员在企业内部的流动。对这种流动的分析应针对具体的部门、职位层次或职位类别来进行，虽然这种流动对于整个企业来说并没有影响人力资源的供给，但对内部的供给结构却造成了影响。例如，当人员由B部门流入A部门时，对A部门来说，由于流入了人员，供给量会增加，流入了多少人员，其内部的人力资源供给就增加了多少；而对B部门来说，由于流出了人员，供给量会减少，流出了多少人员，其内部的人力资源供给就减少了多少。在分析企业内部人员流动时，不仅要分析实际发生的流动，还要分析可能的流动，也就是说，要分析现有人员在企业内部调换职位的可能性，这可以预测出潜在的内部供给。例如，对于A职位来说，在未来的第三年有15名员工可以从事该职位，那么对于这一职位来说就有15人的内部供给。同实际流动的分析一样，分析可能的流动时也要针对具体的部门、职位层次或职位类别来进行。分析员工可能的流动性，主要的依据是绩效考核，即对员工工作业绩、工作能力的评价结果。

（3）人员质量分析。进行人员质量分析时，假定人员没有发生流动，人员质量的变化也会影响内部的供给，质量的变动主要表现为生产效率的变化。当其他条件不变时，生产效率提高，内部的人力资源供给相应增加；相反，内部的供给就减少。影响人员质量的因素有很多，如工资的增加、技能的培训等。对人员质量的分析不仅要分析显性的，还要分析隐性的，如加班加点，虽然员工实际的生产效率没有发生变化，但是由于工作时间延长了，相应地，每个人完成的工作量就增多了，这同样增加了内部的供给，类似的还有工作分享、缩短工作时间等。

同需求的分析一样，上述每一项分析都是在假定其他因素不变的前提下进行的，如果多个因素同时作用，产生的结果可能会有所不同。例如，即使发生了人员的流出，但是如果员工的生产效率提高，而且提高的比率正好等于人员流出所造成的工作量的增加，那么人力资源的内部供给就保持不变。

通过上述分析可以得出企业未来人力资源内部供给的变化值，将它和现有的人力资源进行比较就能计算出未来一定时期内企业内部所能提供的人力资源，从而就可以预算出人力资源的内部供给。

（二）人力资源供给的影响因素

1. 宏观经济形势

宏观经济形势越好，失业率越低，劳动力供给越紧张，企业招聘越困难；宏经济形势越差，失业率越高，劳动力供给越充分，企业招聘越容易。

2. 人口状况

人口状况主要包括人口总量和人力资源率以及人口总量构成的因素，主要包括人力资源的年龄、性别、教育、技能、经验等构成。这决定了在不同的层次与类别上可以提供的人力资源的数量与质量。

3. 劳动力市场状况

劳动力市场，是指劳动力供应和劳动力需求相互作用的市场，即员工寻找工作、雇主寻找雇员的场所，它主要从以下六个方面来影响人力资源的供给：劳动力的供应数量、劳动力供应的质量、劳动力的职业选择、当地经济发展的现状与前景、雇主提供的工作岗位数量与层次、雇主提供的工作地点、工资、福利等。

4. 政府的政策法规

政府的政策法规是影响企业外部人力资源供给不可忽视的一个因素。各地政府为了各自经济的发展，为了保护本地劳动力的就业机会，都会颁布一些相关的政策法规。例如，防止外地劳动力盲目进入本地劳动力市场，不准歧视妇女就业，保护残疾人就业，严谨雇用童工，员工安全保护法规，从事危险工种保护条例等。

（三）人力资源供给预测的方法

供给预测是预测在某一未来时期组织内部所能供应的或经培训可能补充的，以及外部劳动力市场所提供的一定数量、质量和结构的人员，以满足企业为达成目标而产生的人员需求。人力资源供给预测包括组织内部人力资源供给预测与外部供给预测两个方面。

预测完组织未来的人力资源需求后，接着需要回答的问题是：组织中有多少，什么样的员工，能满足未来的需求。内部人力资源供给预测常用的方法有技能清单法、人员接替图法和马尔可夫转移矩阵法。

（1）技能清单法。技能清单（skill inventory）是一张记录着员工的教育水平、培训背景、以往经济、技能特长以及主管评价等一系列信息能够反映员工工作能力和竞争力的图表。人力资源规划人员可以根据技能清单的内容来预测哪些员工可以补充可能出现的空缺岗位，从而保证每一岗位都有合适的员工。

技能清单通常包括三方面的内容：员工过去的信息、员工现在的信息和员工未来的信息。不同的技能清单所包含的内容可能有较大差异，既可能是一份简单的档案，也可能是一个庞大的数据库。由于员工的工作兴趣、发展目标、绩效水平等因素是不断变化的，因此，技能清单在编制完成后应及时进行更新维护。表3-6为技能清单示例。

表3-6 技能清单示例

Ⅰ.员工的过去
A. 在过去2~5年内的工作职位和工作内容描述 1. 目前的工作单位 2. 过去的工作单位 B. 在这些岗位上所需的技能 1. 体力 2. 理解力 3. 创造力 C. 教育状况 1. 高中：同工作有关的课程 2. 大学主修、辅修课程 D. 过去3年的主要课程 1. 目前的单位 2. 过去的单位
Ⅱ.目前的技能状况
A. 同技能相关的成果：过去3年业绩考核 B. 员工对目前工作的自我评价 C. 上级的评价
Ⅲ.侧重未来的信息

续表

A. 员工个人职业目标
1. 1年
2. 3年
3. 明确的职业期望
B.员工上级对员工未来的期望
C.未来培训计划
1. 在职培训
2. 业余培训
3. 实践

（2）人员接替图法。人员接替图法是通过职位换图来预测企业内部人力资源供给的一种简单而有效的方法。职位置换图以员工目前的绩效水平为依据，显示潜在职位空缺和可能出现的替换。职位置换图主要涉及的内容是对员工的总体评价以及职位晋升或转移的可能。图3-5是较为典型的职位置换图。

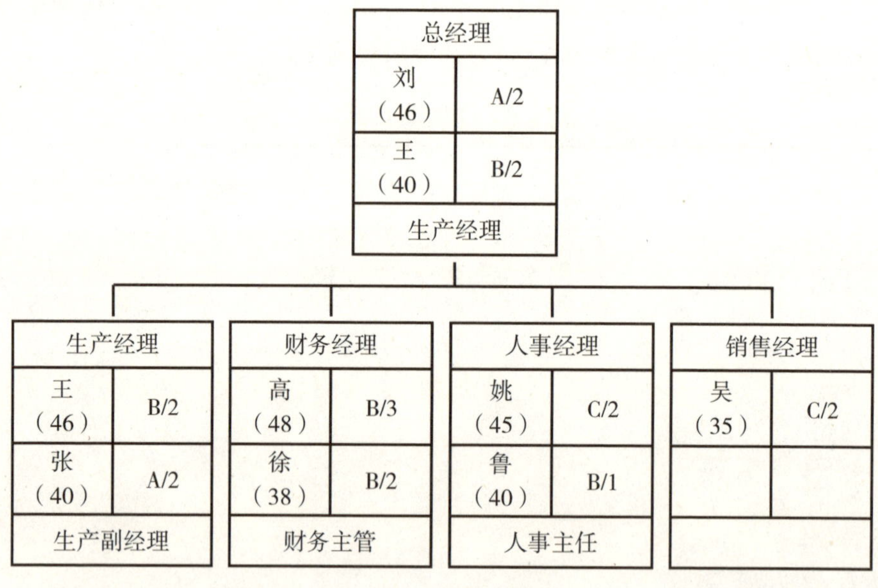

图3-5 职位置换图

图中括号内的数字表示员工的年龄，竖线右边的字母和数字表示该员工绩效和晋升可能性的评估。A表示现在就可提拔，B表示还需要一定的开发，C表示职位不合适。对其绩效的评估分为4个等级，1表示绩效表现突出，2表示优秀，3表示一般，4表示较差。图中的职位可以继续向下延伸。通过职位置换图，可以清楚地看到组织中职位的空缺及员工替补的情况，从而为内部人力资源供给预测提供了依据。

（3）马尔可夫转移法。这种方法目前被广泛地应用于对人力资源供给预测上，是用于预算一个组织内人力资源淘汰、流动等情况的一种数学模式。其基本思想是找出过去人力资源变动的规律，来推测未来人力资源变动的趋势。其应用前提为：①马尔可夫性假定，即t+1时刻的员工状态只依赖于t时刻的状态，而与t–1，t–2时刻状态无关。②转移概率稳定性假定，即不受任何外部因素的影响。马尔可夫模型的基本表达式为：

$$Ni(t)=\sum Ni(t-1)Pji+vi(t) \quad (i,\ t=1,\ 2,\ 3,\ \cdots,\ k;\ t=1,\ 2,\ 3,\ \cdots,\ n)$$

式中：K表示职位类数；N i（t）表示t时刻第i类人员数；Pji表示人员从j类向i类转移的转移率；Vi（t）表示在时间（t–1，t）内i类人员所替换的人员数。

某类人员的转移率（P）=转移出本类人员的数量/本类人员原有总量

这一模型要求有大量的数据信息以获得员工转移概率矩阵，且假定前提使得其预测有效性和对实际的指导性大大降低了。

四、人力资源规划的供需平衡措施

在进行了人力资源需求与供给预测之后，人力资源管理人员要根据预测的结果，制定出切实可行的人力资源政策与措施。员工供需平衡的情况通常是暂时的，一般情况下，人力资源供求总是处于失衡状态：①供大于求；②供不应求；③结构性失衡。这就需要根据不同的情况，采取有针对性的措施，保障组织当前及未来人力资源供求的动态平衡见表3–7。

（一）人力资源短缺情况下的人力资源规划政策与措施

如果预测的结果是人力资源短缺，主要采取两种办法：利用现有的人员和组织外部招聘人员。

1. 充分利用与开发现有的人力资源

利用现有人员的方法有，将某些人员调到人员短缺的工作岗位上；培训某些人员，将他们提拔到人员短缺的岗位上；鼓励员工加班；提高劳动力生产率等。提高劳动生产率是较为可行的一种方法，为了提高员工的劳动生产率，可以采取以下措施，如为员工加薪，给予经济上的激励；提高员工的工作技能，以便他们能够用较少的工作时间生产出较多的产品或降

低劳动成本；鼓励员工提出建议和措施，重新设计工作程序和方法，提高产出；利用高效的机器或设备等。

2. 外部招聘

企业也可以采取从外部招聘新雇员的办法来解决人员短缺的问题。从外部招聘新雇员要受劳动力市场状况的影响，如果所需劳动力种类在劳动力市场上处于过剩状态，招聘就很容易。相反，如果同类人员在劳动力市场上处于紧缺状态，招聘难度就大得多。企业能否成功地获得所需要的合格人员，取决于企业与劳动力市场的发展状态，以及企业自身的人力资源政策。例如，即使企业所需要的人员在劳动力市场上处于短缺状态，如果企业的经济实力强大，愿意出高于市场水平的工资来招聘所需人员，就会招到合适的人才。

此外，对于可以预计到的某类特殊人才的短缺，而劳动力市场供应又不能满足所组织需求时，应考虑通过多种方式加大人才培养与储备的力度。

（二）人力资源剩余情况下的人力资源规划政策与措施

在人员剩余条件下，解决的办法有三种：重新安置、永久性裁员和降低人工成本。

1. 重新安置

如果企业内部的剩余人员只是局部的，可以采取重新安置的办法来解决剩余人员问题，亦即，当只是某些岗位出现剩余人员，而另一些岗位却存在短缺现象时，就可以把剩余人员安置到需要人员的岗位上去。不过，重新安置的一个前提是剩余人员必须具有新工作岗位所需的技能和知识。因此，重新安置需要提早计划，培训在先。人力资源规划要求企业人力资源综合运用计划、培训和调配手段来管理企业的人力资源。

2. 永久性裁员

永久性裁员是解决人员过剩的另一种办法。但要注意的是，即使在西方市场经济国家采用这种方法也是十分谨慎的，因为它不仅涉及员工本人及其家庭的利益，而且也会对整个社会产生影响。在企业经营出现严重亏损，生产难以为继，或生产不可能恢复的情况下，采取这种办法。在裁员之前，企业会告之员工目前企业的经营状况，困难所在，并尽力为剩余人员寻求新的工作岗位。在企业内部确实无法安置剩余人员的情况下，方可进行裁员。

3. 降低人工成本

解决人员过剩的第三种办法是降低人工成本，包括暂时解雇，减少工作时间，工作分担和降低工资等。以上这些措施是西方经济国家企业通常采用的办法。这些办法的优势在于，当预测到企业出现过剩人员时，不是简单地将其裁掉，而是留有缓冲余地，让企业和员工共同分担困难。如果员工个人不愿维持工作不充分，低工资的现状，可以另谋高就，这就避免了将其立即推向社会发生的震荡。

表3-7 供需平衡的方法比较

方法		速度	员工受伤的程度
供给大于需求	裁员	快	高
	减薪	快	高
	降级	快	高
	工作分享或工作	快	中等
	轮换	慢	低
	退休	慢	低
	自然裁员	慢	低
	再培训	慢	低
方法		速度	可以撤回的程度
供给小于需求	加班	快	高
	临时雇用	快	高
	外包	快	高
	培训后换岗	慢	高
	减少流动数量	慢	中等
	外部雇用新人	慢	低
	技术创新	慢	低

问题：

1. 人力资源需求预测的影响因素有哪些？
2. 人力资源需求预测的方法有哪些？
3. 人力资源供给预测的影响因素有哪些？
4. 人力资源供给预测的方法有哪些？

【案例分析】

信达公司的人力资源计划

一、公司背景

信达公司是香港速递行业的领袖，也是全球性速递公司LDG在香港的子公司。在香港本部，公司共有全时雇员880人，非全时雇员100人。在所有雇员中，经理级人员有60人，主管级人员有100人，一线员工有300人。公司的所有者是一位华人，管理层中的大部分人也都是华人。公司的人力资源运作包括人事及培训两部分，人事部分有职员11人，培训部分有职员6人。

目前，信达公司在官方文件递送市场上也居于领先地位。在过去的3年中，公司的利润及市场份额都保持了健稳的增长。从1991年到1993年，人员流动比率是30%。

二、人力资源管理的做法

公司董事长赖先生把信达公司的人力资源哲学阐述为："影响人的思想，将人力资源责任交给一线。"公司的人力资源行动纲领的焦点是对员工的承诺，它承诺公司要为员工创造良好的工作环境并提供培训机会，这种承诺最终将有助于形成公司在航空快运业的全球领导地位。

信达公司的企业文化非常强调团队精神，公司的人力资源计划过程就是一个团队协作的过程。这个过程涉及了各个部门，高级主管和经理们也参与进来。公司既强调全面化，也强调专业化，每个经理既是他所在领域的专家，又要了解其他部门在做什么。因此，经理们就能够从公司整体来考虑问题，而不至于仅仅看到自己的部门。公司另一独具特色的文化是公司管理层的分权化和本地化，管理层对下属只给予指导而不发布指令，各国的子公司可以自行制订战略计划，这使得公司能对本地市场做出非常迅速的反应。这种做法与公司的全球化行动纲领是一致的："在一个集中化管理的网络中的专业组织，既要跟整个组织协同工作，又要保持本地化的首创精神和及时做出适合当地特点的决策。"

公司通过定向课程将行动纲领传达给员工。行动纲领被印到能装进衣袋的卡片上，在上岗培训时发给职工。因为"满足顾客需求"在公司纲领中的重要性，公司就着重于培训顾客需求驱动导向。信达公司开发了自己的顾客满意评价方法，这些方法成为所有雇员共同学习和遵守的标准。

为激励员工的自我发展，公司为所有员工参加的所有外部培训课程都提供50%的资助，即使培训内容可能与工作无关。而且，公司对员工参加培训不做任何限制。

三、最成功的实践——人力资源计划

信达公司最成功的实践之一是人力资源计划（manpower planning，MP）。这一计划是人力资源部门五年前开发的，它得到了总经理的全力支持。人力资源部门开发该计划主要是因为人力成本是公司仅次于航运成本的第二大成本项目，MP能控制支出并最大限度地促进收入增长。

信达公司的MP是一个综合的、互动的过程，从高级经理（top manager）到主管层（supervisory level）都参与其中。它总共包括三个阶段。

第一阶段：企业计划

首先，市场部根据历史因素、总部战略、市场调查情况等提出公司的战略，并提交给由不同职能经理组成的高级管理小组，人力资源主管也是这个小组中的一员。然后，职能经理们开始共同讨论企业战略对本部门运作的影响。

这种头脑风暴式的讨论结束后，紧接着就是一个持续两天的管理层会议，会议将讨论企业战略中十个左右关键性的方面，这些方面是公司总部提拔出来的，它们都非常简短，各地子公司在制订自己的战略计划时都要以此为指南。与会的经理们要熟悉其中的每一个方面并再次讨论这些问题对本部门运作的影响。

两天会议的一个特别之处是会议没有领导，大家轮流主持。某一方面对哪个部门影响最大，在讨论这个方面时，该部门的经理就自动来主持讨论。例如，如果主题是业务的增长——如何实现计划的收入、目标是提高GTP和出口，这个主题跟市场营销关系最大，那么，市场经理就会成为会议的推动者。另一个讨论主题是通过销售战略来实现业务增长，这时，做推动者的就是销售经理。在两天会议的整个过程中，总经理都只是作为一个参与者来提出建议。

人力资源部是两天会议的组织者。在会议开始前，总经理会跟人力资源部对会议的风格、议程进行充分讨论并给予全力支持。为提高会议的有

效性，培训经理在会议开始的时候对会议的主持者和参加者都要提出几条准则。主持人的准则包括“开放”“引起讨论”，参加者的准则包括“即使你可能不是专家，也要敢于发表意见”。

这些会议的推动者并没有受过什么培训，但他们在公司会议中已经经受了大量的训练，从而在演讲技巧、组织讨论等方面都具备了相当的经验和能力。

第二阶段：一系列的专门小组会议

专门小组会议的核心成员包括总经理、人事经理、培训与发展经理、财务与行政主管以及首席会计经理。各部门经理要向专门小组汇报他们部门的：①人力资源计划（MP，包括人数、未来一年的人员结构）；②培训计划；③资本支出；④IT设备计划。讨论资本支出和IT设备计划的原因是他们直接或间接地影响人力资源和培训资源的安排。如果有的领域跟其他某些部门有关系，这些部门的经理也要在座。

在制订各部门的人力资源计划时，部门经理要遵守以下形式：

（1）本部门的特殊问题。包括即将制订的战略计划对本部门有何影响。例如，如果公司战略准备涉足重物运输，航空服务部就要列出以下问题：

①提高公司在重物运输业务上的信誉；

②为员工提供手工搬运重物方面的培训；

③帮助员工取得重型卡车的执照。

（2）优先级。

（3）预定完成时间。

（4）责任（包括其他相关部门）。

在会上，人力资源经理、其他核心成员和业务经理们一起讨论他们的计划并作出必要的修改。讨论的最终结果将制作成文件并由人力资源部存档，而共同讨论所通过的计划将成为各部门制订行动计划的基础。

第三阶段：行动计划

（1）行动计划。内容包括：

①各单位、部门的人数；

②加班时间；

③预计人员流动。

（2）鼓励计划。

（3）培训计划。

①将参加人力资源部组织的内部培训的人数；

②将参加公司外部培训项目的人数；

③将参加公司外部培训项目的人数。

每个职能经理都要保留一份部门的行动计划，总经理则掌握各部门的行动计划。职能经理对行动计划的执行负有责任，绩效评估就以行动计划为基础，每季度和年底都要对行动计划的执行情况进行审核。

整个过程大概持续半年（从6月到12月），如下图所示。

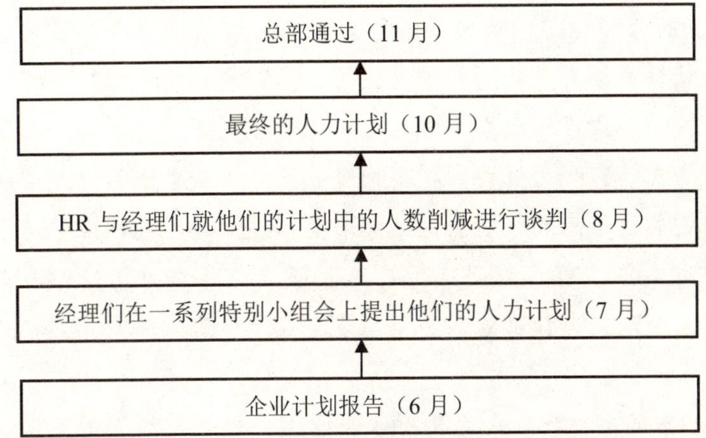

这一人力资源计划过程的优点之一是所有部门的共同参与，从高级主管到最高管理层都参与其中。为了提出一个完整的、彻底的计划，部门经理们需要主管和助理经理为他们提供信息。另一个优点是经理们不只顾自己的资源和目标，所有部门都顾及共同目标，因而使其思考方式更富于战略性。他们可以更好地管理自己的资源，更好地处理公司需要与员工发展关系，有的经理甚至与他们的助理以及别的主管共同制订人力计划。对于人力资源部，由于它较早介入了战略计划阶段，人力资源计划与企业计划保持了一致性；而且，人力资源部也通过这一过程理解了一线经理面临的困难并了解了他们是如何工作的。

经过五年的运行，合作关系已经在经理们中间建立起来。然而，在开始的时候来自一线经理的阻力却是非常大的。一些经理想建立自己的势力范围，不愿意人力资源部控制他们的人数。为了保证各部门提供的信息的准确性，人力资源要反复核对。对那些不能很好地理解资源投资概念的经理，人力资源部就以做得最好的部门为样本，把他们的人力资源计划发给这些部门作参考。其他克服阻力的方法还包括在进行工作分析时吸收别的部门的经理来讨论如何进行绩效测定。

要保证计划的成功，以下因素需特别注意：

（1）人力资源部门要有强烈的商业意识，要了解企业是如何运作的，人力资源主管要经常阅读市场报告和各部门的报告。为熟悉一线部门的运作，人力资源部每年一次组织所有支撑部门的经理考察一线。另外，人力资源部还组织了一门内部培训课程来帮助雇员熟悉不同部门的职能和运作。

（2）高级管理层的支持是关键。信达公司的人力资源经理在接受采访时说，她很幸运有一位开明的总经理，总经理熟悉人力资源部的职能，并全力支持“一线经理也要承担人力资源管理责任”的思想。为了争取各部门经理的支持，人力资源部把他们吸收为各种人力资源活动委员会的委员；他们还通过信息通报、照片、证书等形式对经理们的工作给予承认。人力资源部对职能经理们对人力资源管理活动所作的贡献给予充分的肯定。结果，经理们也鼓励他们的下属参与人力资源管理，他们把这看成员工发展的一个机会。

（3）公司文化鼓励全面化而非专业化，每个人都要了解其他人在做什么。

问题：

（1）信达公司制订人力资源计划的过程是怎样的？

（2）信达公司的人力资源计划过程有哪些特点？这些特点哪些具有普遍性，哪些具有特殊性？

（3）信达公司为什么如此重视人力资源规划？

【本章小结】

人力资源战略是企业为实现公司战略目标而在雇佣关系、甄选、录用、培训、绩效、薪酬、激励、职业生涯管理等方面所作决策的总称。人力资源战略是一种集成，它与公司战略、经营单位战略、其他职能战略纵向整合，并与自身内部的各环节横向整合。人力资源战略是由人力资源战略管理方法发展而来的，人力资源规划是人力资源战略的一个组成部分。

人力资源规划是指一个企业为实现中长期发展战略目标，在对企业人力资源现状与未来供求进行科学分析的基础上，通过制定相应政策措施，使恰当数量的合格人员在合适的时间进入合适的工作岗位，与企业预期的空缺职位相匹配，使企业和个人都获得长期利益的系统。

人力资源战略与规划是人力资源开发与管理过程的初始环节，是人力资源开发与管理各项活动的起点，是人力资源管理的重要组成部分。它主要是在企业发展战略和经营规划的指导下进行人员的供需平衡，以满足企业在不同发展时期对人员的需求，为企业的发展提供符合质量和数量要求的人力资源保证。现代社会竞争日趋激烈，人力资源的供求关系在不断变化，这就要求企业对内外部环境的变化及时作出预测，制订计划，采取相应的政策措施进行应对。

战略性人力资源管理规划，吸取了现代企业战略管理研究和战略管理实践的重要成果，遵循战略管理的理论框架，高度关注企业战略层面的内容。一方面把传统意义上聚焦于人员供给和需求的人力资源规划融入其中，同时更加强调人力资源规划和企业的发展战略相一致。战略性人力资源规划是在对内外部环境理性分析的基础上，明确企业人力资源管理所面临的挑战以及现有人力资源管理体系的不足，清晰地勾勒出与企业未来发展相匹配的人力资源管理机制，并制定出能把目标转化为行为的可行措施以及对措施执行情况的评估和监控体系，从而人力资源战略形成一个完整的战略系统。

本章主要阐述了人力资源战略与规划的含义、内容、分类、原则；人力资源规划的意义和作用。讲述了制定人力资源规划的要求，影响人力资源规划制定的因素以及制定的程序。本章重点讲述了人力资源需求预测及其方法，供给预测及其方法，以及如何做到人力资源供给平衡。

人力资源规划的制定工作是由一个专门的工作小组完成的，这个小组通常由公司总裁或分管人事的副总裁直接领导，协调各部门，以利于协同工作。该小组的工作内容包括：收集相关信息，预测人力资源供求，起草及修改规划文件，呈企业高层领导审核批准。

人力资源规划是人力资源管理中的一个重要组成部分，可分为两大类：人力资源总体规划与人力资源业务规划。其中，人力资源业务规划包括人员配备计划、人员补充计划、人员使用计划、人员培训开发计划、绩效考核计划、薪酬激励计划、劳动关系计划和退休解聘计划等。

一般来说，人力资源需求的预测方法可分为两大类：定性分析预测法和定量分析预测法。定性分析预测法包括：管理人员判断法、德尔菲法。定量分析预测法包括：趋势分析法、回归分析法等。

人力资源供给预测包括两个方面：企业内部人力资源供给预测和企业外部人力资源供给预测。对企业内部人力资源供给预测，有人员接续计划、管理人员晋升计划和马尔可夫模型等。企业外部人力资源供给的来源主要包括各类学校毕业生、转业退伍军人、其他企业流出人员和失业人员等。随着社会主义市场经济体制的确立，各地劳动行政主管部门建立了许多劳动力中介机构，这些机构经常向社会发布劳动力供求信息，这些信息是企业预测外部劳动力供给的重要依据。

【复习思考题】

1. 企业战略都包括哪些内容？它和人力资源战略的关系是什么？
2. 什么是人力资源战略？它包括哪些内容？
3. 人力资源规划的含义及其深刻的内涵是什么？
4. 人力资源规划具有什么意义？
5. 人力资源规划的程序是什么？详细说明其内容。
6. 应该如何来预测人力资源的需求？
7. 应该如何来预测人力资源的供给？
8. 预测人力资源需求的方法有哪些？
9. 预测人力资源供给的方法有哪些？
10. 应当怎样平衡企业人力资源的供给和需求？

【技能提升部分】

一、实训目的和任务

1.实训目的

通过实训环节使学生进一步掌握人力资源规划的制定原则、主要内容和程序步骤，进一步明确人力资源需求预测、人力资源供给预测的概念和方法，并在此基础上，学会科学地对企业进行调研，对企业现行的人力资源规划中存在的问题进行分析，提出进一步完善的建议。从而提高学生分析问题，解决问题的能力，也是对所学知识的应用能力的一次检验。

2.实训任务

（1）掌握人力资源规划的基本思想、原则和基本步骤;

（2）掌握人力资源需求预测的方法;

（3）掌握人力资源供给预测的方法;

（4）调查企业人力资源规划方案中存在的问题并提出解决方案;

（5）形成一套完整的人 力资源规划方案。

二、实训内容与步骤

第一步，将学生分为若干小组，4–6人为一组。

第二步，要求学生熟练掌握编制人力资源规划的原则、内容和步骤等基本理论，做好实训前的知识准备。

第三步，每组学生选择家企业作 为实训基地，与企业进行良好沟通，取得编制人力资源规划所需的相关资料支持和人员支持。

第四步，应用所学的环境分析方法对企业现在与未来所处的环境及环境变化因紧进行分析，并在此基础上制定适合企业发展的人力资源战略。

第五步，要求学生深入了解企业人力资源规划的实际，通过查找资料、与企业相关人员交流、走访员工等方式了解企业现有人员存量，通过理论课上学生的存量分析方法对企业的现有存量进行科学分析和整理，进一步了解企业人员产量中存在的问题并提出相应的解决对策。

第六步，每组学生根据前期掌握的企业情况列出影响企业人力资源需求的具体素及其特点，并采用理论课上学习的多种定性或定量的需求预测方法，根据企未来所处的环境特征对企业未来的人力资源需求进行科学合理可行的需求预测。

第七步，要求学生掌握人力资源供给预测的多种方法，并用马尔科夫链的供给预方法对企业未来的人力资源供给情况进行分析和预测，并将预测结果体现在人资源规划方案中。

第八步，学生从理论上了解人力资源供大于求、供不应求和结构性失衡这三种情的解决方法，结合企业的现状列出该企业解决人力资源失衡问题的具体方法。

第九步，调动学生积极思考发言，让每组学生进行充分的分析和讨论，并在小组对企业人力资源现状、人力资源需求预测、人力资源供给预测及人力资源的平措施等方面形成小组内部统的结论，由小组的代表在全

体同学面前发表意见看法。

第十步，教师对各个小组的观点进行分析、归纳和总结，提出指导性意见，帮助学生以小组为单位完成企业下一年度的人力资源规划方案并撰写实训报告和整个实训环节的心得体会。

三、实训所需条件

多媒体教室、活动桌椅、笔记本电脑、网络。

四、实训考核方法

1. 成绩划分

实训成绩按优秀、良好、中等、及格和不及格五个等级评定。

2. 评定标准

（1）是否理解人力资源规划的内涵和意义。

（2）是否掌握人力资源存量分析的方法并能够很好地应用。

（3）是否掌握人力资源需求预测的方法并能够科学合理的应用。

（4）是否掌握人力资源供给预测的方法并能够用马尔科夫链方法进行供给预测。

（5）是否记录了完整的实训内容，做到文字流畅、恰如其分、叙述通畅。

（6）课堂练习、讨论、分析占总成绩的70%，实训报告占总成绩的30%。

第四章

人员招聘与录用

【学习目的和要求】

人员招聘与录用是人力资源管理的重要职能之一。通过本章学习，了解招聘的含义、原则、程序以及主要内容，理解招聘计划的内容、招聘渠道的类型与选择，掌握常用的甄选技术类型、面试的内容和过程及评价中心技术的内容。

【开篇案例】

理查德·萨耶的用人之道

理查德·萨耶靠小生意创办了美国著名的萨耶·卢贝克百货公司。他一生最大的长处，也是他成功的最主要因素，就是善于发现和使用人才。萨耶最初在明尼苏达州一条铁路上当运送货物的代理商。为了扩大规模，他找到了一个名叫卢贝克的人做伙伴，就这样，以两人姓氏为名的世界性大企业“萨耶·卢贝克公司”诞生了。公司第一年营业额就比萨耶独自一人时增加将近10倍，达40万美元。第二年的发展更快，两人始料未及，面对这一切，他俩感到力不从心了。经过商议，他俩决定为自己的生意找个老板。在一次偶然的机会中，萨耶发现了一个名叫路华德的小布贩子，推销手段十分高明。见面后，萨耶开门见山地说：“我们想请你参加我们的生意，坦白地说，想请你去当总经理。”路华德要求给他三天时间考虑。“可以是可以，但你要保证，不能再接受其他公司的邀请。”萨耶严肃地说。就这样，萨耶又一次表现出他的思维敏捷和办事周到。果然，第二天就有两家化妆品公司请路德华去主持推销方面的业务，如果不是有言在先，萨耶抢先一步，公司的历史也许就要重写了。

当上总经理的路华德为报知遇之恩，天天废寝忘食地工作，终于做出了惊人的成绩。萨耶·卢贝克公司生意兴隆，10年之中，营业额竟增加了600多倍。现在，该公司拥有30万名员工，每年销售额将近70亿美元。

问题：

你从理查德·萨耶的成功中得到哪些启示？你认为理查德·萨耶成功的关键是什么？

第一节　员工招聘概述

管理学大师卡耐基曾经说过：“如果把我的工人带走，把工厂留下，那么不久后工厂就会生满杂草；如果把我的工厂带走，把我的员工留下，那么不久后我们就会拥有一个更好的工厂。”

人是企业最宝贵的资源。现代企业之间的竞争，说到底是人才的竞争。特别是知识经济时代，人力资源的重要性日益突出，企业管理已经从强调对物的管理转向强调对人的管理。重视人员的招聘，实现有效招聘可为企业输送源源不断优质的人力资源。这样，企业才能生产出高质量的产品，实现高效率经营，从而在竞争激烈的市场中立于不败之地。

一、有效招聘的意义

（一）确保录用人员的质量，提高企业核心竞争力

招聘工作作为企业人力资源管理开发的基础，一方面直接关系到企业人力资本的获取与提升，另一方面直接影响企业人力资源开发管理等其他环节工作的开展。拥有高素质的一线员工，才能保证产品和服务的高质量；拥有高素质的技术人员，才能保证企业的研发计划高效有序地实施；拥有高素质的管理人员，才能保证组织战略的准确领会和贯彻，使企业获得竞争优势。

（二）降低招聘成本，提高招聘的工作效率

招聘应同时考虑三方面的成本：一是招聘直接成本，包括招聘过程中的广告费、招聘人员的差旅费、考核费、办公费及聘请专家费用等；二是重置成本，是指因招聘成果不佳需要重新招聘时产生的费用；三是机会成本，是指因人员离职及新员工尚未完全胜任工作产生的成本。招聘的职位越高，招聘成本越大。既要将招聘成本降到最低，又要保证录用人员的素质，是招聘成功的重要衡量指标之一。

（三）为企业注入新的活力，增强企业的创新力

招聘会为岗位配置新的人员，新员工将新的管理思想和新的工作模式

带入工作中，特别是从外部吸收人力资源，即为企业增添了新生力量，弥补了企业内部人力资源的不足，又给企业带来新思维、新观念和新技术。

（四）减少离职，增强企业内部的凝聚力

有效的人力资源招聘，一方面，可以使企业更多地了解应聘者到本企业工作的动机和目的，从诸多候选人中选出个人发展目标和企业目标趋于一致并愿意与企业共同发展的员工；另一方面，可以使应聘者更多地了解企业、企业文化及应聘岗位，让他们根据自己的能力、兴趣与发展目标来决定是否加盟企业。有效的双向选择可以使员工认同企业文化和价值观，愉快地胜任所从事的工作，减少员工离职及损失，增强企业的凝聚力。

（五）有利于人力资源的合理流动和人力资源潜能的发挥

一个有效的招聘体系，能促使员工通过合理流动找到适合的岗位，实现能岗匹配。调查表明，员工在同一岗位八年以上，容易出现疲顿现象，而合理流动会使员工感受到来自新岗位的压力与挑战，激发员工的内在潜能。

（六）扩大企业知名度，树立企业良好形象

招聘的目的绝不是简单地吸引大批应聘者，人力资源招聘的根本目的是获得企业所需的人员、减少不必要的人员流失，同时招聘还有潜在的目的：树立企业形象。企业可以利用各种招聘渠道发布招聘信息，提升企业知名度，表明企业实力，让社会更多地了解企业，从而展示企业的良好形象。

二、招聘的基本含义

招聘，是指在企业总体发展战略规划的指导下，用人单位制订相应的职位空缺计划，并寻找合格员工的可能来源，吸引他们到本组织应征来填补这些职位空缺，同时加以录用的过程。

招聘可以分为“招募”和“甄选”两个阶段。美国著名的人力资源管理专家雷蒙德·A.诺伊等在其《人力资源管理：赢得竞争优势》一书中认为，人力资源的招募是企业以发现和吸引潜在雇员为主要目的而采取的任何做法或活动。这是招聘的前期阶段，实际上，在人力资源规划和实际的新员工甄选之间架起了一座桥梁；所谓甄选，是对已经获得的可供任用的人选做出进一步的甄别、比较，从而确定本单位最后录用的人员，它是招聘的后一阶段，也是招聘工作任务的最终完成阶段。

由此可见，招募是聘用的基础和前提，聘用是招募的目的。招募主要是以宣传来扩大影响，达到吸引人应征的目的；而聘用则是使用各种选择方法和技术挑选合格员工的过程。就招聘者而言，其使命就在于“让最适合的人在最恰当的时间位于最合适的位置，为组织做出最大的贡献”。

因此，有效招聘是指组织或招聘者在适宜的时间范围内采取适宜的方式实现人、职位、组织三者的最佳匹配，以达到因事任人、人尽其才、才尽其用的互赢共生目标。它包括四大要件：1. 申请者—职位匹配；2. 申请者—组织匹配；3. 职位—组织匹配；4. 时间—方式—结果匹配。

三、招聘的原则

招聘工作应当坚持以下基本原则：

（一）全面原则

对应聘人员从品德、知识、能力、智力、心理、过去工作的经验和业绩进行全面考试、考核和考察。因为一个人能否胜任某项工作或者发展前途如何，是由其多方面因素决定的，特别是非智力因素对其将来的作为起着决定性作用。所以，应尽可能地采取全方位、多角度的评价方法，客观地衡量申请者的竞争优势与劣势以及其与职位、组织间的适宜性。

（二）公平原则

公平原则指对所有应聘者要一视同仁，不得人为地制造各种不平等的限制或条件（如性别歧视）和各种不平等的优先优惠政策，努力为有志之士提供平等竞争的机会，不拘一格地选拔、录用各方面的优秀人才。

（三）公开原则

公开原则指把招聘单位、职位名称、数量、入职的资格、条件、测评的方法、内容和时间等信息向可能应聘的人群或社会公告周知，公开进行。一方面，给予社会上的人才以公平竞争的机会，达到广招人才的目的；另一方面，使招聘工作置于社会的公开监督之下，防止不正之风的蔓延。

（四）竞争原则

竞争原则指通过考试竞争和考核鉴别，确定人员的优劣和人选的取舍。为了达到竞争的目的，一要动员、吸引较多的人员报考；二要严格

考核程序和手段，科学地录取人选，防止“拉关系”“走后门”“裙带风”、贪污受贿和徇私舞弊等现象的发生，通过激烈而公平的竞争，选择优秀人才。

（五）能岗匹配原则

招聘是应坚持所招聘的人的知识、能力、素质与岗位要求相匹配。俗话说“骏马能历险，犁田不如牛”，一定要从专业、能力、特长、个性特征等方面衡量人与职位之间是否匹配。招聘的目标是实现能岗匹配。

（六）遵守国家法律的原则

在招聘过程中，企业应严格遵守《中国人民共和国劳动法》及相关劳动法规的规定，坚持平等就业、双向选择、公平竞争，反对种族歧视、年龄歧视、信仰歧视，尤其对弱势群体、少数民族和残疾人等应该给予保护和关心。严格控制未成年人就业，保护妇女儿童合法权益。

四、招聘与人力资源管理其他职能活动的关系

首先，科学的招聘工作是以人力资源规划和职位分析作为前提和基础的。只有通过预测未来的人力资源需求和供给，企业才能决定是否需要进行招聘以及需要招聘的空缺职位是什么；而招聘的标准，也就是需要什么样的人来填补这些空缺职位，则要通过职位分析才能够得到。在现实中，如果我们留心观察，不难发现企业所发布的招聘信息，很多时候，其实就是一个比较简单的职位说明书。

其次，招聘工作直接影响着选拔录用的效果。由于招聘和录用是紧密联系在一起的两个活动，它们在时间上有先后，一般来说，选拔录用要在招聘的基础上进行，因此，招聘工作的好坏会直接影响选拔录用的效果。如果吸引的应聘者数量过少或者质量不高，企业挑选的余地就会大大缩小；但是如果吸引的应聘者数量过多，也会给后面的选拔过程增加负担，增加选拔录用的成本。

最后，招聘工作需要人力资源管理其他职能的配合。由于在招聘过程中需要向外界进行有关企业的宣传，招聘人员必须充分了解企业各个方面的情况，因此，需要对他们进行相关的培训，这就要借助培训开发；此外，为了使招聘活动更有成效，企业必须增强自身的吸引力，提供具有竞争力的报酬就是其中一个很重要的方面，这要依赖于薪酬管理的有

效实施。

五、招聘工作程序

组织的人员招聘与甄选工作是一个复杂、完整而又连续的程序化过程。外部求职者希望把自己配置到组织内部，内部员工希望在这一过程中流动到更合适的岗位上，组织则是在寻找合适的任职者，这个过程的每一部分都是为了保证组织人员录用的质量，为组织选拔出合格、优秀的人才。

人员招聘的程序如图4-1所示。

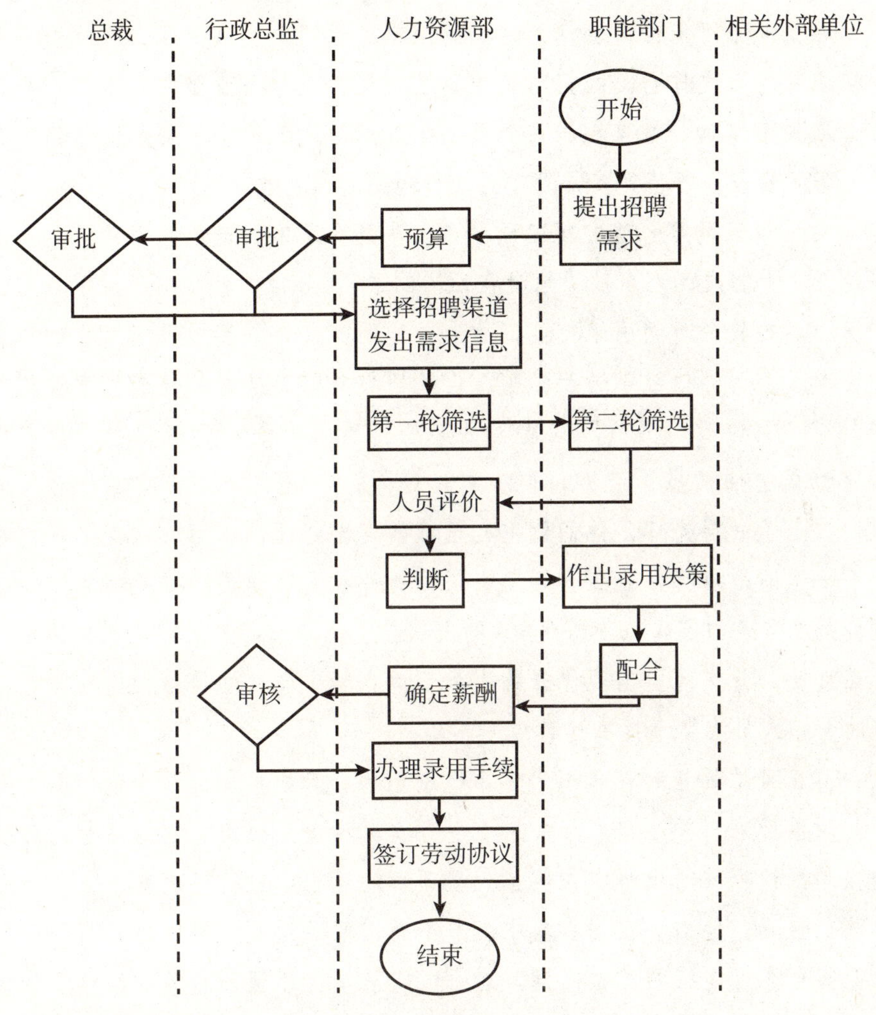

图4-1　招聘基本流程图

问题：

现代社会如何建立新的招聘形式与招聘理念？

第二节　员工招聘的准备

【个案研究】

仓促招聘的代价

在企业中可能经常会遇到这样的困惑：我们发展太快了，人才引进总是在应急，而这种仓促的招聘又导致了人员能力与企业要求的错位，导致员工流失率增加。事实上，除了那些CEO和人力资源经理愿意承认的部分外，仓促的企业招聘更多常见，且代价也更为昂贵。

心理学家奥里·欧文斯曾说："大多数人录用的是他们喜欢的人，而不是最能干的人；大多数决策者在面谈的最初5分钟内就做出了录用决定，并把面谈的其余时间用来使他们的选择自圆其说。"面对吸引财富创造者的巨大压力，那些经常进行招聘，但又不具有相关技能的高管们发现，那些具有"致命吸引力的"应聘者的某些特质的确令人无法抗拒。他们在面谈过程中往往显得智力超群、自信过人；一流成功企业的工作经历为他们披上了一层光环，他们的毛孔里都散发出超凡的魅力。然而，任何招聘——无论是招聘企业高级管理者还是邮件收发室职员，都具有风险。毕竟你是在与人打交道，而据说80%的人都会美化他们的简历或求职申请书。既然如此，就有可能出现优秀的人才不适合某个岗位的情形，比如，让出色的营销人员去负责提高运营效率。

真正可怕的招聘在于选用了品行不正的高管或经理，任由他们引发更多的严重后果，并恶化人际关系、财务状况和企业效率。这些高管们往往会强制推行轻率的战略或在实施大型项目的过程中进行多次变革，从而破坏整个企业；他们会在同事当中制造不满，并通过威胁等手段进行管理；他们甚至有可能将顾客推向竞争对手，或从事犯罪活动。他们给企业带来的可能是花费高昂的成本，而不仅仅是工资、遣散费和重新招聘成本。

其实不只是高层人员，有时一个普通雇员的选聘也可能关系到企业的生死存亡。震惊一时的巴林银行倒闭案，其始作俑者就是一个毫不起眼的普通雇员。

本节将向大家介绍克服此类仓促招聘的一剂良药——招聘计划。企业应当依据自身的发展，结合人力资源规划和工作分析制订招聘计划。

一、制订招聘计划

由于内部招聘是在企业内部进行的，相对比较简单，因此，招聘计划大多都是针对外部招聘而制订的。一般来说，招聘计划主要包括以下几个方面的内容：招聘规模、招聘基准、招聘时间及招聘成本预算，企业还可以根据自己的情况再增加其他的内容。

（一）招聘计划的内容

一般而言，企业招聘计划包括以下内容：

（1）人员需求清单，包括拟招聘的职务名称、人数、任职资格要求等内容；

（2）招聘信息发布的时间和渠道；

（3）招聘团队人选，包括人员姓名、职务、各自的职责；

（4）应聘者的考核方案，包括考核的场所，大体时间、题目设计者姓名等；

（5）招聘的截止日期；

（6）新员工的上岗时间；

（7）招聘费用预算，包括资料费、广告费、人才交流会费用等；

（8）招聘工作时间表，尽可能详细，以便于他人配合；

（9）招聘广告样稿。

（二）制订招聘计划的注意事项

在制订招聘计划过程中，还要特别注意以下几点：

1. 录用人数以及招聘规模

（1）确定计划录用的员工总数。为确保企业人力资源构成的合理性，各年度的录用人数应大体保持均衡。录用人数的确定，还要兼顾录用后员工的配置、晋升和退休金支付等问题。另外，在一定情况下，还要根据企业的实际情况考虑到男女比例。

（2）确定招聘规模。招聘规模就是指企业为了达到规定录用率，准备通过招聘活动吸引多少数量的应聘者。招聘活动吸引的人员数量既不能太多也不能太少，而应当控制在一个合适的规模。一般来说，企业是通过招聘录用的“金字塔”模型来确定招聘规模的，也就是说，将整个招聘录用过程分为若干个阶段，以每个阶段通过的人数与参加人数的比例来确定招聘的规模，如图4-2所示。

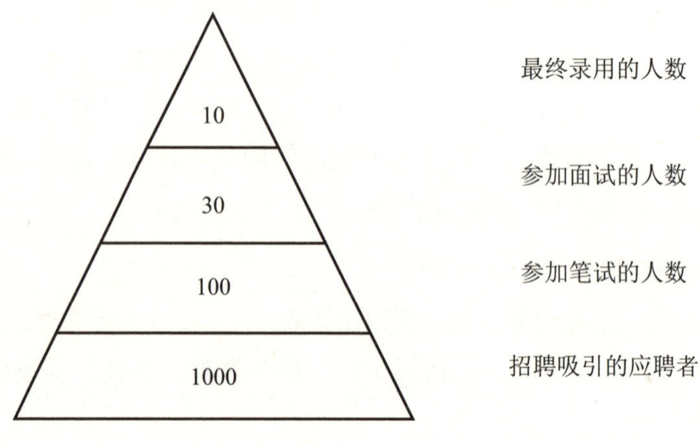

图4-2 招聘录用的“金字塔”模型

在使用“金字塔”模型确定招聘规模时，一般是按照从上至下的顺序来进行的，而招聘规模的确定，取决于两个因素：一是企业招聘录用的阶段，阶段越多，招聘的规模就越大；二是各个阶段通过的比例，这一比例的确定需要参考企业以往的历史数据和同类企业的经验，每一阶段的比例越高，招聘的规模就越大。

2. 招聘时间

有效的招聘计划还应该注意另外一种信息，即精确地估计从候选人应聘到雇用之间的时间间隔。随着劳动力市场条件的变化，这些数据也要相应地发生变化。由于招聘工作本身需要耗费一定的时间，再加上选拔录用和岗前培训的时间，因此，填补一个职位空缺往往需要相当长的时间，为了避免企业因缺少人员而影响正常的运转，企业要合理地确定自己的招聘时间，以保证职位空缺的及时填补。

（1）遵循劳动力市场的人才规律。一般来说，每年的大学毕业生就业阶段是人才寻找就业机会的高峰，这段时间一般是从每年的11月开始，到第二年的五六月结束，其间除去大中专院校寒假放假阶段。在这个时期进行人员招聘，因为劳动力供给充分，所以可以在较大程度上雇用到素质较高的员工，同时也有利于节约招聘成本。

（2）制订招聘时间计划。根据工作经验，计划好招聘各阶段的时间。招聘时间的选择最常用的方法是时间流逝数据法（Time Lapse Data，TLD），该方法显示了招聘过程中关键决策点的平均时间间隔，通过计算这些时间间隔来确定招聘的时间。例如，企业计划在未来6个月招聘30位销售人员，根据“金字塔”模型确定的招聘规模为3000人。TLD分析表明，根据以往的经验，在招聘广告刊登10天内征集求职者简历，邮寄面试通知需要5天，进行个人面试安排需要5天，面试后企业需要4天做出录用决策，得到录用通知的人需要10天做出是否接受工作的决定，接受职位的人需要10天才能到企业报到。按照这样估计，企业应在职位出现空缺之前 40天就开始进行招聘。在使用这种方法确定招聘时间时也要考虑两个因素：整个招聘录用的阶段和每个阶段的时间间隔，阶段越多，每个阶段的时间越长，招聘开始的时间就应该越早。

3. 录用基准

即确定录用人才的标准。除个人基本情况外（年龄、性别等），录用人才的标准可以归纳为以下五个方面：与工作相关的知识背景、工作技能、工作经验、个性品质、身体素质。这里要明确一点，哪些素质是职位要求所必需的，哪些是希望应聘者具有的。

4. 录用来源

确定从哪里录用人才。确定录用来源有助于企业有效地把时间花费在某一劳动力市场上。费用最高的来源通常是猎头公司，其代理费大约为个人年薪的1/3。企业招聘高级管理人才时比较适用，而一般人员的招聘可到职业介绍所，费用较低。组织应根据成本及时间间隔数据定期收集、评价招聘来源信息，对各种信息来源进行分类，选择那些最快、最廉价的提供适当人选的信息来源。

5. 招聘成本计算

招聘成本就是招聘一个职位所需要的成本。单位招聘成本评价模式是对人力资源招聘工作量化和价值化的考察工具之一，包括内部成本和外部成本。单位招聘成本把内外部成本包容进来不仅是人力资源的要求，也是出于把招聘工作当作一种系统的动态工作流程考虑，它使得人力资源招聘与员工薪酬、人力资源保留联系起来。

企业的招聘成本中的大部分来自于内部成本，招聘的内部成本一般由

以下几项费用组成：

（1）人工费用，就是公司招聘人员的工资、福利、差旅费、生活补助、加班费用等。

（2）业务费用，包括通信费（电话费、上网费、邮资和传真费）、专业咨询与服务费（为获取中介信息而支付的费用）、广告费（在电视、报纸等媒体发布广告的费用）、资料费（公司印刷宣传材料和申请表的费用）、办公用品费（纸张、文具的费用）等。

（3）其他费用，包括设备折旧费、水电费、物业管理费等。

外部成本所占的比例较小，主要是一些由于外部招聘环境变化而产生的成本投入附加值。

在计算招聘费用时，应当仔细分析各种费用的来源，把它们归入相应的类别中，以避免出现或重复计算。

二、招聘渠道的确定

所谓“千军易得，一将难求”，企业要找到好人才，就必须广开渠道，灵活运用多种招聘方式。一般情况下，企业的招聘方式主要有外部招聘与内部选拔两种，同时这两种方式又与很多招聘渠道有着千丝万缕的联系。只要利用好这些方式与渠道，企业这棵“梧桐树”就不怕招不来“金凤凰”。

（一）内部招聘

内部招聘是指当企业出现了职位空缺的时候，优先考虑企业内部员工并调整到该岗位的方法。这首先提升了员工的工作兴趣和积极性；其次节省了外部招聘的成本。如果选择了内部招聘的方式，人力资源部门就需要将用人信息首先在企业内部进行发布公开，其余的甄选程序和外部招聘是一样的。

内部招聘的方式主要有以下几种：

1. 提拔晋升

给员工升职、发展的机会，对于激励员工非常有利。从另一方面来讲，内部提拔的人员对本单位的业务工作比较熟悉，能够较快适应新的工作。

2. 工作调换

工作调换也叫作“平调”，是在内部寻找合适人选的一种基本方法。这样做的目的是要填补空缺，但实际上它还起到许多其他作用。

3. 工作轮换

工作轮换和工作调换有些相似，但又有不同。例如，工作调换从时间上来讲往往较长，而工作轮换则通常是短期的，有时间界限的。另外，工作调换往往是单独的、临时的，而工作轮换往往是两个以上、有计划地进行的。工作轮换可以使单位内部的管理人员或普通人员有机会了解单位内部的不同工作，给那些有潜力的人员提供以后可能晋升的条件，同时也可以减少部分人员由于长期从事某项工作而带来的烦躁和厌倦等感觉。

4. 人员重聘

有些单位由于某些原因会有一些下岗人员、长期休假人员、已在其他地方工作但关系还在本单位的人员等。这些人员中，有的恰好是内部空缺需要的人员。他们中有的人素质较高，对这些人员的重聘会使他们有再为单位尽力的机会。另外，单位雇用这些人员可以使他们尽快上岗，同时减少了培训等方面的费用。

（二）外部招聘

组织从外部招聘人员的渠道很多。那些快速成长的组织，或者需要招聘大量有熟练技术或者管理才能的员工的组织就需要从外部招聘。外部招聘的方式主要有以下几种：

1. 广告

广告是企业招聘人才最常用的方式，一方面，招聘可以很好地树立企业的形象；另一方面，信息传播范围广，速度快，获得的应聘人员的信息量大，层次丰富。借助广告招聘时需要考虑两个问题：一是广告媒体的选择，二是广告内容的构思。

可选择的广告媒体很多：网络广告、报纸广告、杂志广告、电视广告、印刷品广告等，各种广告媒体分别具有自己的优点和缺点，企业应当根据具体的情况来选择最合适的媒体。表4-1是对各种广告媒体的简单比较。

表4-1 各种广告媒体的比较

媒体类型	主要优点	主要缺点	适用情形
报纸	标题短小精练； 发行量大； 信息传播快； 广告大小可灵活选择	针对性不高； 保留时间短； 纸质和印刷质量会对广告设计造成限制	特定地区招聘； 短期内需要得到补充的职位； 候选人数量较大； 流失率较高的行业或职位
杂志	接触目标群体概率较大； 保存时间较长； 纸质和印刷质量较好	发行地域分散； 广告预约期长	应聘者地区分布较广； 应聘者集中在某专业领域，选择该领域中的人广泛阅读的杂志； 职位空缺不迫切
广播电视	视听效果有较强冲击力； 黄金时间受众人数多 容易留下深刻印象	时间较短； 费用比较昂贵； 缺乏持久性	公司需要迅速扩大影响，将企业形象宣传与人员招聘同时进行； 需招聘大量人员； 用于引起求职者对其他媒体广告的注意
网站	不受时间和空间限制； 方式灵活、快捷； 可与招聘及HRM的其他环节形成整体； 成本不高	不上网的潜在应聘者可能没看到招聘信息	适用于有机会使用网络和电脑的人群
印刷品	容易引起应聘者的兴趣，并引发他们的行动	宣传力度有限； 可能会被人抛弃	适合于与其他形式的招聘活动配合使用

综上，企业应根据所要招聘的职位类型确定何种媒体是最好的选择，是地方性报纸还是全国发行的报纸，是大众读物还是技术性杂志等。选择在什么媒体上登广告之后，企业就要选择具体在媒介中的哪一家进行刊登，这就需要对不同的报纸、杂志、电视台的发行量、收视率有所了解。进行广告招聘时，广告费用也是一个不可忽略的问题。如果组织在进行大规模的人员招聘时或是人员招聘难度大时，可以采取多种招聘广告媒体，力求覆盖目标人群的接触范围。

2. 现场招聘会

每年政府都会组织大量的招聘会来促进就业，每年也会有大量的企业积极参加招聘会。参加现场招聘会也是企业搜寻人才的大好机会，这种招聘途径可以让企业与应聘者直接进行面对面的交谈，企业也可以利用招聘会进行一定程度的企业形象宣传，简单而有效。

3. 猎头公司

在员工素质变得越来越重要的今天，好的猎头公司毫无疑问是企业发展的推进器。因此，怎样才能利用好猎头公司就成了企业人力资源工作者亟待解决的重要问题。针对这个问题，企业应该采取一些必要的策略：

（1）给猎头公司合理的利润；

（2）相互依赖、相互尊重；

（3）及时与猎头公司沟通；

（4）信用第一；

（5）把握好猎头公司的数量。

4. 网络招聘

网络招聘是一种新兴的招聘方式，并且已经成为大公司普遍使用的一种手段。2000年美国的一家咨询公司公布的一项追踪研究报告表明，《财富》全球500强中使用网上招募的已占88%。分地区来说，93%北美地区的大公司都使用网上招聘，欧洲有83%，亚太地区有88%。按行业来说，使用互联网招募员工最普遍的是医疗保健行业，全球500强中达到100%，制造和运输两个行业也在95%以上。而中国的网络招聘尚处在启蒙阶段。2000年，全国只有五六家公司做网络招聘，企业、个人对网络招聘还没有认知度，但随着互联网的发展及网上人数的增加，网络招聘已有一批固定的企业和人群，而且不断增加。

5. 人才中介机构

社会上有各种人才中介机构，其中有人事部门开办的人才交流中心，劳动部门开办的职业介绍机构，还有一些私营的职业介绍机构。这些人才中介机构都是用人单位和求职者之间的桥梁，为用人单位推荐用人，为求职者推荐工作，同时也举办各种形式的人才交流会、招聘会、洽谈会等。

一般来说，企业在这些人才交流机构中获得的职位候选人多数是较低职位的职员或者具备特殊技能的技工，另外，如果想寻找临时员工，借助人才中介机构也是不错的选择。

目前社会上的人才中介机构良莠不齐，因此，在选择人才中介机构时一定要慎重，一定要选择那些正规合法、声望好、有实力的人才中介

机构。

6. 校园招聘

由于大学毕业生学历较高，可塑性强，被形象地比喻为“钻石的裸石”。因此，各类高校是企业人才资源的重要来源。一般企业吸引大学毕业生的方法有五种：

（1）在学校设立奖学金，吸引学生毕业后去该企业工作；

（2）为学生提供实习机会和暑期雇佣机会，以期日后确定长久的雇佣关系，并达到试用观察的目的；

（3）在学校中建立“毕业生数据库”，对毕业生逐个进行筛选；

（4）通过定向培养、委托培养等方式直接从学校获得所需人才；

（5）在学校召开招聘会、企业宣讲会、发布招聘广告等。

（三）内部招聘和外部招聘的利弊比较

1. 内部招聘的优点

（1）能够对组织员工产生较强的激励作用。对获得晋升的员工来说，由于自己的能力和表现得到了企业认可，会产生强大的工作动力，其绩效和对企业的忠诚度便随之提高。对其他员工而言，由于组织为员工提供晋升机会，从而感到晋升有望，工作就会更加努力，增加对组织的忠诚和归属感。这样，内部招聘就把员工的成长与组织的成长连为一体，形成积极进取追求成功的气氛，达成美好的远景。

（2）有效性更强，可信度更高。由于企业管理人员对该员工的业绩评价、性格特征、工作动机以及发展潜力等方面都有比较客观、准确的认识，信息相对外部人员来说是对称的、充分的，在一定程度上减少了“逆向选择”甚至是“道德风险”等方面的问题，从而减少用人方面的失误，提高人事决策的成功率。

（3）内部员工适应性更强。从运作模式看，现有的员工更了解本组织的运作模式，与从外部引进的新员工相比，他们能更好地适应新工作。从企业文化角度来分，内部员工已经认同并融入企业文化，与企业形成事业和命运的共同体，更加认同企业的价值观和规范，有更高的企业责任心和对企业的忠诚度，进入新的岗位适应性更强。

（4）招聘费用率低。“本部制造”可以节约高昂费用，如广告费、招聘人员和应聘人员的差旅费等，同时还可以省去一些不必要的培训，减少了间接损失。另外，一般地说，本部候选人已经认可企业现有的薪酬体系，其工资待遇要求会更符合企业的现状。

2. 内部招聘的缺点

（1）可能造成内部矛盾。“本部制造”需要竞争，而竞争的结果是失败者占多数。竞争失败的员工可能会心灰意冷，士气低下，不利于组织的内部团结。内部招聘还可能导致部门之间“挖人才”现象，不利于部门之间的协作。此外，如果招聘中按资历而非能力进行选择，将会诱发员工养成“不求有功，但求无过”的心理，使优秀人才流失或被埋没，削弱企业的竞争力。

（2）容易造成“近亲繁殖”。同一组织内的员工有相同的文化背景，可能产生“团队思维”现象，抑制了个体创新。尤其是当组织内重要职位由基层员工提拔，进而僵化思维意识，不利于组织的长期发展，如通用电气20世纪90年代所面临的困境被认为与其长期实施“内部招聘”策略有关。

（3）失去选取外部优秀人才的机会。一般情况下，外部优秀人才是比较多的，一味寻求内部招聘，降低了外部“新鲜血液”进入本组织的机会，表面上看是节约了成本，实际上是对机会成本的巨大浪费。

（4）除非有很好的发展/培训计划，内部晋升者不会在短期内达到对他们预期的要求，内部发展计划的成本比雇用外部直接适合需要的人才要高，且多个被提升员工由于“彼得原理”可能不能很好地适应工作，从而影响组织整体的运作效率和绩效。

3. 外部招聘的优点

（1）人员选择范围广泛。从外部找到的人员比内部招聘多得多，不论是从技术、能力和数量方面讲都有很大的选择空间。

（2）外部招聘有利于带来新思想和新方法。外部招聘来的员工会给组织带来“新鲜的空气”，会把新的技能和想法带进组织。这些新思想、新观念、新技术、新方法、新价值观、新的外部关系，使得企业充满活力与生机，能帮助企业用新的方法解决一直困扰组织的问题。

（3）大大节省了培训费用。从外部获得有熟练技术的工人和有管理才能的人往往要比内部培训节省培训成本，特别是在组织急需这类人才时尤为重要。这不仅节约了培训经费和时间，还节约了获得实践经验所交的

"学费"。

（4）产生鲇鱼效应。外部招聘人才可以在无形中对原有员工施加压力，形成危机意识，激发斗志和潜能。压力带来的动力可以使员工通过标杆学习而共同提高。

（5）有利于树立形象。外部招聘也是一种十分有效的交流方式，外部招聘会起到广告的作用。在外部招聘的过程中，企业可以借此在潜在员工、客户和其他外界人士中树立积极进取、锐意改革的良好形象，从而形成良好的口碑。

（6）有利于平息和缓和内部竞争者之间的紧张关系。内部竞争者由于彼此机会均等，可能在同事之间产生互相竞争的局面，进而可能因为同事的晋升而产生不良情绪，如懈怠、不服从管理，从而不利于企业的运作和管理，外部员工的引入可能对于此种情况产生平衡的作用，避免了组织成员间的不团结。

（7）从宏观意义上说，外部招聘可以在全社会范围内优化人力资源配置，促进人才合理流动，加速全国性的人才市场和职业经理市场的形成，节约整个社会的教育和培训成本，具有明显的外部经济性，具有巨大的社会效益。

4. 外部招聘的缺点

（1）外部招聘选错人的风险比较大。外部招聘通过几次短时间的接触，就必须判断候选人是否符合本组织空缺岗位的要求，而不像内部招聘那样经过长期的接触和考察，所以，很可能因为一些外部的原因而做出不准确的判断，进而增加了决策风险。

（2）需要更长的培训和适应阶段。即使是一项对组织来说很简单的工作，员工也需要对组织的人员、程序、政策和组织的特征加以熟悉，而这是需要时间的。另外，从外部招聘的人员还有可能出现"水土不服"的现象，其个人特质很难融入企业文化潮流之中，导致人际关系复杂，工作不顺，影响积极性和创造力的发挥。

（3）内部员工可能感到自己被忽视。外部的招聘会影响组织内部那些认为自己可以胜任空缺职位员工的士气。

（4）外部招聘可能费时费力。与内部招聘相比，无论是引进高层人才还是中低层人才，都需要相当高的招聘费用，包括招聘人员的费用、广告费、测试费、专家顾问费等。来自外部的员工通常需要比较长的时间去了解组织及其产品和服务、同事以及客户，完成这个社会化的过程。虽然候选人可能具备出色的技能、培训经历或经验，并且在其他组织中也干得比较成功，但是这些因素并不能保证其在新组织中获得同样的成功或有能力适应新组织的文化。

（5）外部人才之间、外部人才和内部人才之间往往存在复杂的矛盾。主要是相互不服气及“盲目排外”情结。这些矛盾进而引发部门之间的矛盾，个人行为上升到组织行为，导致部门之间协调配合不够、相互拆台，战略措施、方针政策得不到很好的贯彻执行。

问题：

1. 招聘计划的内容包括哪些？
2. 内外部招聘的优缺点是什么？

第三节 人员甄选

人员甄选是指从应聘者的资格审查开始，经过用人部门与人力资源部门共同初选、面试、测试、体检、个人资料核实到人员录用的过程，是整个招聘工作中关键的、技术性最强且难度最大的一个环节。从20世纪50年代开始，在西方发达国家，企业招聘工作的重心就已经从寻找和吸引人员转移到了筛选方面。筛选在整个招聘过程中占据核心地位。如果不能有效地从招聘所网罗的人员中选出最优秀的，或者说，不能把不合格人员排除在企业大门外，而是等他们进入企业之后再去应付的话，就会直接或间接地给企业带来严重的时间、金钱和效率的损失，还会造成一些法律上的困扰。

人员甄选的具体流程如图4-3所示。

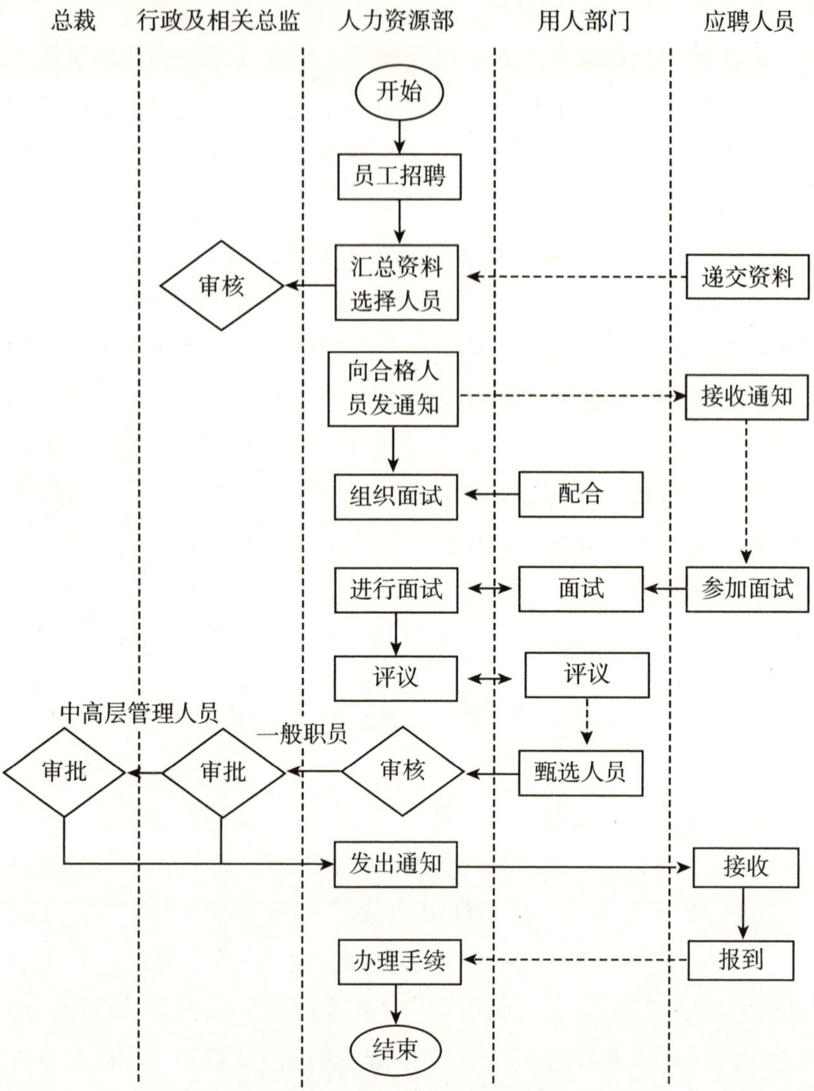

总裁　行政及相关总监　人力资源部　用人部门　应聘人员

开始 → 员工招聘 → 汇总资料选择人员（← 递交资料）→ 审核

向合格人员发通知 → 接收通知

组织面试 ← 配合

进行面试 ↔ 面试 ← 参加面试

评议 ↔ 评议 → 甄选人员 → 审核 → 审批（一般职员）→ 审批（中高层管理人员）

发出通知 → 接收 → 报到 → 办理手续 → 结束

图4-3　人员甄选工作流程图

【个案研究】

失败的公关经理招聘

得胜公司是一家发展中的公司，它创立15年，拥有10多家连锁店。在过去的几年中，从公司外部招聘来的中高层管理人员中，大约有50%的人员不符合岗位要求，工作绩效明显低于公司内部提拔起来的人员。在过去的两年中，从公司外聘的中高层管理人员中有9人不是自动离职就是被解雇。

从外部招聘来的商业二部经理因年度考评不合格而被免职之后，终于促使董事长召开了一个由行政副总裁、人力资源部经理出席的专题会议，分析这些外聘的管理人员频繁被更换的原因，并试图得出一个全面的解决方案。

首先，人力资源部经理就招聘和录用的过程作了一个回顾，公司是通过职业介绍所，或者在报纸上刊登招聘广告来获得职位候选人的。人员挑选的工具包括一份申请表，三份测试（一份智力测试和两份性格测试），有限的个人资历检查以及必要的面试。

行政副总裁认为，他们在录用某些职员时，在判断上犯了错误，他们的履历表看上去挺不错，他们说起话来也头头是道，但是工作了几个星期之后，他们的不足就明显地暴露出来了。

董事长则认为，根本问题在于没有根据工作岗位的要求来选择适合的人才。“从表面上看，几乎所有我们录用的人都能够完成领导交办的工作，但他们很少在工作上有所作为，有所创新。”

人力资源部经理提出了自己的观点，他认为公司在招聘时过分强调了人员的性格特征，而并不重视应聘者过去在零售业方面的记录，例如，在7名被录用的部门经理中，有4人是来自与其任职无关的行业。

行政副总裁指出，大部分被录用的职员都有某些共同点，例如，他们大都在30多岁，经常跳槽，多次变换自己的工作；他们都雄心勃勃，并不十分安于现状；在加入公司后，他们中的大部分人与同事关系不是很融洽，与直属下级的关系尤为不佳。

会议结束的时候，董事长要求人力资源部经理：“彻底解决公司目前在人员招聘上存在的问题，采取有效措施从根本上提高公司人才招聘的质量！”

问题：

1. 得胜公司管理人员的招聘有什么问题？造成这些问题的原因是什么？

2. 您对该公司管理人员的招聘有哪些更好、更具体的建议？

一、履历分析

履历分析，是通过对评价者的个人背景、工作与生活经历进行分析，来了解一个人的成长历程和工作业绩，判断其对未来岗位的适应性。近年来，这一方式越来越受到人力资源管理部门的重视，被广泛地用于人员选拔等人力资源管理活动中。使用个人履历资料，既可以用于初审个人简历，迅速排除明显不合格的人员，也可以根据与工作要求相关性的高低，事先确定履历中各项内容的权重，把申请人各项得分相加得总分，再根据总分确定选择决策。

一般通过求职申请表或简历对应聘者进行履历分析和初步筛选。

二、笔试

笔试是一种与面试对应的测试，是考核应聘者学识水平的重要工具。这种方法可以有效地测量应聘者的基本知识、专业知识、管理知识、综合分析能力和文字表达能力等素质及能力的差异。

笔试在员工招聘中有相当大的作用，尤其是在大规模的员工招聘中，它可以快速把员工的基本活动了解清楚，然后划分出一个基本符合需要的界限。适用面广，费用较少，可以大规模地运用。但是分析结果时需要较多的人力，有时，被试者会投其所好，尤其是在个性测试中更加明显。

（一）笔试的形式

笔试形式主要有七种：多种选择题、是非题、匹配题、填空题、简答题、回答题、小论文，每一种笔试形式都有它的优缺点。比如，论文笔试是以长篇的文章表达对某一问题的看法，并表达自己所具有的知识、才能和观念等。

（二）笔试的类型

1. 技术性笔试

技术性笔试主要针对研发型和技术类职位的应聘，这类职位的特点是：对于相关专业知识的掌握要求比较高，题目特点是主要关于涉及工作需要的技术性问题，专业性比较强。这类考试的结果与同学们大学四年的学习成绩密不可分。所以，要成功应对这类考试，需要有坚实的专业基础。

对于这类技术性岗位，大公司和小公司的笔试内容的侧重点有很大的区别。一般小公司注重实用性，考得比较细，目的就是拿来就用。大公司则强调基础和潜力，所以考得比较泛泛，多数都是智力测验、情感测验，还有性格倾向测验。例如，Motorola曾经的笔试内容主要是非技术的，有很多英文阅读和智力测验。

对于大公司的笔试，建议可以看看公务员考试的教材，有很多智商题，也有很多综合性问题，这类问题对大公司的笔试是很有帮助的。

2. 非技术性笔试

这类笔试一般来说更常见，对于应试者的专业背景的要求也相对宽松。非技术性笔试的考察内容相当广泛，除了常见的英文阅读和写作能力、逻辑思维能力、数理分析能力外，有些时候还会涉及时事政治、生活常识、情景演绎，甚至是智商测试等。

三、面试

（一）面试的含义

面试是在特定场景下，通过评价者与被评价者双方面对面的观察、交谈，收集有关信息，从而由表及里地测评被评价者的素质状况、能力特征以及动机的一种人事测量方法。可以说，面试是人事管理领域应用最普遍的一种测量形式，企业组织在挑选职工时最常用的一种重要方法。

面试给公司和应聘者提供了进行双向交流的机会，能使公司和应聘者之间相互了解，从而双方都可更准确地做出聘用与否、受聘与否的决定。

（二）面试分类

面试按不同形式，一般有如下几类：

1. 根据面试标准化程度分类

（1）结构化面试：指根据对职位的分析，确定面试的测评要素，在每一个测评的维度上预先编制好面试题目，并制定相应的评分标准，对被评价者的表现进行量化分析。不同的测试者使用相同的评价尺度，对应聘同一岗位的不同被评价者使用相同的题目、提问方式、计分和评价标准，以保证评价的公平合理。结构化程度最高的面试方法是设计一个计算机化程序来提问，记录应聘者的答案，然后进行数据分析，给出录用决策的程式化结果，如公务员面试和一些银行、国企统一组织的面试。

（2）非结构化面试：对与面试有关的因素不作任何限定的面试，也就是通常没有任何规范的随意性面试。特点是灵活，获得的信息丰富、完整和深入，但同时主观性强、成本高、效率较低，如一些企业聊天式的提问面试。

（3）半结构化面试：是介于结构化面试和非结构化面试之间的一种面试方式，它包括两个含义：一是面试考官提前准备重要的问题，但是不要求按照固定的次序提问，且可以谈论那些似乎需要进一步调查的问题；二是指面试人员一举实现设计的一系列问题来对应聘者进行提问，一般根据管理人员、业务人员和技术人员等不同的工作类型设计不同的问题表格。这种半结构化面试可以帮助企业了解应聘者的技术能力、人格类型和对激励的态度等。

2. 根据面试的组织方式分类

（1）一对一面试：这是一种运用比较多的面试方式。面试考官和应聘者单独进行面试，一个人进行口头询问，另一个人进行口头回答。

（2）系列式面试：指几个面试考官依次对应聘者进行面试。在非结构化面试中，每一位面试考官从自己的角度观察应聘者，提出不同的问题，然后依据标准评价表对应聘者进行评定。之后将每一位应聘者的评定结果进行综合比较分析，最后做出录用决策。

（3）小组面试：即由几个面试考官（其中一个为主考官）同时对一个应聘者进行面试。

（4）集体面试：这是小组面试的一种变形，由多个面试人员同时对多个应聘者进行面试。面试小组提出一个需要解决的问题，然后不采取行动，而是观察哪位应聘者首先回答。

（5）决策者综合面试：在挑选重要岗位人选时，由最高决策者直接进行的综合面试。这种方法通常在有一定地位和阅历的人对具体的岗位推荐了人选时采用。

3. 根据面试进程分类

（1）一次性面试：是指用人单位对应试者的面试集中于一次进行。

（2）分阶段面试：可分为两种类型，一种叫“依序面试”，一种叫“逐步面试”。依序面试一般分为初试、复试与综合评定三步；逐步面试，一般是由用人单位面试小组成员按照由低到高的顺序，依次对应试者进行面试。

4. 根据面试风格分类

（1）压力面试：将应聘者置于一种人为的紧张气氛中，让应考者接受诸如挑衅性的、刁难性的刺激，以考察其应变能力、压力承受能力、情绪稳定性等。

（2）非压力面试：在没有压力的情景下考察应聘者有关方面的素质。

5. 根据面试内容设计的重点分类

（1）常规面试：主考官和应试者面对面以问答形式为主的面试。

（2）情景面试：突破了常规面试考官和应试者那种一问一答的模式，引入了无领导小组讨论、公文处理、角色扮演、演讲、答辩、案例分析等人员甄选中的情景模拟方法。

（3）综合性面试：兼有前两种面试的特点，而且是结构化的，内容主要集中在与工作职位相关的知识技能和其他素质上。

6. 根据面试途径分类

（1）电话面试：不需直接面对面而是以电话交流为途径的面试。

（2）视频面试：指通过视频聊天的方式对求职者面试。

（3）现场面试：指面试官与求职者面对面直接交流沟通。

四、心理测试

（一）心理测试的含义

所谓心理测试，就是指通过一系列的心理学方法来测量被试者的智力水平和个性方面差异的一种科学方法。它是心理学领域的一种研究方法，但现在许多领域都广泛采用这种方法，在企业招聘中应用的范围尤其广泛。它可以了解一个人的潜力及其心理活动规律。而所谓的人事安排，就是让合适的人担任合适的工作。心理测试正可以了解一个人的实际能力，这样，决策者可以把适当的人安排在适当的岗位上。

（二）心理测试的类型

1. 心理测试从内容划分，主要有智力测验、个性测验和特殊能力测验三种。

（1）智力测验。智力测验就是对智力的科学测试。所谓智力，就是指人类学习和适应环境的能力。智力包括观察能力、记忆能力、想象能

力、思维能力等。智力的高低直接影响一个人在社会上是否成功。智力的高低以智商IQ来表示。

（2）个性测验。个性是指一个人比较稳定的心理活动特点的总和。个性可以包括性格、兴趣、爱好、气质、价值观等。

（3）特殊能力测试。特殊能力测试在一般员工招聘中并不常用。所谓特殊能力，就是指某些人具有他人所不具备的能力。

2. 根据形式的不同，也可以把心理测试划分为纸笔测试、投射测试、实验测试和仪器测试四种方法。

（1）纸笔测试。纸笔测试简称笔试，就是要求被试者根据项目的内容把答案写在纸上，以便了解被试者心理活动的一种方法。

（2）投射法。所谓投射法，就是让被试者通过一定的媒介，建立起自己的想象世界，在无拘束的情景中，显露其个性特征的一种测试方法。

（3）心理实验法。心理实验法就是指有目的地严格控制，或者创造一定条件来引起个体某种心理活动的产生，以进行测量的一种科学方法。实验法可以分为两种：一种是实验室实验法，另一种是情景实验法。

（4）仪器测量法。仪器测量法就是指通过科学的仪器对被试者进行测试，以了解被试者心理活动的一种科学方法。

五、评价中心

评价中心技术是在第二次世界大战后迅速发展起来的，它是现代人事测评的一种主要形式，被认为是一种针对高级管理人员的最有效的测评方法。一次完整的评价中心通常需要两三天的时间，对个人的评价是在团体中进行的。被试者组成一个小组，由一组测试人员（通常测试人员与被试者的数量为1∶2）对其进行包括心理测验、面试、多项情景模拟测验在内的一系列测评，测评结果是在多个测试者系统观察的基础上综合得到的。严格来讲，评价中心是一种程序而不是一种具体的方法；是组织选拔管理人员的一项人事评价过程，而不是空间场所、地点。它由多个评价人员，针对特定的目的与标准，使用多种主客观人事评价方法，对被试者的各种能力进行评价，为组织选拔、提升、鉴别、发展和训练个人服务。评价中心的最大特点是注重情景模拟，在一次评价中心中包含多个情景模拟测验，可以说评价中心既源于情景模拟，但又不同于简单的情景模拟，是多种测评方法的有机结合。评价中心具有较高的信度和效度，得出的结论质量较高，但与其他测评方法比较，评价中心需投入很大的人力、物力，且时间较长，操作难度大，对测试者的要求很高。

评价中心的主要形式有以下几种。

（一）无领导小组讨论

无领导小组讨论是评价中心技术中经常采用的一种测评方法，是一种无角色群体自由讨论的测评形式。其操作方式是将被试者按一定的人数（一般为5~10人）编为一组，不确定会议主持人，不指定重点发言，不安排会议议程，不提出具体要求，根据考官提供的真实或者假设的材料（如有关文件、资料、会议记录、统计报表等材料），给被评价者一个待解决的问题（如业务问题、财务问题、社会热点问题等），给他们大约一个小时的时间，让他们展开讨论以解决这个问题。这种讨论可以形成较一致的意见，也可以不形成一致意见。

无领导小组讨论主要考察被评价者的组织协调能力、领导能力、人际交往能力、辩论说服能力以及决策能力等，同时也可以考察被评价者的自信心、进取心、责任感、灵活性、情绪的稳定性以及团队精神等个性方面的特点及风格。

（二）文件筐测试

公文处理练习也称为“文件筐”，这是一种具有较高信度和效度的测评手段，是对管理人员的潜在能力进行测定的有效方法，可以为企业高级管理人才的选拔、聘用、考核提供科学可靠的信息。在这种测评方法中，被评价者将扮演某一领导者的角色，他将面对一堆信件或文稿，包括通知、报告、客户的来信、下级反映情况的信件、电话记录、关于人事或财务等方面的一些信息以及办公室的备忘录等。

（三）模拟面谈

模拟面谈是评价中心中通常采用的人事测评方法——角色扮演的一种形式。一般是由评价者的一名助手扮演与被评价者谈话的人，这名助手是经过培训的，其行为将遵循一种标准化的模式。这个与被评价者谈话的人可以充当各种与被评价者有关的角色，甚至可以充当对被评价者进行采访的电视台记者。这种测评方法主要考察被评价者的说服能力、表达能力和

处理冲突的能力以及其思维的灵活性和敏捷性等。

（四）演讲

在该测评方法中，被评价者按照给定的材料组织自己的观点，并且向评价者阐述自己的观点和理由。有时，在被评价者演讲之后，评价者要向被评价者提问。这种测评方法可以考察被评价者的分析推理能力、语言表达能力以及在压力下的反应能力。

（五）搜寻事实

在搜寻事实的任务当中，我们主要考察被评价者获取信息的能力、分析问题能力、理解和判断能力以及社会知觉能力，同时也可考察他的决策能力和对压力的容忍能力。

（六）书面的案例分析

在书面的案例分析测评方法中，通常是让一个被评价者阅读一些关于组织中的问题的材料，然后让他准备出一系列的建议，以提交给更高级的管理部门。这种测评方法可以考察被评价者的综合分析能力和做出判断决策的能力，它既可以考察一些一般性的技能，也可以考察一些特殊性的技能。

（七）角色游戏

角色游戏是一种比较复杂的测评方法。它要求被评价者扮演一定的角色，模拟实际工作情境中的一些活动。通常采用一些非结构化的情境，在被评价者之间进行交互作用。角色游戏的优点就在于它能够更好地再现组织中的真实情况。这种方法较为复杂，但它更为真实。这种方法的缺点就在于对被评价者的观察和评价是比较困难的，而且这种方法费时较长。

表4-2　常用甄选技术四项指标上的评价

测评方法	效度	公平程度	可用性	成本
智力测验	中	中	高	低
性向和能力测定	中	高	中	低
个性与兴趣测验	中	高	低	中
面试	低	中	高	中
工作模拟	高	高	低	高
情景练习	中	中	低	中

续表

测评方法	效度	公平程度	可用性	成本
个人资料	高	中	高	低
同行评定	高	中	低	低
自我介绍	低	高	中	低
推荐信	低	—	高	低
评价中心	高	高	低	高

问题：

1. 面试的类型包括哪些？招聘什么类型的员工适合使用压力面试？

2. 什么是评价中心？它包括哪几种常见的技术？

第四节　员工录用与招聘工作评估

一、员工录用

（一）背景调查与体检

1. 背景调查

背景调查可以提供极好的信息来帮助企业做出正确的录用决策，但是必须正当地使用这些信息，对企业最有利的是得到关于如何合法地使用背景调查的合法建议。现在我国公民的权利意识越来越强，企业切不可因调查而侵犯了求职者的隐私权。

背景调查内容应以简明、实用为原则。内容简明是为了控制背景调查的工作量，降低调查成本，缩短调查时间，以免延误上岗时间而使用人部门人力吃紧，影响业务的开展；再者，优秀人才往往被几家公司互相争夺，长时间的背景调查是给竞争对手制造机会。内容实用指调查的项目必须与工作岗位需求紧密相关，避免查非所用，用者未查。

调查内容可以分为两类：一是通用项目如毕业学位的真实性、任职资格证书的有效性；二是与职位说明书要求相关的工作经验、技能和业绩，不必面面俱到。不可能调查核实简历或申请表上的所有内容，这样既费时又费钱，而如果招聘者调查的事情与工作无关，则有可能因此而惹上

麻烦。

2. 体检

体格检查通常是选拔过程后紧接着的一个步骤。进行雇用前体检有三个主要原因：

（1）体检可以用来确定求职者是否符合职位的身体要求，发现在对求职者进行工作安排时应当予以考虑的身体素质局限因素。

（2）通过体检还可以建立求职者的健康记录和基线，以服务于未来满足保险或雇员赔偿要求的目的。

（3）通过确定健康状况，体检还可以降低缺勤率和事故，发现雇员可能不知道的传染病。

体检这一环节的执行相对比较简单，一般企业会指定一个有信誉的或长期来往的医疗机构，要求应聘者在一定时间内进行体检。在很大的企业组织中，体检通常在招聘者的医疗部门中进行。体检的费用由招聘者支付，体检的结果也交给招聘者。

体检也是录用时不可被忽视的一个环节。不同的职位对健康的要求有所不同，一些对健康状况有特殊要求的职位在招聘时尤其要对应聘者进行严格的体检，否则有可能会给企业带来许多麻烦。

（二）录用

录用程序比较烦琐，包含了决定录用人员、通知录用人员、签订试用合同、人员的初始安排、试用、正式录用等关键性的内容。概括来讲，新人录用程序可以分为以下几个步骤：

1. 录用通知

录用通知的首要步骤就是公布录用名单，这一步骤要靠录用标准和录用决策的相关程序来进行。在公布录用名单之后，接下来要进行的工作就是办理录用手续。

录用手续应当在劳动人事行政主管部门进行办理，并且在办理时应当提供足够的资料以证明录用职工具有合法性，只有这样才能受到国家有关部门的承认，并且使招聘工作受到劳动人事部门的业务监督。办理录用手续需要新员工的真实的个人信息，包括员工姓名、年龄、性别、民族、籍贯、文化程度、政治面貌、个人简历等。

办理完相关的录用手续，下一步的工作就是录用通知的实际操作。事实上，很多企业也会在办理录用手续之前进行录用通知的发放。

2. 签订劳动合同

劳动合同一般分为两种，一种是试用合同，另一种是正式的劳动协议。一旦签订相应的劳动合同，就表示企业与应聘者之间正式确立了雇佣与被雇佣的劳动关系，同时产生法律效力。因此，对劳动合同的签订应当慎之又慎。

在试用合同中，双方应当明确试用时间期限、试用期间的待遇以及相应的岗位安置等。在正式的劳动合同中，双方则应当正式敲定合同期内的薪资待遇、保险福利、岗位职能、违约处罚等内容。一般正式劳动合同的期限为一年，也可以根据双方的意愿适当延长期限。

3. 新人安置

在新员工正式进入企业之后，人力资源部门要及时为其安排相应合适的职位。一般情况下，新员工的职位与在招聘信息中发布的岗位是对应的，如果必要，也可以根据实际的情况进行调整，但是要遵循用人所长、人适其职的原则，使人与事的多种差异因素得到最佳配合。

二、招聘工作的评估与总结

（一）如何评价公司招聘的效果

评价招聘部门的工作是否成功，可以从以下几个方面来看：

（1）负责招聘的人员是否花时间与公司其他部门的经理一起讨论对应聘人员的要求。合格的招聘人员会花相当多的时间来了解空缺职位的情况，同时，用人部门应该明确提出应聘本部门职位所需要的关键技能和条件。

（2）招聘部门的反应是否迅速，能否在接到用人要求后的短时间内就找到有希望的候选人。真正高效的招聘部门应该了解其他公司中表现出色的人并随时掌握各种候选人的资料。这就需要公司内部的其他职能部门在平时就为招聘人员提供消息和便利，而负责招聘的人员则需要为这些潜在的候选人建立档案甚至可以给他们打电话以了解其兴趣所在。

（3）部门经理能否及时安排面试，如果不能，就会错过真正优秀的人才。总是推迟面试，实际上是在传递两个信息：一个是应聘者觉得自己并不是那么重要；另一个是使公司的招聘人员觉得自己的工作没有受

到重视。

（4）公司是否在物质资金方面给招聘部门支持并给予足够的授权。优秀的候选人大部分都以职业为重，但也非常关心自己能否得到特殊的对待，自己的工资待遇等条件能否得到满足。如果招聘部门有足够的权力和候选人进行这方面的洽谈，而且公司也能够从人力资源方面给招聘人员以支持并为候选人提供最好的条件，那么公司就能够在人才竞争中获得优势。

（二）招聘成本评估

招聘成本评估是指对招聘过程中的费用进行调查、核实，并对照预算进行评价的过程。

招聘工作结束后，要对招聘工作进行核算。招聘核算是对招聘的经费使用情况进行度量、审计、计算、记录等的总称。通过核算，可以了解招聘中经费的精确使用情况，是否符合预算以及主要差异出现在哪个环节上。

（三）录用人员评估

录用人员评估是指根据招聘计划对录用人员的质量和数量进行评价的过程。判断招聘人员数量的一个明显的方法就是看职位空缺是否得到满足，雇佣率是否真正符合招聘计划的设计。衡量招聘质量是按照企业的长短期经营指标来分别确定的。在短期计划中，企业可根据求职人员的数量和实际雇用人数的比例来认定招聘质量；在长期计划中，企业可以根据接收雇用的求职者的转换率来判断招聘的质量。

录用人员的数量可用以下几个数据来表示：

（1）录用比：录用比=录用人数/应聘人数×100%。

（2）招聘完成比：招聘完成比=录用人数/计划招聘人数×100%。

（3）应聘比：应聘比=应聘人数/计划招聘人数×100%。

如果录用比例小，相对来说录用者的素质就较高，反之则录用者的素质就较低；如果招聘完成比等于或大于100%，则说明在数量上全面或超额完成招聘计划；如果应聘比较大，说明发布招聘信息的效果较好，同时说明录用人员可能素质较好。除了运用录用比和应聘比两个数据来反映录用人员的质量，也可以根据招聘的要求或工作分析中得出的结论对录用人员进行登记排列来确定其质量。

【本章小结】

招聘和录用是组织人力资源管理工作中一项重要的基础性工作，是组织人力资源形成的关键，是人力资源进入企业或具体职位的重要入口。它的有效实施不仅是人力资源管理系统正常运转的前提，也是整个企业正常运转的重要保证。

招聘，是指在企业总体发展战略规划的指导下，用人单位制订相应的职位空缺计划，并寻找合格员工的可能来源，吸引他们到本组织应征以填补这些职位空缺，并加以录用的过程。招聘可以分为“招募”和“甄选”两个阶段。招募的目的是扩大宣传，吸引更多的合格人才前来应聘；甄选的目的是选择各种合适的方法来选拔人才。

在所有的行业中，无论拟招聘的人员数量是多还是少，也无论招聘工作是由组织内部的人力资源部门完成，还是外包给专业机构完成，只有奉行一定的原则，才能确保整个招聘工作的有效性。

组织的人员招募与甄选工作是一个复杂、完整而又连续的程序化过程。外部求职者希望把自己配置到组织内部，内部员工希望在这一过程中流动到更合适的岗位上，组织则是在寻找合适的任职者，这个过程的每一部分都是为了保证组织人员录用的质量，为组织选拔出合格、优秀的人才。

一般来说，选拔录用要遵循六个步骤，即首先评价应聘者的工作申请表和简历，然后进行选择测试和面试，接下来审核应聘者材料的真实性，之后就要进行体检，应聘者被录用后还要经过一个试用期的考察，最后才能做出正式录用的决定。作为重点，本章主要介绍了选拔测试和面试两个步骤。

【复习思考题】

1. 什么是招聘？它有什么意义？
2. 招聘应遵循的原则有哪些？
3. 招聘的来源有哪些？各有什么优缺点？
4. 外部招聘的渠道有哪些？分别适用于哪种类型的招聘对象？
5. 怎样提高面试的有效性？

【案例与问题】

丰田的全面招聘体系

丰田公司著名的“看板生产系统”和“全面质量管理”体系名扬天下，但是其行之有效的“全面招聘体系”鲜为人知，正如许多日本公司一样，丰田公司花费大量的人力、物力寻求企业需要的人才，用精挑细选来形容一点也不过分。

一、“全面招聘体系”内容

丰田公司全面招聘体系的目的就是招聘最优秀的有责任感的员工，为此公司做出了极大的努力。丰田公司全面招聘体系大体上可以分成6大阶段，前5个阶段招聘大约要持续5~6天。

第一阶段：丰田公司通常会委托专业的职业招聘机构，进行初步的筛选。应聘人员一般会观看丰田公司的工作环境和工作内容的录像资料，同时了解丰田公司的全面招聘体系，随后填写工作申请表。1个小时的录像可以使应聘人员对丰田公司的具体工作情况有个概括了解，初步感受工作岗位的要求，同时也是应聘人员自我评估和选择的过程，许多应聘人员知难而退。专业招聘机构也会根据应聘人员的工作申请表和具体的能力和经验做初步筛选。

第二阶段：评估员工的技术知识和工作潜能。通常会要求员工进行基本能力和职业态度心理测试，评估员工解决问题的能力、学习能力和潜能以及职业兴趣爱好。如果是技术岗位工作的应聘人员，更加需要进行6个小时的现场实际机器和工具操作测试。通过1~2阶段的应聘者的有关资料转入丰田公司。

第三阶段：丰田公司接手有关的招聘工作。本阶段主要是评价员工的人际关系能力和决策能力。应聘人员在公司的评估中心参加一个4小时的小组讨论，讨论的过程由丰田公司的招聘专家即时观察评估，比较典型的小组讨论可能是应聘人员组成一个小组，讨论未来几年汽车的主要特征是什么。实地问题的解决可以考察应聘者的洞察力、灵活性和创造力。同样在第三阶段应聘者需要参加5个小时的实际汽车生产线的模拟操作。在模拟过程中，应聘人员需要组成项目小组，负担起计划和管理的职能，比如，如何生产一种零配件，人员分工、材料采购、资金运用、计划管理、生产过程等一系列生产考虑因素的有效运用。

第四阶段：应聘人员需要参加一个1小时的集体面试，分别向丰田的招聘专家谈论自己取得的成就，这样可以使丰田的招聘专家更加全面地了解应聘人员的兴趣和爱好，他们以什么为荣，什么样的事业才能使应聘员工兴奋，更好地做出工作岗位安排和职业生涯计划。在此阶段也可以进一步了解员工的小组互动能力。

第五阶段：通过以上四个阶段，员工基本上被丰田公司录用，但是员工需要参加一个25小时的全面身体检查。了解员工的身体一般状况和特别的情况，如酗酒、药物滥用的问题。

第六阶段：新员工需要接受6个月的工作表现和发展潜能评估，新员工会接受监控、观察、督导等方面严密的关注和培训。

问题：

1. 为什么说丰田公司的招聘体系是一个全面的招聘体系，具体表现在哪里？

2. 丰田公司是如何把招聘工作与未来员工的工作表现紧密结合的？

【技能提升一】构思广告的技巧

招聘广告设计的原则可以概括为所谓的“注意—兴趣—愿望—行动”四原则，即AIDA（Attention-Interest-Desire-Action）原则。

一、必须能够引起受众的注意

在一份报纸上，你可能会看到很多招聘广告，那么哪些广告引起了你的注意呢？一定是那些新颖、独特的广告，比如，在众多的小字体的豆腐块中有一个字体较大、篇幅较长的广告，或者是使用了吸引人的标题广告，或者使用了与众不同的色彩广告。因此，要想使别人注意到你的广告，就必须要特别关注这些问题。

二、要能够引起受众对广告的兴趣

平铺直叙的、枯燥的广告可能很难引起人们的兴趣，而撰写的生动、煽情、能够引起人们共鸣的语言加上巧妙、新颖的方式则很容易令人感兴趣。

三、要能够激起求职者申请工作的愿望

求职者申请工作的愿望是与他们的需求紧密联系在一起的。通过强调公司或职位中吸引人的因素，例如成就感、培训与发展的机会等，激发求

职者对工作的愿望。由于在发布招聘广告之前，已经对公司或职位要吸引的对象是哪些人做了调查，因此，在激发求职者申请工作的愿望时就要特别注意所要吸引的对象群体的特点。

四、广告要具有让人在看了广告之后立刻采取行动的特点

在招聘广告中，应该包含让求职者马上申请职位或与公司联系的内容。例如，“如果您具备上述任职资格，并且愿意接受挑战性的工作任务，那么请将简历寄往如下地址：……”，这样的语言都可以使对公司感兴趣的职位候选人在看了广告之后采取行动。

招聘广告实例

上海英才管理咨询公司招聘启事

本公司系沪港合资企业，主要从事企业各项咨询业务。因发展需要，经上海市人事局同意，向社会公开招聘下列人员：

市场调研部经理1名：男，40岁以下，本科学历以上，具有两年以上相关工作经验者优先，英语熟练。

财务咨询部经理1名：男女不限，45岁以下，本科学历以上，具有三年以上工作经验或有高级职称者优先，英语熟练。

办公室主任1名：男女不限，40岁以下，大专及以上学历，具有两年以上行政工作经验者优先，英语熟练。

凡是具有本市常住户口的在职职工和待业人员，符合上述条件者均可应聘，请于十天内将本人履历、通信地址、学历证书及相关证明、一寸近照2张，函寄本公司人力资源开发管理部。一经录用，实行劳动合同制，享受中外合资企业待遇。如未被录用，资料恕不退还。测试时间另行通知，谢绝来访。

邮政编码：××××××

上海英才管理咨询公司

【技能提升二】求职申请表和简历的筛选

一、求职申请表的筛选

求职申请表也是企业考查应聘者的重要途径之一。求职申请表大多由企业印发，因此所列的项目分类是明确的，比简历的筛选略微简便。一般地，对一份求职申请表进行必要的评估，需要明确以下两点：

1. 根据劳动力市场进行评估

劳动力市场的状况是影响对求职申请表进行评估的一个重要因素。现如今的劳动力市场处于买方市场的状态，因此可以将求职申请表的评审标准略微抬高，对不符合要求的一律舍弃。相反，如果是卖方市场，标准过高就会使企业的人力资源出现匮乏。

2. 为求职申请表定制标准

事实上，企业在设计求职申请表之初就已经初步形成了两条不同的评估标准：第一条是普通信息标准；第二条是特殊信息标准。

所谓的普通信息标准就是对所有应聘者能力的最低标准。通过这一标准，企业给不同条件的应聘者不同的分数。特殊信息标准即是在符合第一条标准的基础上，应聘者是否有特殊优势或某方面的特殊技能。通常第一类的分数差别都不大，由第二条标准来决定谁才是最合适的人选。

二、简历的筛选

目前的简历制作五花八门，大多数都是打印或者复印件，内容上千篇一律。在实际情况中，并没有严格的标准来对这些简历进行评定，而只有一些简单的步骤。

1. 检查简历的基本信息

（1）对硬性指标如年龄、工作年限、学历、专业、相关职业背景、期望待遇水平、选择工作地域等信息进行快速筛选淘汰，同时根据不同的岗位进行分类。

（2）将筛选出的资料传送到相关的用人部门，由用人部门对候选者的具体岗位经历、工作内容、业绩进行筛选，确定可面试者，将名单交人力资源部跟进。

（3）由人力资源部向面试者发出邀约，进行笔试、面试和复试。

2. 辨别简历的可靠性

简历的真实与否能够反映出应聘者的诚信度，一个说谎的应聘者是永远不会成为好员工的。在进行辨别的时候首先要查看应聘者的年龄与其学历或者工作经历等是否相符，有无自相矛盾的地方；其次，要看简历中对自己工作经历的描述是否清晰，语言表达不清的简历往往含有虚假成分。

3. 透过简历判断应聘者

透过简历对应聘者进行分析可以重点从其工作方面进行，主要看应聘者的跳槽动机、跳槽频率、工作时间长短等，判断标准如下：书写是否规范，简历信息是否完整，更换工作的频率度，工作经历的连续性，离职原因，待遇要求。

【技能提升三】有效面试必不可少的重要工作

一、面试前的准备工作

1. 回顾职位说明书

面试者在进行面试之前必须对职位说明信息了如指掌。在回顾职位说明书的时候，要侧重了解职位的主要职责，对任职者在知识、能力、经验、个性特点、职业兴趣取向等方面的要求，工作中的汇报关系、环境因素、晋升和发展机会、薪酬福利等。

2. 阅读应聘材料和简历

目的是熟悉被面试者的背景、经验和资格并将其与职位要求和工作职责相对照，对被面试者的胜任程度做出初步判断；发现在被面试者的应聘材料和简历中的问题，供面试时讨论。

3. 电话筛选应聘者

电话访谈主要解决两个问题：一是确认应聘者的应聘材料和简历中的信息，初步了解应聘者的职业兴趣是否与应聘的职位相符；二是确定与应聘者正式面试的时间和地点。

4. 准备面试的时间和场地

面试双方必须事先约定好时间，约定的时间应该是双方都可以将此时间全身心地投入到面试中的时间。因此，面试者应该特别注意计划好自己的时间，为面试留下充足的时间，避免面试的时间与其他重要工作的时间发生冲突。

在面试环境方面，要注意面试中面试者与被面试者位置的安排，要适合面试的类型。比如，压力面试的环境要给被面试者适当造成压迫感，而非压力面试的环境则要适当宽松。

5. 准备一些基本的问题

首先，可以回顾职位说明书，对职位的职责和任职资格有所了解，准备一些用来判断被面试者是否具备职位所要求的能力的问题。另外，可以根据被面试者的简历和应聘资料中你感兴趣的部分，准备一些有关被面试者过去经历的问题。

二、面试提问的技巧

面试是在问和答的双向互动过程中探测被试者的主要素质特征的，因此，其有效性相当程度上是建立在面试官有效提问基础之上的，如何问准、问实是每个面试官都必须掌握的技巧。

1. 提一些普通的、开放式的但不暗示特定答案的问题

"能否告诉我，在原来的职位上你是如何获得晋升的？"提出这样的问题，你将会从应聘者那里了解到他认为什么是重要的，这比你问对方"你对自己的工作喜欢吗？"这样的问法更有效果。另一个有用的提开放式问题的技巧是顺着答案提出问题，如"当时发生了什么事？"或者是"接下来你做了什么？"

2. 提短问题

你在一个问题中使用的字越多，越有可能影响答案。如果应聘者说："我认为我工作过的团队都是优秀的"，你可能会问"是什么因素使你工作过的团队优秀"；更好的提问应是"怎样理解？"或"为何如此？"

3. 仔细倾听对方的回答，然后决定下一个问题

好的主试者大约要把80%的时间用于倾听。一些没有经验的主试者急于提出下一个问题，以致他们漏听了应聘者的回答。应聚精会神地倾听每句回答，应聘者的回答往往决定了下一个问题，而且可由此从应聘者那里得到更多的信息。

4. 探究应聘者的专门技能范围

问应聘者有关他们专业技能的基础的和基本的问题。主试者应避免在应聘人面前表现出自己等同于或高于对方的相关知识水平。最好的回答是自由发挥的回答和正常情况下的回答。

5. 鼓励价值判断

问应聘者如何看待准时、从事工作、对一项任务的个人责任或与原先同事的关系等问题，这些都是有助于提供洞察个人价值观的信息。评价应聘者时，这些信息比面试人的假设更有价值。

6. 探究"选择点"

"选择点"是指要求应聘者回答为什么选择这样的行为，而不是那样的行为的原因。倾听对方做这个选择的原因，这么做有助于洞察应聘者的个人价值。

7. 有效使用沉默

当面试期间出现沉默时，有些面试人会感觉不舒服，觉得有必要讲话。此时，静静地等待沉默结束，同时用期待的目光看着应聘者的主试者，能够比那些不这样做的主试者了解更多的信息。因为它能让应聘者感觉应提供更多的信息，结果确实提供了比期望更多的相关信息。

8. 做出反应性评价

针对应聘者的不同情况做出反应性评价是一项有益的技巧。它表现出你正在倾听，并愿意鼓励他或她详尽回答。这样做要自然，以显示关心或兴趣。

三、面试时追问的技巧

如果应聘者回答问题不完全、不正确时，主试者还要进行追问。下面介绍一下如何分析对方答复的不完全程度及其原因所在，并采取什么样的追问方式。

（1）探询式追问及其条件

探询式追问的问法有“为什么”“怎么办”“请再往下说”“真是这样吗”“你为什么这样想”或一些口语化的表情、手势。

有时对方在回答问题时，只绕着谈话主题兜圈子，提供的资料也没有价值；有时对方答非所问。此时，先要分析一下原因，是由于误解了问题，不了解问题，没听懂问题还是不想回答。然后再用探询式追问，要求对方作进一步的说明。

（2）反射式追问及其条件

反射式追问就是把对方所说的话再重复一遍，以此来考验对方的反应及其真实意图。

当对方回答问题不完全或值得怀疑时，就要用反射式追问，鼓励应聘者对其不完整的答复加以说明或引申，以确认对方全面而真实的想法。

四、设计面试评分表

面试评分表是面试考官手中的重要工具，是面试标准化、结构化的重要手段，它集中体现面试测评标准。面谈中，考官一边提问，一边倾听回答，观察考生表现，同时将考生的表现与评分表上的测评标准相对照，在评分表上记录要点，给考生打分。评分表如同笔试的考生试卷，是面试中的重要文件，具有法律效用，应存档备查。所以，在面试之前必须设计和准备好面试评分表。表4–3和4–4是企业实际使用的面试评价记录表。

表4-3 招聘面试评价记录表一

<table>
<tr><td>姓名</td><td></td><td>性别</td><td></td><td>学历</td><td></td><td>专业</td><td></td></tr>
<tr><td>应聘职位</td><td></td><td colspan="2">毕业院校</td><td colspan="2"></td><td>联系电话</td><td></td></tr>
<tr><td>联系地址</td><td colspan="5"></td><td>邮编</td><td></td></tr>
<tr><td colspan="2">评价项目</td><td>评价标准</td><td colspan="5">5分一般 6~8分良好 9~10分优秀</td></tr>
<tr><td colspan="8">礼貌□ 精神□ 态度□ 整洁□ 衣着□ 身高□
健康状况□ 语言表达能力□ 领悟能力□ 反应能力□</td></tr>
<tr><td colspan="3" rowspan="2">对应聘岗位及有关事项的了解程度（10）分</td><td>充分了解</td><td>很了解</td><td>尚了解</td><td>部分了解</td><td>极少了解</td></tr>
<tr><td></td><td></td><td></td><td></td><td></td></tr>
<tr><td colspan="3" rowspan="2">所具经历与公司的配合程度（10）分</td><td>极配合</td><td>配合</td><td>尚配合</td><td>未尽配合</td><td>未能配合</td></tr>
<tr><td></td><td></td><td></td><td></td><td></td></tr>
<tr><td colspan="3" rowspan="2">前来本公司工作的意志（10）分</td><td>极坚定</td><td>坚定</td><td>普通</td><td>犹疑</td><td>极低</td></tr>
<tr><td></td><td></td><td></td><td></td><td></td></tr>
<tr><td colspan="3" rowspan="2">社会交际能力（10）分</td><td>极强</td><td>优秀</td><td>普通</td><td>稍差</td><td>极差</td></tr>
<tr><td></td><td></td><td></td><td></td><td></td></tr>
<tr><td colspan="3" rowspan="2">外语能力（10）分</td><td>极佳</td><td>佳</td><td>一般</td><td>稍差</td><td>极差</td></tr>
<tr><td></td><td></td><td></td><td></td><td></td></tr>
<tr><td rowspan="4">总 评</td><td colspan="2">拟议试用□</td><td colspan="2" rowspan="2">面试官签名</td><td colspan="3" rowspan="2"></td></tr>
<tr><td colspan="2">列入考虑□</td></tr>
<tr><td colspan="2">拟再复试□</td><td colspan="2" rowspan="2">面试日期</td><td colspan="3" rowspan="2"></td></tr>
<tr><td colspan="2">不予考虑□</td></tr>
</table>

表4-4 招聘面试评价记录表二

<table>
<tr><td>姓名</td><td></td><td>应聘部门</td><td></td><td>应聘岗位</td><td></td></tr>
<tr><td colspan="6">初试评价记录</td></tr>
<tr><td>评价项目</td><td colspan="4">评价记录</td><td>说明</td></tr>
<tr><td>教育背景</td><td>佳</td><td>较好</td><td>一般</td><td>较差</td><td></td></tr>
<tr><td>专业相关性</td><td>对</td><td>较对</td><td>相关</td><td>无关</td><td></td></tr>
<tr><td>业务能力</td><td>很强</td><td>较强</td><td>一般</td><td>较差</td><td></td></tr>
<tr><td>工作经历</td><td>吻合</td><td>较吻合</td><td>相关</td><td>无关</td><td></td></tr>
<tr><td>学习能力</td><td>很强</td><td>较强</td><td>一般</td><td>较差</td><td></td></tr>
<tr><td>形象谈吐</td><td>佳</td><td>较好</td><td>一般</td><td>较差</td><td></td></tr>
<tr><td>英语水平</td><td>六级+</td><td>六级</td><td>四级</td><td>四级-</td><td></td></tr>
</table>

续表

理解能力	很强	较强	一般	较差	
反应能力	敏锐	灵活	正常	迟钝	
承受能力	很强	较强	一般	较差	
领导潜力	很强	较强	一般	较差	
合作性	很强	较强	一般	较差	
价值观	吻合	较吻合	认同	抵触	
总体评价					
建议复试考察内容	面试官签名：				
初试结论	□可以试用 □可以复试 □可以考虑 □不予考虑				
复试评价记录					
评价意见	面试官签名：				
复试结论	□建议录用，岗位：________ □可以试用 □不予考虑				

【技能提升四】做好背景调查工作

做好背景调查的第一步是将需要核实的与工作相关的信息列成一张表。只核实与工作相关的内容主要有两个目的：一是使招聘者不至于陷入麻烦，因为只有与工作相关的资料才是做雇佣决定的合法依据；二是使向招聘者提供证明的人更放心，从而更愿意帮助他。

背景调查可以达到两个目的：核实申请表或个人简历上的以及面试时得到的信息，搜集到应聘者可能不愿意告诉招聘者的其他信息（如表4-5所示）。

表4-5 建议核实的背景条目

典型的	较棘手的
文凭、普通高等教育的文凭或其他学位 执照、证明或其他证书 永久聘用或聘用时间 所任职务 基本职责 主管的姓名与职务 离职后的补偿	离职的原因 是否有资格再次被录用 工作表现的描述（与其他工作人员相比） 可靠或尽责的程度 举个例子说明其出色的表现 强项及其发展要求 阅读部分简历或申请表请证明人证实其准确性 为雇用他我会保留哪些条件

第五章

培训与开发

【学习目的和要求】

培训与开发是人力资源管理的重要内容。通过本章的学习，使学生了解培训与开发的含义、目标及其流程，掌握培训需求分析的内容和方法，理解培训计划的内涵，掌握培训与开发的方法，掌握员工培训方案的设计与实施的主要内容，掌握培训效果评估的主要方法。

【开篇案例】

米拉日湖度假村的培训与开发

美国米拉日湖度假村拥有三家娱乐公司（米拉日湖公司、金块公司和宝岛公司），每年都会吸引3000万左右的游客。在过去的几年中，投资者获得的回报率每年都高达22%，公司被称为美国最令人羡慕的企业之一。

除了招聘最好的雇员，让他们从事感兴趣的工作并为其营造良好的工作环境之外，米拉日湖度假村将雇员培训放在公司的首要位置。为开发自己的人力资源（包括培训），公司研究了200多家其他企业的人力资源管理工作，包括酒店、赌场和生产型企业，以探索哪些行为有效、哪些行为无效，从而拟定了一个培训基准。研究的结果使公司认识到了培训的重要性，为此每年用于培训上的支出大约800万美元。米拉日湖度假村之所以投资于培训，不仅是要提高雇员的专业技能，而且要为他们在米拉日湖内的职业发展做好准备。举例来说，通过培训使雇员掌握事业成功所必需的关键技术和战略，以此来取悦客户。公司还投资于旨在提高雇员非工作时间里的生活质量的培训。

随着人力资源管理日益成为管理学的核心，人们对培训与开发的观点也发生了很大的改变，认为这是帮助企业创造价值和提高竞争力的有力手段，米拉日湖度假村利用培训获得了比竞争对手更好的经营业绩。培训正在成为企业适应不断变化和日趋复杂的环境过程中日益重要的核心职能。

第一节 培训与开发概述

一、培训与开发的含义

培训与开发是指组织为实现经营目标和员工个人发展目标而有计划地组织员工进行学习和训练以改善员工工作态度、增加员工知识、提高员工技能、激发员工创造潜能，进而保证员工能够按照预期标准或水平完成所承担或将要承担的工作和任务的人力资源管理活动。

培训是企业实施的有计划的、连续的、系统的学习行为或训练过程，以改变或调整受训员工的知识、技能、态度、思维、观念、心理，从而提高员工的思想水平及行为能力，使员工具有适当的能力处理其所担任的工作，准备迎接将来工作中的挑战。

开发指为员工今后发展而开展的正规教育、在职体验、人际互助以及个性和能力的测评等活动。开发是以员工的未来发展为导向，主要学习员工未来发展相关的知识。

二、培训与开发的目标

（一）培养员工的能力

通过培训，员工掌握相关的技术、程序、方法和工具等，是个知其然的过程。通过培训与开发提高员工的能力。能力分为基本能力和处理实际问题的能力。基本能力是员工从事岗位工作所需要的知识和技能；处理实际问题的能力包括心理素质、理解能力、判断能力、创造能力、组织能力和协调能力等。

（二）迎合员工的需要

从员工本人的期望来看，企业员工特别是年轻人，都希望从事具有挑战性的工作，希望自己在工作中有成长的机会。这就给企业的管理者提出了一个严峻的问题：如何才能不断地给员工分配具有挑战性的工作？如何才能给员工提供发展的机会？培训与开发的就是使员工不但要熟练地掌握现有工作岗位上所需要的知识和技能，而且还要使他们了解和掌握本企业或本行业的最新科学技术动态，以增强他们在实践中的工作能力。事实证明，对企业员工“高工资”不是吸引或留住他们的唯一的标准，而有吸引力的培训则变得越来越重要了。

（三）适应竞争的需要

从市场竞争的角度看，市场竞争的本质仍然是人才。只有掌握最新科学技术的人，才能不断地研制出市场需要的新产品，才能生产出高质量的符合顾客需要的产品。企业进行培训的目的就是要培养一大批始终站在科学技术前沿的高级人才，并通过培训使广大的员工能适应工作内容变化的需要。正是由于管理的基本作用是管理人和使人掌握现代的科学技术，又由于环境的复杂多变，因而必须重视对企业管理人员的培训和提高。

（四）灌输企业文化

企业文化是企业所拥有的共同的价值观和经营理念。企业文化在增强组织的凝聚力、指引员工自觉行动、协调团队合作以及提升企业形象方面有着非常重要的作用。如何让员工适应并融入企业文化、自觉地遵守企业文化，是企业培训中的一个重要内容。

（五）提高企业效益

培训与开发是为了不断地提高企业的效益。对员工培训与开发的任务是要使员工掌握与工作有关的实际知识和技能，并使他们能适应和担负起随着工作内容变化的新工作。只有保持一支技能水准合格，价值观与行为标准都与企业要求一致的素质良好的员工队伍，才能提高他们在工作岗位上的工作效率；只有不断地对员工进行培训，才能保证企业拥有一批掌握本领域内最新科学技术并在实践中不断有所创造、有所发明的科学技术队伍和管理人员队伍。许多成功的国内外企业的实践充分证明，他们取得成功的最重要的秘诀之一是极为重视对本企业员工的不断的培训。反之，失败的企业也往往是它们忽视对员工的培训所致。

综上所述，员工培训与开发已经组建成为企业求生存、求发展的必要途径。培训的目的是改善生产力，因此也是工作的一部分。如果要员工无后顾之忧、精神饱满地进入培训教室，就应尽量尊重员工的私生活，遵循休闲生活的原则来进行培训。另外，企业也不能毫无计划、一窝蜂地赶办培训，因为每个企业所面临的外在挑战不同，而内部人员素质也不尽相同。因此，在举办培训与开发课程时，务必顾及企业与员工的需求，事前通过需求分析，拟订培训计划，这样才能真正达到培训的目的。

三、培训与开发的流程

人员培训与开发如此重要，而培训活动的成本无论从时间、精力上来说都是不低的，因此精心组织培训过程就显得十分重要。把培训活动看成是一个系统来组织，即如图5-1所示的员工培训系统模型。

如图5-1所示，培训流程按发生时间顺序可以大致分为培训需求分析、制订培训计划、设计培训内容、实施培训、培训效果评估与反馈五个过程。

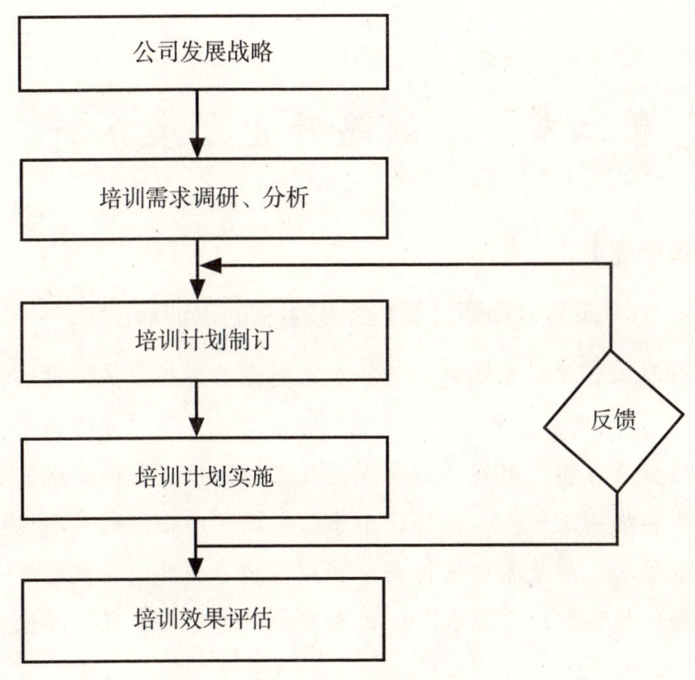

图5-1 员工培训流程图

员工培训都要在公司发展战略指导下，企业管理人员根据企业理想需求与现实需求、预测需求与现实需求的差距，提出培训的需求动机，并报告给企业的培训组织管理部门。需求动机的提出是需求确认的第一步，也是整个培训过程的前提。经过需求分析，能够验证这种需求的意向是否合理并被采纳。

培训需求分析就是在进行培训活动之前，由培训部门及相关人员对组织的任务及成员的知识、技能等进行鉴别与分析，以确定是否需要培训的过程。培训需求分析是确定培训目标，也是实施培训方案的前提。培训需求分析包括组织分析、任务分析和个人分析等内容。详细内容见第二节。企业根据培训需求调研分析从而制订培训计划，企业可以自己设计、制订培训计划，也可以请外部的专门机构帮助企业进行。因此，要做出培训计划必须要对企业有一定的了解。一般来说，企业在制订培训计划时，会同时考虑外部资源和内部资源。企业计划制订后需要各其他部门的支持并实施培训计划，然后企业根据培训效果进行评估并反馈评估结果。

问题：

简要说明培训与开发的含义与目标。

第二节　培训与开发需求分析

【个案研究】

波音公司新计算机系统引发的培训需求

波音公司新计算机系统的安装，要求对雇员进行广泛的再培训，这会对零部件部门的70%名雇员产生影响，而这种影响不仅仅是在使用这个新计算机系统的技术方面。对雇员们来说，更可怕的也许是他们得花更多的时间在计算机终端的工作上。此外，由于每个雇员会相信别人准确输入计算机的信息，那么人际关系会变得更加互相依赖。雇员们必须理解，突然间拥有了许多依赖他们的“顾客”，而事实上，这些顾客只是其他零部件部门的雇员。

培训协调人在实施培训计划时体会到，仅提供技术培训不能保证新系统的成功运行。这个新系统的用户需要掌握和处理当系统投入运行时他们将经历变化的手段。这个培训小组想通过培训，将系统运行可能引起的压力和混乱降到最低点。更准确地说，它想做到使每个使用新系统的雇员成为“以顾客为中心”的雇员，向本零部件部门中同事或顾客提供所需要的信息。

在确定培训计划的性质时，波音公司面临着多种选择。由于已有一个完整的公司内部培训部，因此一方面是让公司的内部培训部来实施培训；但另一方面，要在很短的时间内对700名雇员进行培训，这可能需要一个适应这个培训计划运作要求的咨询、培训和开发公司的服务。培训部还必须考虑所要采用的各种培训方式，如研讨班、录像教学、讲座以及书籍等。波音公司考虑请一个总部设在旧金山的咨询公司来做，该公司在迅速设计大规模培训计划方面享有盛名，它的培训开发方式主要是利用书面资料和录像资料组织研修、参与式练习、范例和讲座实施研修。

（资料来源：http：//www.chinahrd.net中国人力资源开发网）

一、培训需求分析的含义

在企业中培训需求是培训过程的开始，也是培训过程的重要环节。所谓需求，就是一个组织预期应该发生的事情和实际发生的事情之间的差距，这个差距我们称为“状态缺口”，这就形成了培训需求。

培训需求分析，就是判断是否需要培训及培训内容的一种活动过程。培训需求分析对企业的培训工作至关重要，它是真正有效地实施培训的前提条件，是培训工作实现准确、及时和有效的重要保证。培训需求分析具有很强的指导性，它既是确定培训目标、设计培训计划的前提，也是进行培训评估的基础。

二、培训需求分析的内容

培训需求是由各个方面的原因引起的，确定进行培训需求分析并搜集到相关的资料后，就要从不同层次、不同对象、不同阶段对培训需求进行分析。

（一）培训需求的层次分析

从企业组织层次的角度来看，培训需求从组织、任务、人员三个层次进行分析。

1. 组织分析

培训需求的组织分析主要是通过对组织的目标、资源、特质、环境等因素的分析，准确地找出组织存在的问题与问题产生的根源，已确定培训是否是解决这类问题的最有效方法。培训需求的组织分析涉及能够影响

培训规划的组织的各个组成部分，包括对组织目标的检查，组织资源的评估、组织特制的分析以及环境的影响等方面。组织分析的目的是在搜集与分析组织绩效和组织特制的基础上，确认绩效问题及其病因，寻找可能解决的办法，为培训部门提供参考。

2. 任务分析

又称为工作岗位分析，主要是确定各个岗位的员工达到理想的工作业绩所必须掌握的技能和能力。对工作岗位进行分析的最终结果是对有关工作活动的详细描述，包括对员工执行的任务的描述和完成任务所需要的知识、技术和能力的描述。人物分析，主要是研究怎样具体完成各自所承担的职责和任务，即研究具体的任职人的工作行为与期望的行为标准，找出其间的差距，从而确定其需要接受的培训。任务分析（工作岗位分析）的结果是设计和编写相关课程的重要资料来源。

3. 员工分析

又称为个人层次的分析，是指对员工的实际工作情况进行分析，人员分析的信息来源包括员工业绩考核的记录、员工技能测试成绩，工作人员个体现有状况与应有状况之间的差距以及员工个人填写的培训需求调查问卷等资料。为将来评价培训结果和评估未来培训的需要，对培训需求的分析应该形成一种制度，以便定期进行考核。

（二）培训需求的对象分析

一般情况下，企业新招募的员工和老员工的培训需求是不一样的。因此，培训通常包括新员工和在职员工的培训，所以，培训需求的对象分析包括新员工培训需求分析和在职员工培训需求分析。

新员工培训需求主要产生于新员工对企业文化、企业制度等不了解而不能快速融入企业，或者是对企业的工作岗位等的不熟悉而不能很好地胜任新工作。由于新员工的培训需求分析，特别是对于基础性工作的新员工的培训需求，通常使用任务分析法来决定其在工作中需要掌握的各种技能。

在职员工培训需求主要是由于新技术在生产过程中的应用等，使得在职员工的技能不能满足工作需要等而产生的，通常采用绩效分析法决定在职员工的培训需求。绩效分析方法的核心在于区分不能做和不愿意做的问题。首先，确定是否是不能做，如果是不能做，就要了解具体原因；员工不知道要做什么或不知道标准是什么；系统中的障碍，如缺少工具或原料；工作的辅助设备问题；人员选拔失误导致员工不具备工作所需技能；培训不够等。其次，确定是否是不愿意做，如果是不愿意做，就要进行改变员工工作态度或公司激励制度的培训。

另外，不同层次的人在企业经营活动中扮演不同的角色，在培训需求分析中重点就不一样，如表5-1所示。高层管理者更倾向于从公司发展前景来关注培训与其他人力资源管理活动；中层管理者则更关心影响本部门财务目标的那些因素；培训者更关注绩效差距产生的原因，确定培训对象和培训内容，选择培训方法，做好一切准备活动，并要争取上层管理人员的支持。

表5-1 培训需求分析中的对象分析

	高层管理者	中层管理者	培训者
组织分析	培训对实现我们的经营目标重要吗？ 培训将会怎样支持企业战略目标的实现？	要花多少钱搞培训？	经理们会支持培训吗？ 我有资金来源购买培训产品和服务吗？
任务分析	公司拥有具备一定知识、技能或能力，可参与市场竞争的雇员吗？	在哪些工作领域内培训可大幅度地改善产品质量或顾客服务水平？	哪些任务需要培训？ 该任务需要具备哪些知识、技能或者其他特点？
员工分析	哪些职能部门和经营部门需要培训？	哪些人需要接受培训？（经理人？专业人员？一线员工？）	我怎样确定需要培训的雇员？

（三）培训需求的阶段分析

根据培训针对的是目前存在的问题还是为满足将来的需要，可以将培训需求分为目前培训需求分析和未来培训需求分析。目前培训需求分析是针对企业目前存在的问题和不足而提出的培训要求，主要是分析企业现阶段的生产经营目标、生产经营目标实现状况、未能实现的生产任务、企业运行中存在的问题等方面，找出这些问题产生的原因，并确认培训是解决问题的有效途径。未来培训需求分析主要是为满足企业未来发展过程中的需要而提出的培训要求，主要采用前瞻性培训需求分析方法，预测企业未来工作变化、职工调动情况、新工作职位对员工的要求以及员工已具备的知识水平和尚欠缺的部分等。

三、培训需求分析的方法

（一）组织整体分析法

组织整体分析法是从组织的整体现实出发，以战略目标为依据确定组织培训需求的方法。组织整体分析法一般从分析反映组织经营状况的指标开始，如经营环境、利润率、投资回报率、销售利润率、员工流动率、客户满意率、权益报酬率等。通过分析这些指标，找出组织在技术、生产、经营、管理和公众关系等方面的差距，从而确定各种培训需求。组织整体分析法具有操作方便，容易得出具有普遍意义的培训需求的优点，从而引起高层管理人员的重视。但是，这种方法必须以得到充分的数据为基础，并理解掌握它们，然而得到这些详细真实的数据是比较困难的。

（二）任务分析法

任务分析法也称工作分析法或工作盘点法，是依据工作描述和工作说明书，确定员工达到要求所必须掌握的知识、技能和态度。通过系统地收集反映工作特性的数据，对照员工现有的能力水平，确定培训应达到什么样的目标。在工作说明书中一般都会明确规定：①每个岗位的具体工作任务或工作职责；②对上岗人员的知识、技能要求或资格条件；③完成工作

职责的衡量标准。除了使用工作说明书和工作规范外，还可以使用工作任务分析记录表，它记录了工作中的任务以及所需要的技能。工作任务分析表通常包括工作的主要任务和子任务，各项工作的执行频率，绩效标准，执行工作任务的环境，所需的技能和知识以及学习技能的场所。显然，依据上述几方面的信息，对比员工个人的实际状况，即可以找到培训需求了。

（三）员工个人培训需求分析法

员工个人培训需求分析法是员工对自己进行分析，对今后发展要求，并不断寻求进步的一种培训需求分析法，主要是员工根据工作感受和自己的职业发展规划，对自身的知识和能力结构进行主观评估，进而确定培训需求。这种方法具有深层性、针对性强和有效调动员工参与培训兴趣的优点。但由于员工很难客观地对自己进行评估分析，往往会产生不切合实际的培训需求。

（四）问卷调查法

问卷调查法是通过员工填写“培训需求调查问卷”，并对问卷信息进行整理、汇总、分析，从而确定培训需求的方法，这也是组织经常使用的一种方法。这种方法的优点是调查面广，资料来源广泛，收集的信息多，相对省时省力。缺点是调查结果间接取得，如对结果有疑问，无法当面澄清或证实，调查对象很容易受问题误导，获得的深层信息不够等。但在公共关系专家或统计专家的指导下，可以大大减轻这些缺陷的程度。

（五）绩效分析法

绩效分析法是通过考察员工目前的绩效与组织目标的理想绩效之间存在的差距，然后分析存在绩效差距的原因：是不能做还是不想做，还要进一步分析知识、能力和行为改善方面存在的差距的程度，最后确定培训的具体选择。这种分析法主要围绕“缺陷”展开，也称缺陷分析。通常，员工缺陷有两种：一种是“技能”上的缺陷，称之为“不能做”；另一种是“管理”上的缺陷，称之为“不想做”。前一种“缺陷”是指员工工作技能、工作技巧、工作熟练程度和业务知识水平等方面的不足；后一种“缺陷”是指员工工作态度、领导层的任务分派和指导、信息沟通与反馈等方面的不足。

对于缺陷的分析，可归结为组织和员工个人两方面的原因：

（1）技术缺陷。组织方面的原因是工作设计不合理、分配任务不当、工作标准过高、工作条件差。个人方面的原因是未能理解工作任务、缺乏工作所需的知识和技能等。

（2）管理缺陷。组织方面的原因有薪酬系统不合理、激励不当、人际关系紧张和组织氛围差等原因。个人方面的原因有责任心差、职业道德水平较低等。如果是属于个人知识、技能和态度方面的原因，则需要进行培训。

（六）观察分析法

观察分析法是亲自看每一位员工的工作状况，如操作是否熟练，完成每件工作需要多少时间等，通过仔细观察，从中分析出该员工需要培训的内容。该方法虽然简单，但是存在着无法克服的缺陷：如果观察者意识到处于被观察状态，易造成紧张，使其表现失常，使观察结果出现较大的

偏差；在评价别人时，受个人成见的影响，评价人都会犯这样或那样的错误，导致评价结果出现偏差，而且消耗时间长是观察法的突出缺陷。

（七）前瞻性培训需求分析模式

前瞻性培训需求分析模式是以组织未来发展需要为依据确定员工培训需求的方法。随着技术的不断进步和员工在组织中个人成长的需要，即使员工目前的工作绩效是令人满意的，也可能会为工作调动或职位晋升做准备、为适应工作内容要求的变化等原因提出培训的要求，甚至员工个人的职业生涯发展计划也会对培训提出前瞻性的要求。同时，在组织发展过程中，会不断地产生对员工更高的知识和能力等方面的要求。

（八）培训需求的逻辑推理模式

培训需求的逻辑推理模式是根据员工对培训的不同需求，对员工各方面进行推理。这个模式主要分为七个阶段。

阶段一：说明员工目前工作的现状。

阶段二：检查过去的工作情形，从员工的上级、同事那里获得资料，并与员工直接讨论或做测试。

阶段三：培训工作者如果发现工作流程出了错误，则应该设法改善流程；如果是员工未能圆满地完成工作任务，则进入第四阶段。

阶段四：培训专家通过培训来给予员工协助，例如，展示新的工作方法，改变工作观念上的认知偏差。

阶段五：消除员工心理上存在的障碍。

阶段六：考虑员工的健康状况及其他个人问题是否是导致其不良工作表现的原因。

阶段七：通过对员工个人内在心理需要的满足、消除其心理障碍来改善员工的行为和态度。

（九）基于胜任力的培训需求分析法

胜任力是指员工胜任某一工作或任务所需要的个体特征，包括个人知识、技能、态度和价值观等。现在许多公司依据经营战略建立组织层面的胜任力模型，公司员工招聘选拔、培训与开发、绩效考评和薪酬管理服务。基于胜任力的培训需求分析，主要步骤如下：

（1）职位概述。将所需要的绩效水平的胜任力分配到职位中，通过职位要求的绩效水平确定所需的相关胜任力。职位概述为胜任力识别和分配提供了基础。

（2）个人能力概述。依据职位要求的绩效标准来评估职位任职者个体目前的绩效水平。结合有关数据资料，依据个体绩效现状及重要性排序确定培训需求。个人能力概述提供了员工胜任力的记录。职位和个人胜任力得到界定后，确定培训就变得容易了。同样地，组织层面的新的胜任力需要与已知的胜任力结构相呼应，并由此有效地预测组织范围内的未来培训需求。

四、培训计划的制订

目前国内真正有系统培训计划的企业还不足50%，也就是说，仍然有一半以上的企业对培训计划缺乏计划概念，在管理方面计划性还十分欠缺，这对于培训管理来说是非常不利的。培训计划性不仅会间接地影响培训的效果，而且缺乏计划性的培训不仅容易在培训目标上出现诸多偏差，而且还容易导致资源应用不合理、分布不均匀等后果。最为重要的是，只有当培训计划是成长性的培训管理计划时，才能够使培训管理水平不断得到提高，并且不会出现“管理泡沫”的现象。

（一）培训目标的确定

培训目标就是以描述受训者应该能做什么来作为培训后果，也就是扼要确定培训活动的目的和结果。

培训目标主要可分为知识传播、技能培养和态度转变三大类。

（二）培训计划的含义

所谓培训计划，是按照一定的逻辑顺序排列的记录，它是从组织的战略出发，在全面、客观的培训需求分析基础上做出的对培训时间（when）、培训地点（where）、培训者（who）、培训对象（whom）、培训方式（how）和培训内容（what）等的预先系统设定。培训计划必须满足组织及员工两方面的需求，兼顾组织资源条件及员工素质基础，并充分考虑人才培养的超前性及培训结果的不确定性。

培训计划要考虑的问题有：

（1）why：为什么要进行培训？人力资源的开发即要在最大限度上挖掘人的潜力使人在工作中充分发挥其优势。培训是人力资源开发的主要手

段之一。

（2）what：培训内容是什么？

（3）who：培训的负责人是谁？

（4）whom：培训的对象是谁？

（5）when：什么时间进行培训，需要多长时间？

（6）where：培训所在的场所和环境？

（7）how：如何实施培训？实施操作步骤和采用什么方式、技术？

（8）how much：培训的投入和预算是多少？培训的直接成本和间接成本是多少？

（三）培训计划的种类与内容

培训计划按不同的划分标准，有不同的分类。以培训计划的时间跨度为分类标志，可将培训计划分为长期培训计划、中期培训计划和短期培训计划。按计划的层次可分为公司培训计划、部门培训计划与培训管理计划。

一个完整的培训计划应包含培训目的、培训对象、培训课程、培训形式、培训内容、培训讲师、培训时间、培训地点、考评方式、培训预算以及培训出现问题时的调整方式等内容。

问题：

1. 培训需求分析的含义是什么？
2. 如何从组织层面、任务层面、人员层面进行培训需求分析？
3. 培训需求分析的方法有哪些？

第三节　培训与开发的方法

一、讲授培训法

讲授属于传统模式的培训方式，指培训师通过语言表达，系统地向受训者传授知识，期望这些受训者能记住其中的重要观念与特定知识。讲授法运用的具体要求有以下几点：

（1）讲授内容要有科学性，这是保证讲授质量的首要条件。

（2）讲授要有系统性，条理清晰，重点突出。

（3）应尽量配备必要的多媒体设备，以加强培训的效果。

（4）培训师与受训者要相互配合，用问答方式获取员工对讲授内容的反馈。这是取得良好的讲授效果的重要保证。

（5）培训师应具有丰富的知识和经验，讲授时语言要清晰、生动、准确。

二、研讨法

所谓研讨法，是指由指导教师有效地组织研习人员以团体的方式对工作中的课题或问题进行讨论，并得出共同的结论，由此让研习人员在讨论过程中互相交流、启发，以提高研习人员知识和能力的一种教育方法。

集思广益是讨论法的基础，只有收集众人之智慧，并相互激发，才可达到1+1>2的创造性效果。其关键是要畅所欲言，通过自由思考，能产生各种各样的想法，然后把这些想法协调起来解决某一问题。按照费用与操作的复杂程序又可分成一般研讨会与小组讨论两种方式。研讨会多以专题演讲为主，中途或会后允许员工与演讲者进行交流沟通，一般费用较高，而小组讨论法则费用较低。

三、案例研究法

案例研究法为美国哈佛管理学院所推出，目前广泛应用于企业管理人员（特别是中层管理人员）的培训，是指为参加培训的员工提供员工或组织如何处理棘手问题的书面描述，让员工分析和评价案例，提出解决问题的建议和方案的培训方法。目的是训练他们具有良好的决策能力，帮助他们学习如何在紧急状况下处理各类事件。

此方法是针对某一具有典型性的事例进行分析和解答，始终要有个主题，即“你将怎么做？”参加者的答案必须是切实可行的和最好的。培训对象则组成小组来完成对案例的分析，做出判断，提出解决问题的方法。随后，在集体讨论中发表自己小组的看法，同时听取别人的意见。在讨论结束后，公布讨论结果，并由教员再对培训对象进行引导分析，直至达成共识。

四、角色扮演法

角色扮演是指在一个模拟的工作环境中，在未经预先演练且无预定的对话剧本而表演实际遭遇的情况下，指定参加者扮演某种角色，按照其实际工作中应有的权责来担当与其实际工作类似的角色，模拟性地处理工作事务，借助角色的演练来理解角色的内容，从而提高处理各种问题的能力。

此法相当于一种非正式的表演，不用彩排，它通过员工自发地参与各种与人们有关的问题，扮演各种角色，通过这种方式去体验其他人的感情，通过别人的眼睛去看问题，或者体验别人在特定的环境里会有什么样的反应和行为。通过这种方法，参加者能较快熟悉自己的工作环境，了解自己的工作业务，掌握必需的工作技能，尽快适应实际工作的要求。

五、操作示范法

操作示范法是部门专业技能训练的通用方法，一般由部门经理或管理员主持，由技术能手担任培训员，以现场向受训人员简单地讲授操作理论与技术规范，然后进行标准化的操作示范表演。利用演示方法把所要学的技术、程序、技巧、事实、概念或规则等呈现给员工。员工则反复模仿实习，经过一段时间的训练，使操作逐渐熟练直至符合规范的程序与要求，达到运用自如的程度。

六、头脑风暴法

头脑风暴法是一种通过会议的形式，让所有参加者在自由愉快、畅所欲言的气氛中，针对某一特殊问题，在不受任何限制的情况下，提出所有能想象到的意见自由交换想法或点子，并以此激励与会者的创意及灵感，以产生更多创意的方法。

头脑风暴法主要用于帮助员工尝试解决问题的新措施或新办法，用以启发员工的思考能力和开阔其想象力。此方法重在集体参与，许多人一起努力，协作完成某项任务或解决某一问题。集体参与增加员工的团队协作精神；增强个人的自我表现能力以及口头表达能力，使员工在集体活动中变得更为积极活跃；在集体参与的过程中会有很多新的思想产生。

七、视听教学培训法

视听教学是指针对某一特殊议题所设计，利用现代视听技术（如投影仪、录像、电视、电影、电脑等工具）对员工进行培训。现在的视听教学多强调应用电脑科技，配合光碟设备，以满足员工个别差异、自学步调与双向沟通的需求。

八、E-Learning

所谓E-Learning，就是网络培训。简单地说，就是在线学习或网络化学习，即在线教育领域建立互联网平台，学员通过计算机上网，通过网络进行学习的一种全新的学习方式。它包括互联网在线学习和内部网在线学习两种基本方式。

这种方式离不开多媒体网络学习资源，网上学习社区及网络技术平台沟通的网络学习环境。在网络学习环境中，汇集了大量的数据、程序、教学软件、兴趣讨论组、新闻组等学习资源，形成了一个高度综合集成的资源库。而这些学习资源对所有人都是开放的。一方面，这些资源可以为成千上万的学习者同时使用，没有任何限制；另一方面，所有成员都可以发表看法，将自己的资源加入到网络资源库中，和大家共享。这一平台能为企业创建学习型组织奠定良好的基础，21世纪最成功的企业将会是“学习型组织”，因为“未来唯一持久的竞争优势是有能力比你的竞争对手学习得更快”。

九、游戏法

游戏法是当前一种叫先进的高级训练法，是指通过让员工参与到小游戏的过程中来进行培训，了解游戏的实质内容。游戏法具有更加生动、更加具体的特点，游戏的设计使员工在决策过程中会面临更多切合实际的管理矛盾，决策成功或失败的可能性都同时存在，需要受训人员积极地参与训练，运用有关的管理理论与原则、决策力与判断力对游戏中所设置的种种遭遇进行分析研究，采取必要的有效办法去解决问题，以争取游戏的胜利。

十、自我培训法

自我培训的一般含义是自己做自己的老师，自己给自己讲课，对自己进行训练，达到教与学的统一。自我培训的根本含义是激励员工的自我学习、自我追求、自我超越的动机，这同时也是一种激励，激励员工超越自我实现自我的愿望。

要想真正实现员工的自我培训，企业必须全面做好各方面的准备，建立健全培训激励机制，从制度上对员工的自我培训进行激励。例如，对员工的技能改进、学业晋升实施奖励，对技能水平达到一定高度的员工进行晋升，通过各种形式的竞赛、活动，对员工进行确认和表扬等，都是些不错的手段。自我培训的方法很多，企业员工可以根据自己的实际情况具体实施。

十一、虚拟实现法

虚拟现实通常是以计算机为基础开发的三维模拟，通过使用专业设备（佩戴特殊的眼镜和头套）与观看计算机屏幕上的虚拟模型，学习者可以感受到模拟情景中的环境，并同这一环境中的要素，如设备、操纵器和人物等进行沟通。它可以刺激学习者的多重感觉，有的设备还具有将环境信息转变为知觉反应的能力，如可以通过可视界面、可真实地传递触觉手套、脚踏和运动平台来创造一个虚拟的环境，利用各种装置，学习者可以将运动指令输入电脑，这些装置就会让学习者产生身临其境的感设。

对以上各种培训方法，我们可按需要选用一种或若干种并用或交叉应用。由于企业人员结构复杂、内部工种繁多、技术要求各不相同，企业培训必然是多层次、多内容、多形式与多方法的。这种特点要求培训部门在制订培训计划时，就必须真正做到因需施教、因材施教、注重实效。

问题：

1. 简要说明培训与开发的方法有哪些。

2. 列举三种培训与开发的方法并简要说明。

第四节 员工培训方案的设计与实施

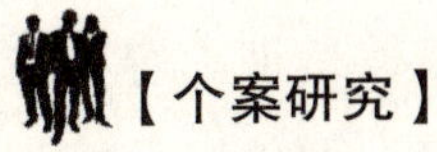

【个案研究】

索尼：以人为本，不遗余力

培训是现代企业发展的必备手段，索尼花在培训上的费用，每个员工大约每年15000日元，不包括在职培训的费用。刚走出校门的员工进行技术方面的培训时间，每人每年约3.3天，不包括在职培训。公司还拨出巨额专款，建立了索尼技术专科学校，用于员工的再教育。另外，还有各种各样的讲座、英语班等，从业人员可自由报名。为了更进一步帮助在职员工获取新知识，公司还设立了智能情报中心，有任何问题只要拨通公司的专用电话就有专人解答。

为了有效地培养复合型人才，更好地适应社会发展的需要，索尼公司在雇用一个员工之后，常常立刻对他们进行广泛的交叉培训。工程师和科学家要做销售工作，甚至法律学校的毕业生，也要到索尼工厂的生产线上见习。许多年轻的经理工作出色，就有可能获得奖学金去国外深造，公司尽力安排他们到美国、英国、法国、德国等去学习商贸、法律和各种科学技术，如果条件许可时，每两年到三年轮换一次。这种轮换不仅促进了经理们的知识更新，而且能使他们找到每个人的最佳岗位，并发现自己对公司最有作用的能力。结果是每个经理都安排得人尽其才，他们不仅仅是专家，而且更是知识面很广的专家。

自我开发是索尼公司培育员工的一个重要内容。因为经常性地提升和增加工资激发了索尼员工潜在的自我开发欲望。公司采取分发各种阅读书目、资助员工购买书籍等方式鼓励员工的自我开发，广泛地参加像读书报告会那样的小组活动以增进信息的交流共享和员工的团队合作精神。在索尼，有80％以上的员工都参加了这种读书小组活动，公司为了鼓励这样的活动，还给这些读书小组的活动支付加班费用。

（资料来源：http：//www.chinahrd.net中国人力资源开发网）

员工培训与开发的工作要取得好的效果，就必须有组织、有计划、有目的地进行。而培训与开发方案的设计与实施就是其中最基础的工作，也是最重要的一个环节。

一、员工培训方案的构成

一个完整的培训方案必须包括培训目标、培训对象、培训内容、培训形式、培训师、培训时间、培训地点、培训组织、培训评价以及培训经费等。

（一）培训目标

确定培训目标会给培训计划提供明确的方向。有了培训目标，才能确定培训对象、内容、时间、培训师、方法等具体内容，并在培训之后对照此目标进行效果评估。在培训设计中，培训目标既可以明确地表述，也可以在对其各个要素的选择之中体现。一般情况下，它们是通过培训内容，以行为术语表述出来，而这些术语通常属于认知范围。在我们所熟悉的培训的教学大纲中，最常见的有如“了解”“熟悉”“掌握”等认知指标。确定了总体培训目标，再把培训目标进行细化，就成了各层次的具体目标。目标越具体越具有可操作性，越有利于总体目标的实现。

（二）培训对象

培训对象作为培训方案的主体，也是培训方案的一个要素。根据培训需求、培训内容，可以确定培训对象。因为培训方案把培训对象的需求作为培训方案的主要依据，不会把它与其他要素同样对待。在培训方案的设计中，培训对象不仅是培训的接受者，同时也是一种可利用的学习资源。而且，只有充分调动培训对象积极参与培训方案的设计，才有可能让培训的效果最佳、效益最大。岗前培训的对象是新员工，而在岗培训或脱产培训的对象是即将转换工作岗位的员工或者不能适应当前岗位的员工。

（三）培训内容

一般来说，培训内容包括三个层次，即知识培训、技能培训和素质培训。培训内容的安排有范围和顺序两个问题需要我们重视。顺序是指内容在垂直方向的安排，即要体现其连续性和逻辑性，以使学员通过按照合乎逻辑的步骤不断取得学习上的进步。范围是指对培训内容在水平方向上的安排，既不能太宽、也不能太窄，要精心地限定，使其尽可能地对培训对象有意义并具有综合性，而且还要在既定的时间内安排。培训内容可以是学科领域内的概念、判断、思想、过程或技能。

（四）培训形式

培训形式，主要指的是学习活动的安排和教学方法的选择。这些安排和选择要与培训的目标和方向直接相关。学习活动的安排及教学方法的选择，旨在提高培训对象的学习兴趣，使他们在学习过程中将注意力集中在培训所希望的方向上。培训的形式有很多种，如讲授法、演示法、案例分析法、讨论法、视听法、角色扮演法等。各种培训形式都有其自身的优缺点。为了提高培训质量，达到培训目的，往往需要将各种形式配合起来灵活运用。

（五）培训师

培训师是培训的执行者。培训师可以根据课程的目标和内容要求选择。“能者为师”是一个基本原则，但是这里的“能者”并不是指培训内容的专家学者，而主要说的是有能力去驾驭课程，去引导培训对象达到培训目的的人。

培训师可以在内部资源或外部资源中选择。内部资源包括企业的领导、具备特殊知识和技能的员工；外部资源是指专业培训人员、公开研讨会或学术讲座等。外部资源和内部资源各有优缺点，应根据培训需求分析和培训内容来确定。

（六）培训时间

时间是不可再生的有限资源，要最大限度地利用它。培训管理者要巧妙地利用有限的培训时间，培训师要使培训对象在整个培训期间积极地参与学习活动，把课堂时间看成是最有价值的时间。课后作业也是一种开发利用时间的方法。

（七）培训地点

培训地点主要就是指培训教室。另外，还有一些特殊空间可以利用，如图书馆、实验室、研讨室、运动场等。若以技能培训为内容，最适宜的场所为工作现场，因为培训内容的具体性，许多工作设备是无法弄进教室或会议室的。

（八）培训组织

培训方案大多数的教学组织形式是面向全体培训对象的班级授课制，但是分小组教学也经常被课程设计者运用。通常的分小组教学是根据培训对象的学习能力的相似和学习进度的相同来设置的。分组教学为因材施教的个性化培训提供了某种可能。

（九）培训评价

从培训需求分析开始到最终制订出一个系统的培训方案，并不意味着培训方案的设计工作已经完成，还需要不断评价、修改。只有不断评价、修改，才能使培训方案逐渐完善。培训评价程序要安排好、制定好，它是用来确定培训对象在多大范围内和程度上掌握了学习内容，达到了程序设定的行为目标。学科课程的评价重点放在定量的测定上，衡量可以观察到的行为。例如，在报告培训对象的学习状况时，常常用A，B，c，D等人们假定能表明某种程度的字母等级来表示。

（十）培训经费

培训经费包括场地费、交通费、授课费、餐费、住宿费、教材费、设施费、文具用品费等。

二、员工培训方案设计

（一）员工培训方案设计程序

培训方案设计是一项创造性的工作，也是一项系统性的工作。因此，在设计培训方案时，要有一个指导体系，并遵循一定的程序。如果完全依靠主观想法来设计方案，必然会导致培训的失效。当然，培训管理者也不能总是按部就班地进行设计，而应发挥创造力，这是由培训方案活动本身的特性所决定的。

（1）设计准备。在开始方案设计之前，培训项目负责人首先要进行相关的准备工作。这些准备工作将对以后的方案设计产生重要的影响，准备工作做得越充分，方案设计也就越容易。

（2）设计目标。设计目标是指在培训方案结束时，希望培训对象通过学习能达到的知识、能力的水平。目标描述是培训的结果，而不是培训的过程，所以重点应放在培训对象应该掌握什么上。明确的目标可以增强培训对象的学习动力，也可为考核提供标准。

（3）搜集材料。目标确定以后，培训主管就要开始搜集与培训内容相关的材料。培训主管搜集材料的来源越广越好，可以从企业内的各种资料中查找自己所需要的信息。征求培训对象、培训相关问题的专家等方面的意见，借鉴已开发的类似方案，从企业外部渠道挖掘可利用的资源。除了这些信息资料以外，还要了解在培训中所需的授课设备，如电影、录像、幻灯等多媒体视听设备。这些现代化的教学手段有助于增强课堂的趣味性，提高培训效果。

（4）要素拟定。培训方案设计涉及很多方面，培训主管可以将其分成不同的模块，分别进行设计。当然，模块设计不能脱离这个方案，它们之间也具有关联性。

（5）试验方案。培训方案设计完成以后，工作并没有完成。此时需要对培训活动按照设计进行一次排练，这就像演戏一样，在正式公演之前要做一次预演，以确保做好了充分的准备。这是对前一阶段工作的一次全面检阅，不仅包括内容、活动和教学方法，还应包括培训的后勤保障。

（6）反馈与修订。在方案预演结束以后，甚至在培训项目开展之后，要根据培训对象、培训专家以及培训部门的意见对方案进行修订。此项工作非常重要，及时发现问题、解决问题对培训效果将有积极的影响。方案需要做出调整的内容视存在的问题而定，有些只需要对一小部分培训内容做出调整，也有可能要对整个培训方案进行重新设计。但不管怎样，存在的问题一定要及时地进行解决。

（二）员工培训方案设计要点

设计培训方案一定要充分开发和利用一切能利用的培训资源，以便取得良好的培训效果。培训方案设计必须充分体现人、财、物、时间、空间以及信息等几个主要的资源领域的合理配置，协调统一地发挥作用。以下为培训方案的设计要点：

（1）注意互动。培训师与学员作为培训活动中的两大主体，在培训中扮演的是两个完全不同的角色。在培训方案的设计中，应注意培训的互动，即让受训者变成培训者，不应将其区分得如此清楚，应充分开发学员本身所携带的“财富”，提高培训效果。

（2）充分、合理地利用时间。培训主管在设计培训方案时，要充

分、合理地利用时间。对时间的理解应有两方面：①总的课程时间长度，即总学时；②单位的时间长度，即每天的学时数。这种时间的设计是有必要的，它可以使人们对课程所需的时间有一个总体的认识。

（3）合理使用空间。培训负责人在设计培训方案时，应合理使用空间资源。对此可以从内涵和外延两个方面来讨论对培训空间的开发利用。从内涵来看，在设计培训方案时，应重新审视所能掌握的培训课程要求的最传统、最基本的空间——教室；从外延来看，可以把培训方案的实施地点设计到现场、室外，以及所能利用的社会环境之中去。

（4）开发教材。培训教材的开发是方案设计的中心，能否为培训对象提供一套与课程内容吻合的教材，是培训方案设计中的一个重要方面。因此，应该尽可能地开发一切所能利用的信息资源，打破传统的教科书的体系，同时充分利用现代科学技术的先进成果，把单一的文字教材扩充到声、像、网络和其他各种可利用的媒体。

（5）运用多种方法与手段。培训方案的设计必须跟上时代的步伐，利用最新的方法与手段，最大限度地发挥培训的作用。方法与手段的先进性与多样性，是培训方案设计的一个很重要的特色。培训只有运用多种方法与手段把学习者的听觉、视觉、触觉等器官功能都调动起来，才能得到最好的学习效果。

（6）个性化教学。所谓个性化教学，就是真正地因人施教，根据受训者不同的背景与不同的岗位需要，给每一个学员单独设计课程计划。利用多媒体技术开发的个人学习软件，一个教学班可以在同一时间、同一地点上同一门课。每个人都可以根据自己的学习计划，采取不同的策略，根据不同的理解与接受程度去学习，而且每一个人对课程内容的学习时间和进度都可以不同。但是，使其达到共同的课程目标却成为可能。

（7）整建制培训。所谓整建制培训，就是一个组织或一个团体，其内部有许多不同的岗位，要求在同一时间内对组织中的所有成员进行各自不同的岗位培训。要同时开设若干门不同的课程，这是许多培训机构不可能适应的，但多媒体技术的应用可使这种特殊的培训要求得以实现。

三、员工培训方案的实施

（一）培训准备

（1）落实场所与设施。由于培训场所对培训会产生很大的影响，并关系到培训实施的效果，所以必须慎重地选择。特别是在利用外界的培训场所时，对场地的大小、通风、空调、噪声、安全等必须做仔细的检查。

（2）通知培训对象。为了使培训对象对培训课程的意义、目的、内容等要点事前有所了解，以便有正确的心理准备，并使其能在培训前自觉地进行一些必要的调查研究。培训部门在可能的情况下，应准备一些相关的资料在课前发给培训对象，这些资料最好在培训前10~20天分发。开班前2天，要再次确认培训对象能否参加培训。

（3）联系培训师。培训需要哪方面的专家要在培训实施前尽早确定，然后把希望讲授的内容、培训要求、用何种方法授课明确地传达给培训师，并请其提供培训大纲，以便进行审核。在审核时主要看内容是否完整、重点是否突出，同时要注意培训师之间所培训的内容有无交叉、有无遗漏。对接送培训师的时间和方法、食宿安排、酬金支付，以及培训师对教材、教室、教学器材、座位的安排等有何要求也要提前沟通好。

（二）培训介绍

做好培训准备工作，待培训对象报到后，就进入了正式的培训实施阶段。

（1）介绍培训主题。主要是向培训对象说明培训的目的，并对培训对象提出学习期望。

（2）课程简介。为了使培训对象了解培训课程的意义、目的、要求、培训方法等，要进行简短的课程介绍。此介绍最好在开训式之后进行，有利于消除学员的紧张感。

（3）介绍培训师。培训师可以自我介绍，也可以由培训负责人代为介绍。目的是让培训对象了解培训师的工作经历，对与培训主题有关的工作经历可以介绍得详细些，这会增加培训对象的信任。

（4）介绍日程安排。介绍这次培训中将要涉及的问题，哪些内容需要考试，以增强培训对象的注意力，促进其学习。通过介绍，使培训对象明确，经过这次培训后应达到的目标。说明如何通过这些安排达到预定的

目标，即培训对象在培训结束后能做到什么。

（三）课程讲解

在大多数企业中，培训负责人要亲自进行课程讲解。其形式主要有课堂讲授、媒体教学、组织讨论和解答疑问等。

（1）课堂讲授。讲课往往是培训负责人的重要工作之一，也是培训负责人显示工作能力的重要途径之一。有经验的负责人知道应把课程内容分为几部分，通过讲授—活动—总结的循环，避免培训对象感到乏味，也使其有足够的时间消化吸收。在设计课程内容时，要把自己放在对这些内容一无所知的培训对象的位置上，从他们的角度考虑课程安排。在讲课过程中，可以使用一些辅助设备如投影等，帮助强调重点，吸引培训对象的注意力。

（2）媒体教学。有时课程的内容需要通过录像、幻灯等媒体传授，这时要避免学员陷入被动的“看电视”中，其方法是尽量使多媒体教学成为双向的交流。

（3）组织讨论。组织讨论是课程讲解的重要手段之一。讨论的方式有两种：一种为正式讨论，一种为非正式讨论。例如，培训负责人可以先发给大家有关的阅读材料和一些书面问题，让其做准备，然后就这些问题进行讨论。在讨论中可以不时地插入一些问题，引导培训对象考虑如何把学到的知识运用到他们的工作中去。非正式讨论是指在课程讲解计划中没有正式安排，而在培训过程中随时进行的讨论，以此来检查培训对象的掌握情况，鼓励其更多地参与到培训中来。

（4）解答疑问。课程讲解完毕之后，一般都要进行疑问解答。培训负责人最好对可能提出的问题有所准备，以便更好地解答问题。

（四）课程管理

1. 上课前的准备工作

（1）上课前与培训师的联系。培训的实施必须按照课程的设计进行，因此培训主管一定要与培训师和培训对象进行沟通。

（2）培训教室及设备的准备。培训主管必须确保教室清洁，布置座位要准确无误。教室的大小、教学器材的准备，尤其是投影仪、电脑、麦克风、白板笔等在开课前要做最后的检查与调整。

（3）关心前排座位的空席。如果培训对象的座位没有固定，培训对象常会坐后排，前排座位容易成为空席，这时要引导培训对象到前排就座，先让前排的座位坐满，这样有利于营造培训的气氛。

（4）培训师休息室的安排。最好在教室附近安排一间房，供培训师休息使用，并对其中的卫生设备等事先进行检查。

2. 上课中的管理

（1）对教室环境的关心。要关注来自道路的汽车声、施工噪声、其他培训班的声音、走廊的脚步声、谈话声等，如噪声不能克服，应尽快准备替代的教室。

（2）外来电话应对。课程进行中原则上不允许培训对象接电话（特殊情况下除外）。可将对方的姓名、单位、事由等记录下来，等下课后再交给培训对象。最好把教室内的电话线暂时掐断。上课时，要求培训对象一律关闭手机或调为振动。

（3）注意上课情况。培训主管应注意有无打瞌睡的人。培训对象打瞌睡一方面与培训师的授课水平有关，另一方面与培训对象有关，也可能与教室的环境有关。不管什么原因，如果出现类似情况要采取适当的方式，提醒培训对象注意。同时，还要防止培训对象中途离席。

（4）上课禁止吸烟。休息时可以吸烟，但要到固定的场所，并要求培训对象将烟蒂、空杯子等放到指定的地方。

（5）旁听讲课。培训主管及工作人员要尽量去听课，一方面可以了解培训师的教学情况，另一方面可以观察培训对象的反应，以便及时与培训师沟通。

（6）培训师的食宿安排。培训师用餐的时间要短，用餐后尽快让培训师休息；晚餐后为了不影响次日的上课，喝酒和娱乐活动要适度；和培训师聊的话题要以其关心的问题为主。

3. 下课后的收尾工作

（1）在培训师讲课结束时进行归纳。培训主管在培训师授课结束后，对培训师的讲课进行简要的归纳，并对培训师的付出表示感谢。

（2）与培训师交换意见。就培训师通过讲课与培训对象的接触，以及在上课期间对企业的感受，虚心听取培训师对企业工作的意见，并将其记录下来。

（3）送培训师。将课酬等与培训师结清后，表示谢意，然后将培训

师送走。

（五）培训评价

一项培训项目结束以后，还应对此培训进行评价并做一些扫尾工作。做任何事情都要有始有终，培训也是一样。当然，好的开始可以给培训对象和培训主管带来信心，而整个培训过程更是传授新知识和技能的主要环节，所以使培训有一个好的结束，更会取得意想不到的效果。

（1）培训考核。对培训对象培训效果的确定，要通过考试（对成人的考试主要以分析问题和解决问题的能力为主）、写论文、答辩、案例分析等方式进行。

（2）培训效果调查。要听取培训对象对培训的意见，可通过座谈、问卷等形式进行。

（3）结业仪式。结业仪式致辞、颁发结业证书、培训总结、培训对象代表致辞、宣布培训结束。

（4）学员送别。全体培训工作人员应给培训对象送行，对培训对象在培训期间的努力和合作表示感谢，并祝愿培训对象将培训得到的知识运用到日后的工作中去。

（5）整理。送走培训对象之后，培训负责人要整理培训教室、办公室、休息室等。同时，要将培训课程实施的材料、文件加以整理，连同资料一起存档。

（6）实施过程检讨。由全体培训工作人员对整个培训过程做完整的回顾，找出问题和不足。这项工作要在培训实施完成后马上进行。

（7）培训效果跟踪。培训后，培训对象在知识、技能、态度等方面与培训前有无提高，培训负责人和工作人员要主动、及时地到培训对象所在部门去听取其上司和同事的反映。还可征求培训对象对培训的意见。培训效果有时很难马上反映出来，所以培训负责人要有长期跟踪的心理准备。

问题：

简述培训方案设计的要点。

第五节　培训与开发效果评估

【引导案例】

培训效果岂能以掌声多少来衡量

时下，很多搞营销或企业管理培训的公司或个人以追求学员的笑声或掌声大小与次数来衡量培训的效果（因为对时下许多接受培训的学员来说，给予掌声与发出笑声对课程实际效果的认同并没有多大区别），甚至公开叫出了“一次培训掌声（笑声）少于30次不收费”的推广口号。此风愈演愈烈，甚至一些平日里治学严谨而广为人尊敬的“学究”型的人士也开始琢磨着搞点“说学逗唱”，大有“营销培训以掌声（笑声）多少来衡量效果”成为行业定论之势。培训真的能以掌声（笑声）多少来衡量吗?

答：掌声只是反应层面的部分表现，不能完全反映培训的效果。

（资料来源：http：//www.chinahrd.net/zhi_sk）

一、培训效果评估

（一）培训效果评估的内涵和意义

培训的主要目的是确保组织中的成员拥有能够满足当前和未来工作所需要的技术或能力。组织之所以需要对人力资源培训项目进行认真、系统的评估，是希望通过系统地收集有关培训的描述性和评判性信息，在判断该培训项目的价值以及持续地改进各种培训活动时做出更明智的决策。

有关培训效果评估的概念曾经有许多学者有过阐述，综合各位学者的见解，培训效果评估指收集企业和受训者从培训当中获得的收益情况以衡量培训是否有效的过程。组织对其所开展的培训项目进行评估的意义主要体现在以下几个方面：

（1）通过评估可以让管理者以及组织内部的其他成员相信培训工作是有价值的。如果培训专员不能用确凿的证据来证明他们对组织所作的贡

献，那么在将来编制预算的时候，培训经费就可能被削减。

（2）通过评估可以判断某培训项目是否实现了预期的目标，及时发现培训项目的优缺点，必要时进行调整。

（3）计算培训项目的成本—收益率，为管理者的决策提供数据支持。

（4）区分出从某培训项目中收获最大或最小的学员，从而有针对性地确定未来的受训人选，并为将来培训项目的市场推广积累有利的资料。总之，评估是培训流程中的关键组成部分。只有通过评估，大家才能了解某个培训项目是否达到了预期的目标，并通过培训项目的改进来提高员工个人以及组织的整体绩效。

培训效果可以从不同层次来评估，包括反应评估、学习评估、行为评估和结果评估，不同层次的评估内容、方法、时间以及主体都会有所不同。

（二）培训效果评估的形式选择

1. 非正式评估和正式评估

（1）非正式评估。非正式评估指评估者依据自己主观性评价做出的判断，而不是用事实和数字来加以证明的评估。

非正式评估一般不需要记录有关信息，但有时需要记下某些注意到的、认为对评估有价值的信息，如培训对象的有关表现、态度和一些特殊困难等。虽然非正式的培训评估是建立在评估者的主观看法上，但在有些时候能够发挥很大的作用，尤其是在要就培训者与培训对象之间的关系以及培训对象对待评估的态度等问题做出评估时。

非正式评估最大优点是可以使评估者能够在培训对象不知不觉的自然态度下对其进行观察。因为培训对象的这些态度在非正式场合更容易表现出来，这就减少了一般评估给培训对象带来的紧张和不安，不会给培训对象造成太大的压力，可以更真实而准确地反映出培训对象的态度变化，从而在某种意义上增强了信息资料的真实性，增强了评估结论的客观性和有效性，可以使培训者发现意料不到的结果。非正式评估另外一个优点是方便、易行，几乎不需要耗费什么额外的时间和资源，从成本—收益的角度来看是很值得的。

（2）正式评估。当评估结论要被高级管理者用来作为决策的依据，或者为了向特定群体说明培训的效果时，就需要用到正式评估。

正式评估往往具有详细的评估方案、测度工具和评判标准。正式评估尽量剔除主观因素的影响，从而使评估更有信度。在正式评估中，对评估者自身素质的要求降低了，起关键作用的因素不再是评估者本身，而是评估方案和测试工具的选择是否恰当。

正式评估的优点是：在数据和事实的基础上做出判断，使评估结论史有说服力；更容易将评估结论用书面形式表达出来，如记录和报告等；可将评估结论与最初计划进行比较核对。

在一些正式的评估中，并不是完全排除了评估者的主观因素。作为一名评估者，应该分清楚在对培训对象的评估中，哪些是正式的，哪些是非正式的，哪些是主观的，哪些是客观的。

2. 建设性评估和总结性评估

（1）建设性评估。建设性评估就是在培训过程中以改进而不是以是否保留培训项目为目的的评估。如果评估结论表明培训项目并不像培训者所期望的那样良好地运转，就可以对培训项目做出适当的调整，如改变培训的形式等。建设性评估经常是一种非正式的、主观的评估。

培训过程中的建设性评估作为培训项目改进的依据，它有助于培训对象学习的改进。除此之外，建设性评估还可以帮助培训对象明白自己的进步，从而使其产生某种满足感和成就感。这种满足感和成就感在培训对象后一阶段的学习中，将会发挥巨大的激励作用。

当进行建设性评估时，需要保证定期评估不过分频繁，也不能让培训对象有一种他们一直在进行简单、乏味和重复学习的感觉。否则，建设性评估就无法发挥它的激励作用，其他一些优势也会因此而丧失。很显然，如果培训对象对频繁的评估感到厌烦，甚至因此憎恨培训，认为进行测试的时间甚至超过学习、工作的时间，那么评估显然是失败的。这时，我们就要考虑评估频率的问题。

评估频率的问题主要是针对建设性评估提出的，它指进行两次连续评估之间所隔时间的长短。时间越短，频率越高；时间越长，频率越低。何为适当的频率，只能针对每一培训项目的实际情况而言，并没有一个统一的标准。尽管如此，对于多次评估利弊的分析还是有助于我们对评估频率的选择的。

（2）总结性评估。总结性评估指在培训结束时，为对受训者的学习效果和培训项目本身的有效性做出评价而进行的评估。这种评估经常是正式和客观的。

总结性评估的终局测试身份正规，具有较强的说服力。它适用的情况包括：当评估结论将被作为决定给予受训者某种资格，或为组织的决策提供依据时才采用。但是，终局测试毕竟是结束的象征，无论评估结论如何，只能用于决定培训项目的生死，而不能作为培训项目改进的依据；只能用于决定是否给受训者某种资格，而再也无助于受训者学习的改进。

总结性评估关注整个培训项目使受训者获得的改进，从而引发出这样一个问题：评估者是否能够全面评估受训者所学习的全部内容。一个短期培训可能不具有这个问题，但对于一个长期培训而言，这个问题往往十分突出，为了解决这个问题，评估者不得不定期地对受训者进行相隔不算太长的阶段性测试。

进行总结性评估时，必须注意培训目标和预期培训效果须从头到尾是清晰的，这不仅是对培训者而言，同时也包括受训者。在培训之前，可以通过书面测试或小型座谈会的形式，使受训者了解培训目的。

（三）培训效果评估的信息收集

培训效果评估信息的收集主要有四种方法，即资料法、观察法、面谈访问法和调查问卷法。

1. 通过资料收集评估信息

要收集有关培训项目效果评估的全面资料，首先就要明确需要收集的资料有哪些，并列清表格，避免毫无目标地收集。要收集的资料包括：培训方案的资料；有关培训方案的领导批示；有关培训的录音；有关培训的调查问卷的原始资料和统计分析资料；有关培训的考核资料；有关培训的录像资料；有关培训实施人员写的会议记录；编写的培训教程等。

2. 通过观察收集评估信息

通过观察来收集培训效果评估信息主要分为三个阶段，即培训前观察收集、培训中观察收集和培训后观察收集。一般需要收集如下信息：培训组织准备工作观察；培训实施现场观察；培训对象参加情况观察；培训对象反映情况观察；观察培训后一段时间内培训对象的变化等。

3. 通过面谈访问收集评估信息

面谈访问法是通过面对面进行交流，充分了解相关信息的方法。面谈访问法有利于双方相互了解，建立信任关系，获得比较准确的信息，但是面谈访问法也有自身的弱点。面谈访问法需要花费较长时间，在一定程度上可能影响被访谈者的工作。而且面谈访问法的技巧要求较高，一般被访谈者不会轻易吐露实情。面谈访问法有个人面谈访问法和集体面谈访问法两种具体操作方法。

面谈访问法一般在培训项目开展之前和培训项目开展之后进行，在培训项目进行过程当中进行面谈访问往往会影响培训计划的正常进行。

面谈访问的范围要相对较为广泛，组织内部的决策者也同样包括在内，要通过访问组织决策者来了解高层领导人员对所评估的培训项目的期望。一般面谈访问的对象包括：访问培训对象、访问培训实施者、访问培训管理者、访问培训对象领导和下属。

面谈访问法通常的应用问题清单如下：

（1）事前对决策者面谈访问问题的清单。例如：

①请问本次培训与企业目标和战略的相关性如何？

②请问您对本次培训持怎样的态度？

③请问您如何看待本次培训给予的支持性资源？

④请问您如何预测本次培训的效果？

⑤请问通过本次培训您想解决什么问题？

⑥请问本次培训的前提是什么？

⑦请问本次培训的目标是什么？

⑧请谈一下本次培训采用的策略和方法好吗？

⑨请谈一下本次培训的资源配置及计划构想好吗？

（2）事后对培训项目管理者面谈访问问题的清单。例如：

①请问您认为本次培训的目标实现程度如何？

②请问您认为本次培训较为成功的地方有哪些？

③请问本次培训中应该改进的地方有哪些？

④本次培训计划有哪些失误？

⑤您认为本培训项目还有必要进行推广吗？

（3）事前对培训对象面谈访问问题的清单。例如：

①您认为您有必要参加本次培训吗？

②您希望通过本次培训解决哪些问题？

③您得到了本次培训的详细通知了吗？

④您觉得本次培训安排的合理性怎样？

⑤您会积极参与本次培训吗？

（4）事后对培训对象面谈访问问题的清单。例如：

①能谈一下您对本次培训的整体看法吗？

②您参加本次培训的目的达到了吗？

③本次培训哪些方面是您最为满意的？

④您认为本次培训主要的不足有哪些？

⑤您将培训所学应用到工作中了吗？

（5）事前对培训对象相关人员面谈访问问题的清单。例如：

①您认为您的下属（上司）有哪些不足？

②您期望您的下属（上司）达到怎样的水平？

③您的下属（上司）最急需的培训是什么？

④通过下属（上司）的培训对您的帮助怎样？

⑤您认为什么样的培训适合您的下属（上司）？

（6）事后对培训对象相关人员面谈访问问题的清单。例如：

①能谈一下您的下属（上司）通过培训有哪些变化吗？

②培训对您的下属（上司）的进步有何帮助？

③您的下属（上司）是怎样将培训所学应用到工作中的？

④您的下属（上司）怎样评价本次培训？

⑤您的下属（上司）还有什么问题没解决？

（7）事前对培训实施人员面谈访问问题的清单。例如：

①您在本次培训中的工作明确吗？

②您对本次培训有什么意见？

③您应该承担本次培训中的工作吗？

④您愿意承担本次培训中的工作吗？

⑤您有足够的能力和经验来承担此项工作吗？

（8）事后对培训实施人员面谈访问问题的清单。例如：

①您完成了本次培训承担的工作了吗？

②您对自己的工作满意吗？

③您在工作中出现了哪些问题？

④您对您的伙伴的工作情况怎样看？

⑤您的伙伴的工作哪些方面需要改进或奖励？

4. 通过调查问卷收集评估信息

调查问卷收集培训效果评估信息主要在培训前、培训中和培训后进行，其中在培训前的评估调查问卷可以通过培训管理人员获得，因为培训项目开展之前培训管理人员要进行培训需求的调查，培训需求调查问卷基本包括了培训前培训效果评估信息的内容。一般需要进行以下调查：培训课程调查；培训组织调查；培训内容及形式调查；培训师调查；培训效果综合调查。为不影响培训项目的正常进行，同时降低评估对象的反感情绪，培训中的评估调查宜简不宜繁，占用的时间应该较短，因此，调查问卷也要重点突出。

二、培训效果评估的方法

（一）培训效果评估的定性分析方法

定性评估法指评估者在调查研究、了解实际情况的基础之上，根据自己的经验和相关标准，对培训效果做出评价。

以定性方法进行评估只是对培训项目的实施效果做出一个方向性的判断，也就是说，主要是“好”与“坏”的判断，由于其不能得到数量化结论，故不能对培训效果达到的程度作一个准确表述。

定性评估法的优点在于综合性较强、需要的数据资料少、可以考虑到很多因素、评估过程评估者可以充分发挥自己的经验等，因此定性方法简单、易行，尤其在培训中有些因素不能量化时，进行定性评估就比较适合。如对员工工作态度的变化进行评估，要想全部量化成一系列的指标几乎是不可能的。

但定性评估法一大缺点在于其评估结果受评估者的主观因素、理论水平和实践经验影响较人。不同评估者可能由于工作岗位不同工作经历不同、掌握的信息不同、理论水平和实践经验的差异以及对问题的主观看法不同，往往会对同一问题做出不同的判断。

定性评估法有很多种，如讨论、观察、比较、问卷调查等方法都是定

性评估法的范畴。

1. 讨论法

将受训者召集到一起，开一次讨论会。会议上，让每一个受训者告诉你他学会了什么，他是如何把所学到的知识应用到工作中去的，以及他需要什么样的进一步帮助等一些问题，从中获取关于培训效果的信息。

讨论会不要在培训一结束就举行，在培训结束一段时间以后举行可能更为合适，比如一个月后。这时，培训的效果基本上体现出来了，过早地评估可能很难得到有效的信息。

2. 观察法

观察法指评估者在培训结束以后亲自到受训者所在的工作岗位上，通过仔细观察，记录培训对象在工作中的业绩与培训前的进行比较，以此来衡量培训对受训者所达到的效果。

这种方法由于要花很多时间，并不能大范围使用，一般只是针对一些投资大、培训效果对企业发展影响较大的项目。

3. 比较法

比较法是一种相对评估法，包括纵向比较评估和横向比较评估两个方面。纵向评估是将评估对象放在自身的发展过程中，进行历史和现实的比较，看其发展的相对位置是进步了还是退步了，其效果是增强了还是削弱了。

横向比较评估是首先在评估对象中选择好培训组，接着选择对比组，然后分别进行测定，这两个测定结果应该是相似的，即工作表现、工作绩效以及个性特征（包括性别、年龄、教育水平、在职年限以及技能水平）相似，接着对培训组进行培训，而在同一时期对比组照常工作而不进行培训，最后在同一时间内对培训组和对比组分别进行评估，以此来判定培训是否达到了效果。

此外，比较法中还有一种“达度”评估方法，就是在评估对象之外，确定一个客观的标准，评价时，将评估对象与客观标准进行比较，衡量评估对象达到客观标准的程度，并依照其程度分出高低等级来决定取舍。

4. 问卷调查法

问卷调查法即以书面的形式，拟订若干问题请有关人员填写、回答。对一些评估指标可以通过问卷的方式直接向评估对象了解，有时还把答案按一定标准折合成分数。这种方法也是目前企业培训活动中运用非常普遍的方法。运用这种方法的关键在于设计出一份优秀的问卷。一份优秀的问卷应该与培训目标紧密相连，并且与培训内容有关，问卷内容应包括培训的一些主要因素，如培训师、培训场地、培训教材等主要环节。

为了对不同对象或者培训活动的某个特定阶段进行重点评估，评估者可以专门就某一对象或培训活动的某一特定阶段设计问卷，以便及时获得有关信息，如专门对受训者进行评估，或专门对培训师进行评估，或专门对课程、教材进行评估。此外，评估者亦可专门就某一对象在培训活动的不同阶段的表现设计问卷进行评估。问卷评估的内容或范围可多可少、可大可小，但问卷上的每一问题应有一定的深意。总之，问卷设计是否得当，往往是这一方法能否成功运用的根本。

评估问卷没有统一的格式，问题也不固定。评估者可以根据评估目的、评估要求和评估重点自行设计。

（二）培训效果评估的定量分析方法

定量分析是对培训作用的大小、受训者行为方式改变的程度以及企业收益的多少给出数据解析，通过调查统计分析来发现与阐述行为规律。定量分析体现了国际管理科学的发展趋势，有助于企业树立以结果为本的意识，有助于扭转目标错位，所关注的应是受训者素质能力的提高程度，而不是证书之类的“符号”形式。从定量分析中得到启发，然后以描述形式来说明结论，这在行为学中是常见的。

根据培训目标要求和受训对象的工作实际，确定评估内容及使用的具体指标，即构成评估方案。培训效果表现形式是多样的，因此，一种评估方案的指标形成一个完整的体系，在评估时进入体系的相关指标是能反映培训效果并被使用的指标。建立评估指标体系时容易出现两种偏差：一种偏差是指标体系列入了不相关的指标，如进行安全意识培训，评估的是员工的缺勤改变情况；另一种偏差是指标体系不完整，如对管理者进行沟通技巧培训，结束后只评估他与其他管理者的沟通技巧改变，忽略了他与下属间的沟通技巧改变。

培训效果评估的指标包括受训者在工作中行为的改进和企业在培训中获得的成果。行为改进主要是软性指标，如工作习惯、沟通技能、对企业文化的认同感、自我管理能力等。这类指标无法收集直接数据，通常是

问卷调查的结果或主管的观察印象。评估时可将指标划分为几个等级，如优、良、中、合格、不合格，然后给每级一个描述，并与收集到的效果信息进行比较得出一个等级（水平）结果。

企业在培训中所获得的成果主要是硬性指标，如时间节省、生产率提高、产量增加、废品减少、质量改进、成本节约、利润增加等。下面分别介绍几种定量分析方法。

1. 成本—收益分析

通过成本—收益分析，计算出培训的投资回报率（IR）是培训效果评估的一种最常见的定量分析方法。培训成本来源包括项目开发或购买成本，培训师工资成本，培训师及受训者学习材料成本，培训场所、设备成本，培训组织者及辅助员工的工资和福利成本，因培训发生的交通及餐宿成本，受训者因参加培训而损失的生产量等。若是一次性发生的成本，如项目开发、购买培训设备、修建场所等，可按会计方法分摊。培训的实施可能会降低生产成本或额外成本，或改进产品质量，或者增加产量或者增加市场销售。总之，培训收益是企业因培训获得的经营成果的增加量。

考虑到培训效果发挥的年限，我们可以用更一般的表达式来计算培训收益：

$$TE=(E_2-E_1)\times TS\times T-C$$

其中：TE—培训收益；

E_1—培训前每个受训者一年产出的效益；

E_2—培训后每个受训者一年产出的效益；

TS—参加培训的人数；

T—培训效益可持续的年限；

C—培训成本。

培训的投资回报率是指用于培训的每家单位投资所获取的收益，它也可以作为衡量培训成果的一个指标。当然，投资回报率和培训效果是成正比的。我们可以用下列公式表示培训的投资回报率：

$$IR=\frac{TE-C}{C}\times 100\%$$

其中：IR—投资回报率；

TE—培训收益；

C—培训成本。

【案例分析】

某企业培训的成本—收益分析

某公司对其新任的主管级人员实施了为期5天的培训项目。该培训项目的核心包括8个方面的能力培训：①主管人员的作用和职责；②沟通；③工作的计划、分配、控制和评估：④职业道德；⑤领导与激励；⑥工作业绩问题的分析；⑦客户服务；⑧管理多样化。新任主管人员的直接上级表示，上述各方面的能力在初级主管人员的日常工作成功中占80%。对于被评估的目标群体而言，每年平均工资加上福利为40000元。将这个数字乘以根据各方面能力所确定的工作成功的比例（80%），可计算出每名学员的货币价值为32000元。如果在1年内某人在全部8个方面的能力上都表现成功的话，那么他对于该机构的价值就应该是32000元。直接上级采用0~9分数制，对新任主管人员在每个方面的技能进行评定。在工作中取得成功所要求的平均技能水平被确定为7，而从事此项工作之前的技能评定分数为4.8，也就是7的69%（即学员的工作表现为在各能力方面取得成功所需要的技能水平的69%）。培训项目之后的技能评定分数为5.8，也就是取得成功所需要的技能水平的83%。培训项目成本为1400元/学员。

[资料来源：节选自2003年8月企业人力资源管理人员国家职业资格三级（操作技能部分）考试题。]

问题：请根据案例计算学员培训后的投资回报率。

分析提示：

$$投资回报率=\frac{培训收益-培训成本}{培训成本}\times 100\%$$

培训收益=32000×（83%-69%）=4800（元）

培训成本=1400元

$$投资回报率=\frac{4400-1400}{1400}\times 100\%=220\%$$

2. 等级加权分析

当培训效果的评估指标由多指标组成时，需要给评估对象建立指标体系，确定各项指标的权重，如每个指标分5级水平，由多名评估人员进行评估，然后根据统计结果进行分析。指标体系的总权重为100%（即1），如某个指标按其重要程度被赋权15%（即0.15）。将培训效果的评价指标进行加权量化，获得评价结果以后，就可以与培训前的相应评价指标进行对比分析，以此评估培训效果。

3. 评估的可信度

按照上面介绍的定量分析方法，对受训者培训前后各测评一次，便可评估出培训的效果。由于企业的工作是多方面的，工作业绩是多维度的，评估人员的素质（成熟度、统计能力、品德等）也有高有低，因此培训活动是多因多果的。有的经营结果可能不是由于培训而是其他因素，如采用新设备产生的；有的行为结果是培训产生的，但却难以衡量，如受训者的良好表现可促使其他员工努力学习以改善工作的这种辐射反应。为了让评估的结果使人信服，真正对管理者、决策者有借鉴意义，那么评估结果的可信度，可采取前面所介绍的评估方案：前测—后测评估方案、后测—对照组评估方案和前测—后测—对照组评估方案，特别是前测—后测—对照组评估方案，能极有效地提高评估结果的可信度。

为了确保培训评估的有效性和全面性，评估人员还要注意几个问题：时刻牢记培训目的和评估的基本要求，不能把“全员参与、气氛热烈、领导重视、投资量大、教师有名气、媒体有报道”这些表象的信息当作培训的成果来收集；评估方案设计要科学、合理，操作方便，经济性好；评估要认真对待，但也不是走向另一个极端，把评估变成科学研究，进行非常复杂的分析，分析的结果也让人难以弄懂，导致成本高、收效低、评估要坚持实事求是，客观、公正，这样的结果才能推动培训项目趋向实用、有效，帮助企业实现经营战略。除此之外，还要注意评估方法的科学性和评估人员的素质。企业应尽量避免让培训组织者自己进行评估或评估人员与被评估对象间存在个人恩怨、权力斗争等情况。

（三）培训效果评估数据的整理与分析

对收集来的评估信息不仅要归类、登记、建立数据库，还要进行必要的统计分析。在对数据进行分析时，会用到一些统计方法。一般来说，有三种统计方法较为常用，即平均数差异检验、方差分析、相关趋势分析。

1. 平均数差异检验

平均数差异检验指用平均数来检验两组数据之间的差异，如受训者前、后测验的分数上是否有差异、受训组和对照组在培训后测量分数上是否有差异。

平均数差异检验根据两个组之间的关系，可以分为相关样本和独立样本的差异检验。图5–1显示了平均数差异检验的分类。

通常通过t检验来进行测量检验。其公式为：

$$t=\frac{\frac{x_d}{x_d}}{\sqrt{n-1}}$$

其中：x_d—两组差异的平均数；

s_d—差异的标准差；

n—样本数。

在进行检验时，还需要设定置信区间，即设定在多少概率范围内可以接受或拒绝两组数据有无差异的结论，通常称为a水平。一般设定$1-a$为0.95或0.99，即结论有（$1-a$）100%的可信度，参照t分布表，就可以做出统计推论。

2. 方差分析

方差分析用于对多个变量组数据的差异进行检验。它与t检验法相比，具有评估两个以上变量的效应，进行多组数据比较时能较为准确地做出判断，具有更高的统计功效。采用方差分析时，要计算出组内变异和组间变异。

组间变异指由于接受了不同的处理方法，如培训—没有培训，课堂讲授—电脑辅助教学—互动等产生的不同小组之间的差异。

组内变异指发生在同一组内部，由个别差异或误差导致的变异。

进行方差分析的目的在于，看看发生的变化到底是由于实施了不同的处理所产生的，还是仅仅由于误差所导致的。具体计算可参考统计学方面的相关书籍。

3. 相关趋势分析

相关趋势分析指利用相关性来显示培训项目中不同因素和学员业绩表现之间的相互关系。例如，将受训者在工作岗位上的业绩表现情况与参加培训后的测试成绩进行比较，就可以揭示两者之间的相互关系。如果排除了其他因素的影响，两者之间若存在显著相关，则可以认为培训是有效的。

在培训项目不同阶段收集到的数据往往会在当时的阶段就进行分析，以便为培训项目的调整提供信息。此后可以继续收集后续跟踪数据，再将它们与最初的数据组合在一起分析，对整个培训项目进行评估。

问题：

1. 培训效果评估有哪几个层次？
2. 培训效果评估的形式有哪些？
3. 正式评估和非正式评估的适用范围如何？
4. 培训效果评估信息收集的方法有哪些？每种方法需要掌握哪些信息？

【本章小结】

培训与开发是指企业通过各种方式使员工具备完成现在或者将来工作所需要的知识、技能并改变他们的工作态度，以改善员工在现有或将来职位上的工作业绩，并最终实现企业整体绩效提升的一种计划性和连续性的活动。培训与开发有助于改善企业绩效、增进企业的竞争优势、提高员工的满足感以及培育企业文化，因此做好培训工作对企业具有重要的意义。做好培训工作应当遵循一些基本原则，比如，服务企业战略和规划、目标、差异化、激励、实效等原则。培训与开发同人力资源管理的其他职能之间存在着密切的关系。

培训与开发的具体实施过程一般包括几个方面：首先要进行培训前的准备，接着就是培训的设计与实施，然后是培训结束后的培训迁移，最后是培训的评估和反馈。在实践中，培训的方法多种多样，企业应根据具体情况选择合适的培训方法。按照培训的实施方式可以将培训分为两大类：一是在职培训，二是脱产培训。

【复习思考题】

1. 为什么说培训与开发是一种人力资本的投资？
2. 培训的前提工作有哪些？
3. 何为培训与开发？培训与开发的步骤有哪些？
4. 为什么要进行培训需求分析？需求分析的三个层次都有哪些？
5. 为什么要进行培训效果的评估？
6. 企业培训的主要方法有哪些？主要内容是什么？

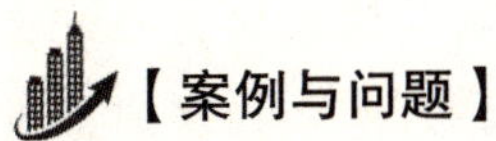【案例与问题】

培训能解决所有问题吗？

张某是某知名软件公司开发部的高级工程师，自1995年进入公司以来，表现十分出色，每每接到任务时总能在规定时间内按要求完成，并时常受到客户的表扬。在项目进行时还常常主动提出建议，调整计划，缩短开发周期，节约开发成本。但在最近的几个月里情况发生了变化，他不再精神饱满地接受任务了，同时几个他负责的开发项目均未能按客户要求完成，工作绩效明显下降。开发部新任经理方某根据经验判断导致张某业绩下降的原因是知识结构老化，不再能胜任现在的工作岗位了。他立即向人力资源部提交了《关于部门人员培训需求的申请》，希望人力资源部能尽快安排张某参加相关的业务知识培训，让张某开阔一下思路。人力资源部接到申请后，在当月即安排张某参加了一个为期一周的关于编程方面的培训、研讨会。一周培训结束回到公司后，张某的状况没有发生任何改变。

人力资源部主动与张某进行面对面的沟通，发现了问题的关键所在。张某工作绩效下降的关键是对新上任的方经理的领导方法不满意，同时认为自己是公司的老员工，不论是工作能力还是技术能力都可以胜任部门经理的工作，但公司却没有给他晋升的机会。其实导致张某工作绩效下降的真正原因，一是与新任经理的关系不太融洽，二是自己没有得到晋升的机会，而不是知识结构的老化。

问题：

1. 这次培训失败的主要原因是什么？
2. 你从这个培训无效案例中得到了什么启示？

【技能提升】培训需求——推动企业发展的第一步

企业培训的第一步就是如何进行企业的培训需求分析。因此，企业培训工作者必须能够熟练且有效地做好这一工作——在企业战略背景下，探寻企业培训需求，寻找到企业的缺口，从而展开有针对性的培训。

A集团成立于1999年，是香港联合交易所上市公司。自成立以来，始终致力于为中国企业特别是成长型企业提供专业信息化服务，在国内率先开创了以运营模式实现企业信息化的先河。基于对成长型企业群体的特点和信息化需求的深刻理解，坚定地选择了“信息化运营”模式作为帮助企业实现信息化的手段。遵循这一理念，已成功为超过45万家企业客户提供了全方位、多层面的信息化解决方案。伴随着中国经济的蓬勃向前和企业信息化的推进，A集团的发展也极为迅速，现已在全国设立了70余家直属分支机构，员工总数7200余人，拥有研发及运营工程师1500余人，成为规模庞大、实力雄厚的信息化运营商。

1. A集团战略发展要求

（1）企业愿景：成为中国企业信息化服务领域的领导品牌，成为推动中国电子商务发展的主力军。

（2）企业使命：提供最适合中国企业、随需应变的服务整体解决方案。让中国企业不分大小、在任何时候、任何地方，都能轻松享受高科技的最新成果，都能轻易开展电子商务、实现信息化，将商机和梦想延伸到世界各地。

（3）企业价值观：诚信、共赢、客户导向、承担责任、团队协作、创新开放。

（4）企业精神：责任、勤奋、专业、创新。

（5）年度战略经营目标：集团营业额达到9.3亿元，利润率18%以上，进入中国IT服务八强。商务网络达到85家，在此基础上保持年人均产值14万元。公司全面实现盈利。大幅度降低客户流失率，提高客户满意度。培养更多的忠诚用户。不断提高市场占有率。推出电子商务门户网站，初步建立在互联网企业门户领域的市场地位。

2. 分公司商务总监岗位模型

分公司商务总监是分公司商务管理工作的最高负责人。其日常工作直接向商务区的区域商务总监、区域总监、全国商务总监或总部主管销售及市场工作的副总经理汇报，直接下级是所在分公司的商务经理。根据公司商务体系的提升策略、关键点和绩效指标，梳理和设计分公司商务总监岗位模型，内容包括：

（1）管理工作：全面认真地贯彻执行公司总部的销售政策，结合分公司所在地的具体市场情况，制定适合于分公司的销售管理制度，并做好商务团队的建设和管理工作，执行分公司具体的销售管理和策划工作，圆满完成并努力超越公司总部分配的销售任务。

（2）规划工作：拟定分公司年度、季度和月度销售策略和计划，负责监督指导分公司商务部的工作任务分配及人员安排。这需要公司商务总监具有前瞻性与协调性。

（3）执行工作：负责监督实施公司总部审批后的销售计划，执行总部规定的各项政策。这考验公司商务总监的执行力。

（4）沟通工作：及时收集整理公司总部销售、产品等政策在分公司执行情况，并向总部相关部门反馈，协调上下级的工作关系，保证信息的及时传递。

（5）革新工作：优化分公司的产品销售结构，积极开拓新市场，负责控制分公司商务预算，降低营销费用成本。在不违反公司总部规定的前提下，不断改善分公司商务操作和管理流程，思考并提出销售策略的整体解决方案，提出具有创意并适合分公司发展的新销售策略和新产品建议等。

（6）商务人事管理和培训工作：负责分公司商务团队的人事管理工作，负责对分公司商务人员进行客观公正的绩效考评，负责商务人员的专业能力和综合素质提升，负责商务干部的培养与输送。

（7）公共关系与外联工作：负责规范分公司商务人员的销售行为，及时妥善处理客户投诉，建立并维护分公司与当地政府部门和媒体的公共关系和公众形象，负责与公司内部其他分公司的日常沟通与合作。

3. 分公司商务总监的能力要求

（1）技术运用：拥有丰富的产品知识、熟练掌握产品的销售技巧和销售流程，能解决实际工作中与产品销售和使用有关的各种问题，防止出现“外行领导内行”的情况。

（2）管理组织：拥有全局观，有较强的管理及组织能力，能领导下属完成预定目标，突破业绩“瓶颈”，打造符合公司企业文化精神的商务团队，并以优秀的企业文化来促进工作的发展。

（3）概括表达：能够清晰概括问题，指导下属工作，避免因表达不清楚，理解错误在上下级衔接中出在命令与策略没有得到位，没有达到预期目标的情况。

（4）知人善用：能善于观察和发现人才，贯彻“以人为本”的原则，培养和塑造人才，能留住人才，能充分调动下属的工作积极性，发挥其能力，形成共同的合力。

（5）人际沟通：善于沟通并建立良好的人际关系。这种良好的人际关系可以从侧面推进工作的顺利进行。

（6）承担责任：遇到问题，敢于承担责任，不向上推诿，不向下推卸，并努力解决问题。

（7）良好心态：宽容大度，面对压力和挑战，能自我调节和自我激励。防止因压力而造成的心理障碍影响工作的顺利进行。

（8）学习分享：渴望学习，善于学习和分享，并主动将新知识转化为新技能和能力。积极带动企业形成良好的学习分享的风气，创造学习型团队的良好氛围。

4. 分公司商务总监能力水平评价等级

分公司商务总监能力水平评价等级由低到高分为5个等级：

（1）知道。了解工作的要求与标准。在任何时候都能够清晰地了解和明确所有工作的实际情况和细节。

（2）理解。可以在别人的照顾和辅导下完成工作。能够将所有信息进行解释、转化、总结和完善，并具备相关的知识来呈现出个人的领悟和理解。

（3）独立应用。无须辅导就可以完成工作目标。能够根据特定的现实情形灵活运用不同的信息，具备在新环境下实施和运用所要求的领悟和理解综合信息的能力。

（4）分析培训。可以培训或辅导别人。能够将整体进行分解，并清晰地了解每个细小环节之间的关系，具有运用和分析所有相关信息的能力。这是由受教者到施教者的一个转变。

（5）整合改进。可以对流程和方法进行改进和调整。通过整合最初已有的各种因素从而形成一个全新的整体，具备综合运用分析的能力。

5. 分公司商务总监能力水平评价结果

根据能力水平评价等级对分公司商务总监进行了评价，包括自我评价、上级主管评价。最终结果表明，分公司商务总监人际沟通和承担责任两个能力是高于标准要求的，而其余各项都需要相应提高，尤其在技术运用、管理组织、知人善用这三方面的能力上，还有很大的改进和提升空间，完善这三个“短板”后，对公司商务总监整体水平的提高、发挥职能作用将有极大的促进。

6. 培训需求问卷调查

针对分公司商务总监进行了培训需求的问卷调查，主要分为两个部分，即培训课程需求和对培训工作的建议：

（1）培训课程需求：

①您认为下列培训课程中哪些课程对您胜任当前的工作或对您个人的发展最重要？

②您认为下列课程类别中的课程哪些对您开展或胜任目前的工作最重要？

（2）对培训工作的建议：

①您认为，最有效的教学方法是什么？

②您认为目前阻碍您工作绩效的主要因素是什么？

③您认为对于某一门课程来讲多长时间比较合适？

④您接受培训时倾向于选择哪种类型的讲师？

⑤您认为过去一年参加的培训课程最让您满意的是？

⑥您认为参加培训累计时间多长比较合适？

第六章

绩效管理

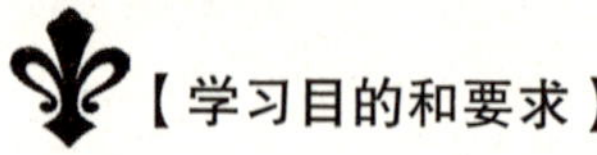

【学习目的和要求】

绩效管理是人力资源管理的核心内容。可以说企业人力资源管理其他职能活动都是围绕着员工绩效和企业绩效而展开的，其目的是企业绩效的持续提升。通过本章学习，了解绩效、绩效考核、绩效管理的含义，掌握绩效管理的流程，掌握绩效指标与绩效标准的制定，理解绩效结果应用范围，掌握绩效考核的常见方法。

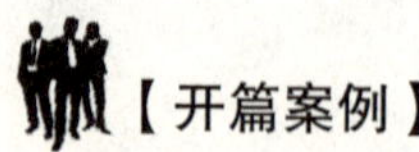

【开篇案例】

制度的力量

18世纪末，英国政府决定把犯了罪的英国人统统发配到澳洲去。一些私人船主承包从英国往澳洲大规模地运送犯人的工作。英国政府实行的办法是以上船的犯人数支付船主费用。当时那些运送犯人的船只大多是由一些很破旧的货船改装的，船上设备简陋，没有什么医疗药品，更没有医生，船主为了牟取暴利，尽可能地多装人，使船上条件十分恶劣。一旦船只离开了岸，船主按人数拿到了政府的钱，对于这些人是否能够活着到达澳洲就不管不问了。有些船主为了降低费用，甚至故意断水断食。3年以后，英国政府发现运往澳洲的犯人在船上的死亡率达12%，其中最严重的一艘船上424个犯人死了158个，死亡率高达37%。英国政府花费了大笔资金，却没能达到大批移民的目的。

英国政府想了很多办法。每一艘船上都派一名政府官员监督，再派一名医生负责犯人的医疗卫生，同时对犯人在船上的生活标准做了硬性规定。但是，死亡率不仅没有降下来，有的船上的监督官员和医生竟然也不明不白地死了。原来，一些船主为了贪图暴利，贿赂官员，如果官员不肯同流合污就会被扔到大海里，因此才出现了政府支出了监督费用，但死亡率仍然居高不下的情况。

政府又采取新办法，把船主都召集起来进行教育培训，教育他们要珍惜生命，要理解去澳洲开发是为了英国的长远大计，不要把金钱看得比生命还重要。但是情况依然没有好转，死亡率一直居高不下。

一位英国议员认为是那些私人船主钻了制度的空子。而制度的缺陷在于政府给予船主的报酬是以上船人数来计算的。他提出应从改革制度开始：政府以到澳洲上岸的人数为准计算报酬，不论你在英国上船装多少人，都按到了澳洲上岸的时候再清点的人数支付报酬。

问题迎刃而解。船主主动请医生跟船，在船上准备药品，改善生活，尽可能地让每一个上船的人都健康地到达澳洲。一个人就意味着一份收入。

自从实行上岸计数的办法以后，船上的死亡率降到了1%以下。有些运载几百人的船只经过几个月的航行竟然没有一个人死亡。

点评：

这个故事告诉我们，绩效考核的导向作用很重要，企业的绩效导向决定了员工的行为方式，如果企业认为绩效考核是惩罚员工的工具，那么员工的行为就是避免犯错，而忽视创造性，这样就不能给企业带来战略性增长，那么企业的组织目标就无法达成；如果企业的绩效导向是组织目标的达成，那么员工的行为就趋向于与组织目标保持一致，分解组织目标，理解上级意图，并制订切实可行的计划，与经理成为绩效合作伙伴，在经理的帮助下不断改善，最终支持组织目标的达成。

第一节 绩效、绩效考核与绩效管理

一、绩效

（一）绩效的含义

从管理学的视角来看，绩效是组织期望的结果，是组织为实现其目标而展开的在不同层次上的有效输出，它包括个人绩效和组织绩效。

目前对绩效的界定主要有三种观点：一种观点认为绩效是结果；另一种观点认为绩效是行为；再一种观点则强调员工潜能与绩效的关系，关注员工素质，关注未来发展。

在实际应用中，对绩效的理解可能是以上三种认识中的一种，也可能是对各种绩效概念的综合平衡。一般而言，人们在实践中对绩效有以下五种理解，见表6–1。

表6–1　绩效定义适用情况对照表

绩效的含义	适应的对象	适应的企业或阶段
1.完成了工作任务	体力劳动者 事务性或例行性工序的人员	
2.结果或产出	高层管理者 销售、售后服务等可量化工作性质的人员	高速发展的成长型企业，强调快速反应，注重灵活、创新的企业
3.行为	基层员工	发展相对缓慢的成熟型企业，强调流程、规范、规则的企业
4.结果+过程（行为/素质）	普遍适用各类人员	
5.做了什么（实际收益）+能做什么（预期收益）	知识工作者，如研发人员	

不同绩效观的优缺点见表6–2。

表6–2　不同绩效观的优缺点比较

比较	优点	缺点
注重结果/产出	（1）鼓励大家重视产出，容易在组织中营造“结果导向”的文化与氛围 （2）员工成就感强，以“胜败论英雄” （3）在未形成结果前不会发现不正当行为	（1）当出现责任人不能控制的外围因素时，评价失效 （2）无法获得个人活动信息，不能进行指导和帮助 （3）容易导致短期效应
注重过程/行为	能及时获得个人活动信息，有助于指导和帮助员工	（1）成功的创新者难以容身 （2）过分强调工作的方法和步骤 （3）有时忽视实际的工作成果

一般来讲，不同的企业或企业的不同人员对“结果”和“过程”的侧重点不同。

高速发展的企业或行业，一般更重视结果；发展相对平稳的企业或行业，则更重视过程。强调反应速度、注重灵活、创新工作文化的企业，一般更强调“结果”；强调流程、规范、规则工作文化的企业，一般更强调“过程”。具体到企业不同类别的人员、不同层次的人员，层级越高，越以结果为主；层级越低，越以过程或行为为主，所谓“高层要做正确的事，中层要把事做正确，基层要正确地做事”，讲的就是这个道理。

（二）绩效的性质

绩效的性质中值得强调的是它的多因性、多维性与动态性三个特点。

绩效的多因性，是指绩效的优劣不只取决于单一因素，而要受制于主、客观的多种因素影响，其中主要的影响因素有激励、技能、环境与机会四个因素。前两者是员工自身的主观性影响因素；后两者则是客观性影响因素。可用如下公式表示：

$$P=(S, O, M, E)$$

式中，P为绩效，S是技能，O是机会，M是激励，E是环境。此公式说明，绩效是技能、激励、机会与环境四变量的函数。

绩效的另一特性是多维性，即需沿多种维度或从多个方面去分析与评估。例如，一名工人的绩效，除了产量指标完成情况外，质量、原材料消耗、能耗、出勤，甚至团结、服从、纪律等硬、软件方面，都需综合考虑，逐一评估，尽管各维度可能权重不等，使得绩效评估的侧重点会有所不同。

绩效的第三个特点是它的动态性，即员工的绩效是会变化的，随着时间的推移，绩效差的可能改进转好，绩效好的也可能退步变差，因此管理者不可凭一时印象，以僵化的观点看待下级的绩效。

总之，管理者对下级的考察应该是全面的、发展的、多角度的和权变的，力戒主观、片面和僵化。

二、绩效考核

（一）绩效考核的含义

绩效考核是指考评主体对照工作目标或绩效标准，采用科学的考评方法，评定员工的工作任务完成情况，并将员工的工作职责履行程度和员工的发展情况，以及评定结果反馈给员工的过程。

（二）绩效考核的应用现状及不足

在不同的组织中，我们都在进行着绩效考核。有时它可能只是走过场，有时它又变得非常重要，其考核结果直接决定晋升、奖金、出国培训等机会的分配。员工和管理者不喜欢绩效考核有三方面原因：

（1）绩效考核本身的性质决定了它是一个容易使人焦虑的事情；

（2）绩效考核目的不明确；

（3）绩效考核结果不理想时的绩效考核工作更加难以开展。

就人力资源管理的所有职能来说，如果缺乏高级管理层的支持，评估计划不会成功。此外，还有其他一些原因致使考核程序不能达到预期的效果，比如，①经理人员认为对评估计划投入时间和精力只会获得很少的收益，甚至没有收益；②经理人员不喜欢面对面的评估会谈方式；③经理人员不擅长提供以前评估方面的反馈信息；④经理人员在评估中扮演的法官角色与其在员工发展方面扮演的帮助者角色相矛盾。

人们不喜欢绩效考核，就是因为这种传统意义上的绩效考核在理论上和时间上都存在一些问题，即过分地把员工的绩效改善和能力的不断提高依赖于奖惩制度，因此带来的消极影响主要表现在：

（1）员工改善绩效的动力来源于利益的驱使和对惩罚的惧怕。

（2）过分依赖制度而削弱了组织各级管理者在改善绩效方面的责任。

（3）单纯依赖定期的绩效评估而忽略了对各种过程的控制和督导。

（4）由于管理者的角色是“警察”，考核就是要挑员工的毛病，因此造成管理者与员工之间的冲突和对立。

（5）这种只问结果不问过程的管理方式不利于培养缺乏经验和工作能力的资历较浅的员工。当员工发现无法达到工作标准的时候会自暴自弃，放弃努力，或归因于外界或其他人。

（6）当工作标准不能确切衡量时，导致员工规避责任。

（7）员工产生对优秀业绩者的抵触情绪，使得优秀业绩者成为被攻击的对象。

三、绩效管理

（一）绩效管理的含义

绩效管理是指为了实现组织发展战略目标，采用科学的办法，通过对员工个人或组织的综合素质、态度行为和工作业绩的全面监测分析与考核评定，不断激励员工提高综合素质，改善组织行为，充分调动员工的积极性、主动性和创造性，挖掘其潜力的活动过程。

（二）绩效管理的功能

1. 绩效管理对企业的功能

（1）诊断功能。绩效管理是企业各个职能和业务部门主管的基本职责，在绩效目标明确的前提下，不但需要对企业中每个成员的活动进行跟踪，及时沟通和分析、反馈绩效管理信息，而且要及时发现企业中存在的共性问题，采用科学的方法进行组织诊断。通过调查掌握企业组织机构的现状及其存在的问题，并对照工作岗位说明书、管理业务流程图等文件，进行组织职能分析、组织关系分析和决策分析，找出组织中存在的问题症结所在，指出有哪些部门、流程、程序、授权和协作关系需要改进和调整，从而为组织的变革和发展提供依据。

（2）监测功能。有效的绩效管理体系的运行，可以显示出企业中从高层领导到中层管理人员甚至一线员工的工作情况；可以显示出从劳动环境、生产条件、技术装备、工作场地等硬件条件，到企业文化、经营理念、领导方式、工作方法、工时制度等软件方面的实际运行情况。在企业绩效管理的过程中，各级主管必须对人力、物力和财力等资源的配置及实际运行情况，进行及时的测定和监督，才能达到有效的组织、协调和控制，从而实现预定的绩效目标。

（3）导向功能。绩效管理的基本目标是不断改善企业氛围，提高企业整体效率和经济效益，促进员工与企业的共同发展。要达到这一目标，各级主管在企业绩效管理的过程中，应该充分发挥绩效管理的导向功能，通过积极主动的绩效沟通和面谈，采用科学的方法从不同需求出发，激励和诱导下属，使其朝着一个共同的目标努力学习、积极进取。

（4）竞争功能。绩效管理总是与企业的薪酬奖励、晋升等制度密切相关。绩效优秀的员工不但会受到奖励，还可能会获得晋升，为全体员工树立工作的榜样；同时，那些落后的、工作绩效不佳的员工也可能受到一定程度的批评或处罚。无论是受奖还是受罚，对员工都会产生某种触动和鞭策，在组织中形成竞争的局面。这种员工之间的相互比赛和竞争，势必有助于组织的发展和目标的实现，使企业和员工同时受益。

2. 绩效管理对员工的功能

（1）激励功能。绩效管理可以充分肯定员工的工作业绩，能使员工体验到成功的满足感与成就的自豪感，有利于鼓励先进、鞭策落后、带动中间，从而对每个员工的工作行为进行有效的激励。

（2）规范功能。绩效管理为各项人力资源管理工作提供了一个客观而有效的标准和行为规范，并依据这个考核的结果对员工进行晋升、奖

惩、调配等。通过不断的考核，按照标准进行奖惩与晋升，会使企业形成按标准办事的风气，促进企业的人力资源管理标准化。

（3）发展功能。绩效管理的发展功能主要表现在两个方面：一方面是组织根据考核结果可以制订正确的培训计划，达到提高全体员工素质的目标；另一方面又可以发现员工的特点，根据员工特点决定培养方向和使用办法，充分发挥个人长处，将个人和组织的发展目标有效地结合起来。

（4）控制功能。通过绩效管理，不仅可以把员工工作的数量和质量控制在一个合理的范围内，而且还可以控制工作进度和协作关系，从而使员工明确自己的工作职责，按照既有制度和规定做事，提高工作的自觉性和纪律性。

（5）沟通功能。绩效考核结果出来以后，管理者将与员工谈话，说明考核的结果，听取员工的看法与申诉。这样就为上下级提供了一个良好的沟通机会，使上下级之间相互了解，并增进相互间的理解。

（三）绩效管理与绩效考核的区别与联系

绩效管理是一个完整的系统，绩效考核只是这个系统中的一部分。绩效管理是一个过程，注重过程的管理；而绩效考核是一个阶段性的总结。绩效管理具有前瞻性，能帮助企业前瞻性地看待问题，有效规划企业和员工的未来发展方向；而绩效考核则是回顾过去的一个阶段的成果，不具备前瞻性。绩效管理有着完善的计划、监督和控制的手段和方法，而绩效考核只是提取绩效信息的一个手段。绩效管理注重能力的培养，而绩效考核则只注重成绩的好坏。绩效管理能建立经理与员工之间的绩效合作伙伴关系，而绩效考核则使经理与员工站到了对立的两面，距离越来越远，甚至会制造紧张的气氛和关系。

问题：

如何理解绩效考核与绩效管理的关系？

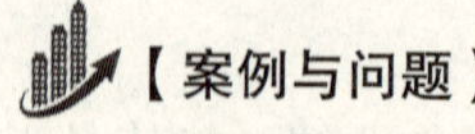

亚太公司的绩效评估

亚太公司到了年终绩效评估的时候了，由于上一年采取了比较公开的方式，结果因为打分高低的问题出现了不少矛盾，因此，今年为了避免重演去年的悲剧，决定采用背靠背的打分方式，即主管人员为员工打一个分数，但并不让员工知道，而员工也需要为主管人员打分并以此作为民意调查的结果。这几天业务三部的办公室里的气氛跟往常有点不大一样。一向比较矜持冷峻的王经理这几天也对部下露出了一点笑容。平时上班经常迟到的小邓这几天早早就来到了办公室，每个人心中都各自打着小算盘。老张心想："我在这里资格最老，这么多年，没有功劳也有苦劳，没有苦劳也有疲劳。现在的年轻人，书本上的理论知识一套一套的，可真正做起业务来，还不得靠我这样的老业务员？王经理要是比较有头脑的话，一定不会亏待我的。"小蔡暗自想："我可是名牌大学毕业的，我觉得我在这里的能力最强，去年把我评了个先进，那帮老家伙老大的不乐意，今年王经理会不会害怕别人的闲言碎语不敢把我评得太高呢？"老吴心里琢磨："那天王经理说了句：'现在的年轻人外语、计算机水平都比我们强，真是青出于蓝胜于蓝啊!'看来我们这些老同志是一天不如一天值钱了，不知年终奖金能分到多少？"小郭心里想："经理看我的眼神有点不对劲，肯定是那天开会我给她提了一条意见她还耿耿于怀呢，看来今年我算倒了霉了。"看来在评估的结果出来之前，大家的心情每天都会这么紧张，每个人的小算盘还会打多久?

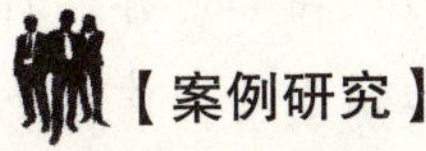【案例研究】

老鼠偷油

三只老鼠一同去偷油喝。他们找到了一个油瓶，但是瓶口很高，够不着。三只老鼠商量一只踩着一只的肩膀，叠罗汉轮流上去喝。当最后一只老鼠刚刚爬上另外两只老鼠的肩膀时，不知什么原因，油瓶倒了，惊动了人，三只老鼠逃跑了。回到老鼠窝，他们开会讨论为什么失败。

第一只老鼠说，我没有喝到油，而且推倒了油瓶，是因为我觉得第二只老鼠抖了一下。

第二只老鼠说，我是抖了一下，是因为最底下的老鼠也抖了一下。

第三只老鼠说，没错，我好像听到有猫的声音，我才发抖的。

于是三只老鼠哈哈一笑，那看来都不是我们的责任了。

俄罗斯矿山爆炸

在一次企业季度绩效考核会议上，营销部门经理A说："最近的销售做得不太好，我们有一定的责任，但是主要的责任不在我们，竞争对手纷纷推出新产品，比我们的产品好。所以我们也很不好做，研发部门要认真总结。”

研发部门经理B说：“我们最近推出的新产品是少，但是我们也有困难呀。我们的预算太少了，就是少得可怜的预算，也被财务部门削减了。没钱怎么开发新产品呢？”

财务部门经理C说：“我是削减了你们的预算，但是你要知道，公司的成本一直在上升，我们当然没有多少钱投在研发部了。”

采购部门经理D说：“我们的采购成本是上升了10%，原因你们知道吗？俄罗斯的一个生产铬的矿山爆炸了，导致不锈钢的价格上升。”

这时，A、B、C三位经理一起说：“哦，原来如此，这样说来，我们大家都没有多少责任了，哈哈哈哈。”

人力资源经理E说：“这样说来，我只能去考核俄罗斯的矿山了。”

点评：

绩效考核的目的是改善绩效，而不是分清责任，当绩效出现问题的时候，大家的着力点应该放在如何改善绩效而不是划清责任。遇到问题先界定责任后讨论改善策略是人们的惯性思维，当我们把精力放在如何有效划清责任上而不是如何改善上时，那么，最后的结果都是归错于外。作为企业员工谁都没有责任，最后客户被晾在了一边，当责任划分清楚了，客户的耐心也已经丧失殆尽了。于是，客户满意和客户忠诚也随之消失了，最后企业财务目标的实现没有了保障，股东价值无从说起。

第二节　绩效管理流程

绩效管理的流程通常可以被看作是一个循环，这个循环分为五步：绩效计划与指标体系构建、绩效管理的过程控制、绩效考核与评价、绩效反馈与面谈以及绩效考核结果的应用。

一、绩效计划与指标体系构建

（一）绩效计划

绩效计划是一个确定组织对员工的绩效期望并得到员工认可的过程。绩效计划必须清楚地说明期望员工达到的结果以及达到该结果时期望员工表现出来的行为及技能。

（二）制订绩效计划的步骤

绩效计划通常是管理者和员工进行双向沟通后得到的结果，这种计划的制订需要经过一些必要的准备，对管理者和员工来说均是如此，否则就难以得到理想的结果。这种准备包括：

（1）组织战略目标和发展规划。

（2）年度企业经营计划。弥补长期计划对员工现在工作激励性的不足。

（3）业务单元的工作计划。直接从年度经营计划中分解出来，与业务单元的职能相联系，同员工的绩效标准紧密相关。

（4）团队计划。采用这种形式使得小单元内的目标责任更加明确和具体，这也更有利于个人绩效计划的制订。

（5）个人职责描述。个人职责描述规定了员工在自己的职责上应该干什么，而绩效计划则指出了完成这些任务应该达到的标准，两者是紧密相连的。

（6）员工上一个绩效周期的绩效考核结果。据以更改新的绩效计划。

（三）指标体系构建

1. 绩效指标分类

常见的分类有以下几种：“特质、行为、结果”三类绩效指标、结果指标与行为指标。

（1）特质、行为、结果三类绩效指标。从表6-3可以看出，特质类指标关注的是员工的素质与发展潜力，在选拔性评价中更为常用；行为类绩效指标关注的是绩效实现的过程，适用于通过单一程序化的方式达到绩效目标的职位；结果类指标更多地关注绩效结果或绩效目标的实现程度。

表6-3 特质、行为、结果三类绩效指标比较一览表

	特质	行为	结果
适用范围	（1）适用于对未来的工作潜力做出预测	适用于评价可以通过单一的方式或者程序化的方式实现的岗位	适用于评价那些可以通过多种方法达到绩效标准或绩效目标的岗位
不足	（1）没有考虑情境因素，通常预测效度较低 （2）不能有效地区分实际工作绩效，使员工容易产生不公平感 （3）将注意力集中在短期内难以改变的人的特质上，不利于改进绩效	（1）需要对那些同样能够达到目标的行为方式进行区分，以选择真正适合组织需要的方式，这一点比较困难 （2）当员工认为其工作重要性较小时意义不大	（1）结果有时候不完全受评价对象的控制 （2）容易使评价对象为了达到一定的结果而不择手段，使组织在获得短期效益的同时丧失了长期利益

（2）结果指标与行为指标。在评价各级员工已有的绩效水平时，通常采用的绩效指标有两类：结果指标与行为指标。

结果指标一般与公司目标、部门目标以及员工的个人目标相对应，如成本降低30%，销售额提高3%等。行为指标一般与工作态度、协调能力、合作能力、知识文化水平、发展潜力等指标相对应。

由于企业中高层员工能够更加直接地对企业的关键绩效产生影响，在企业的各个管理阶层中，越是处于“金字塔”的顶层，其绩效评价中的结果指标就越多，行为指标就越少；而越是在“金字塔”的底层，其绩效评价中的结果指标就越少，行为指标就越多。

不过，结果指标通常只反映部门和员工过去的工作绩效。如果只关注结果指标，容易使企业忽略那些影响其长期发展的因素。因此，在设计绩效评价指标时，要将结果指标与行为指标结合使用。

2. 绩效指标体系的设计原则

绩效指标体系的设计需要考虑两个方面的问题：对绩效指标的选择和各个指标之间的整合。因此，要建立一个良好的绩效指标体系，需要遵循以下五项原则：

（1）以定量指标为主、定性指标为辅的基本原则（不适用所有职位）；

（2）少而精的原则；

（3）可测性原则；

（4）独立性与差异性原则；

（5）目标一致性原则。

绩效评价的目的和被评价人员所承担的工作内容和绩效标准成为绩效评价指标的选择依据。另外，从评价的可操作性角度考虑，绩效指标的选择还应该考虑取得所需信息的便利程度，从而使设计的绩效指标能够真正得到科学、准确的评价。

3. 绩效指标体系的框架

绩效目标、绩效指标与绩效标准显然是有层次的。绩效指标体系的层次表现在企业、部门和职位三个层次的绩效指标上。

企业的绩效考核指标也包含三个层面：企业层面、部门层面和职位层面。企业层面的绩效指标主要是依据企业的关键绩效领域和企业的战略目标或企业层面的绩效目标制定的。将企业层面的绩效指标向下逐层分解，就可以得到部门层面和职位层面的绩效指标。

4. 建立绩效指标体系的基本步骤

建立企业绩效指标体系需要以下四个基本步骤：

（1）通过工作分析与业务流程分析确定绩效评价指标；

（2）粗略划分绩效指标的权重；

（3）通过各个管理阶层员工之间的沟通确定绩效评价指标体系；

（4）修订（考评前修订、考评后修订）。

5. 与绩效指标相对应的绩效标准

制定绩效指标与标准往往是一起进行的。一般来说，绩效指标是指企业要从哪些方面对工作产出进行衡量或评估；而绩效标准是指企业在各个指标上应该分别达到什么样的水平。也就是说，指标解决的是企业需要评价“什么”才能实现其战略目标；而标准关注的是被评价的对象需要在各个指标上做得“怎样”或完成“多少”。

二、绩效管理过程控制

（一）绩效管理过程控制存在的一些误区

（1）过于强调近期绩效；

（2）根据自我感觉，感情用事；

（3）误解或混淆绩效标准；

（4）缺少足够的、清晰的绩效记录资料；

（5）没有足够的时间讨论；

（6）管理者说得太多；

（7）缺少后续行动和计划。

（二）持续的绩效沟通

持续绩效沟通的内容：

（1）以前工作开展的情况怎样？

（2）哪些工作做得很好？

（3）哪些地方需要纠正或改善？

（4）员工是在努力实现工作目标吗？

（5）如果偏离目标的话，管理者应该采取什么纠正措施？

（6）管理者能为员工提供何种帮助？

（7）是否有外界发生的变化影响着工作目标？

（8）如果目标需要改变，如何进行调整？

三、绩效考核与评价

绩效考核是绩效管理活动的中心环节，是考核者与被考核者双方对考核期内的工作绩效进行全面回顾和总结的过程。

（一）绩效考核技术

绩效评估的方法按照评估标准的类型，可以分为特征导向评估法、行为锚定等级评价法和结果导向评估法。

1. 特征导向评估法

特征导向评估法主要是图解式考核法。图解式考核法也称图尺度考核法。图解式考核法主要是针对每一项评定的重点或考评项目，预先订立基准，包括以不同段分数表示的尺度和依等级间断分数表示的尺度，前者称为连续尺度法，后者称为非连续尺度法，实际运用中常以后者为主。表6-4所示为图尺度考核示例。

表6-4 图尺度考核表示例

<table>
<tr><td colspan="2">员工姓名</td><td colspan="2">职位</td></tr>
<tr><td colspan="2">部门</td><td colspan="2">员工薪资</td></tr>
<tr><td colspan="4">绩效考核目的：
□年度例行考核 □晋升 □绩效不佳 □工资调整 □试用期结束 □其他</td></tr>
<tr><td colspan="2">员工到职时间</td><td colspan="2"></td></tr>
<tr><td colspan="2">最后一次考核时间</td><td colspan="2">正式考核日期</td></tr>
<tr><td colspan="4">考核等级说明</td></tr>
<tr><td colspan="4">O：杰出（Outstanding），在所有各方面的绩效都十分突出，并且明显地比其他人的绩效优异很多。
V：很好（Very good），工作绩效的大多数方面明显超出职位的要求，工作绩效是高质量的并且在考核期间一贯如此。
G：好（Good），是一种称职的和可信赖的工作绩效水平，达到了工作绩效标准的要求。
I：需要改进（Improvement needed），在绩效的某一方面存在缺陷，需要进行改进。
U：不令人满意（Unsatisfactory），工作绩效水平总的来说无法让人接受，必须立即加以改进。绩效考核等级在这一水平上的员工不能增加工资。
N：不做考核（Not rated），在绩效等级表中无可利用的标准或因时间太短而无法得出结论。</td></tr>
<tr><td>员工绩效考核要素</td><td colspan="2">考核尺度</td><td>考核的事实依据或评语</td></tr>
<tr><td>1. 质量：所完成工作的精确度、彻底性和可接受性</td><td>O □
V □
G □
I □
U □</td><td>100~91
90~81
80~71
70~61
60及以下</td><td>分数：

评语：</td></tr>
<tr><td>2. 生产率：在某一特定的时间段中所生产的产品和效率</td><td>O □
V □
G □
I □
U □</td><td>100~91
90~81
80~71
70~61
60及以下</td><td>分数：

评语：</td></tr>
<tr><td>3. 工作知识：时间经验和技术能力以及在工作中所运用的信息</td><td>O □
V □
G □
I □
U □</td><td>100~91
90~81
80~71
70~61
60及以下</td><td>分数：

评语：</td></tr>
<tr><td>4. 可信度：某一员工在完成任务和听从指挥方面的可信任程度</td><td>O □
V □
G □
I □
U □</td><td>100~91
90~81
80~71
70~61
60及以下</td><td>分数：

评语：</td></tr>
</table>

续表

5. 勤勉性：员工上下班的准时程度，工作休息、用餐时间的情况以及总体的出勤率	O □ V □ G □ I □ U □	100~91 90~81 80~71 70~61 60及以下	分数： 评语：
6. 独立性：完成工作时不需要监督和只需要很少监督的程度	O □ V □ G □ I □ U □	100~91 90~81 80~71 70~61 60及以下	分数： 评语：

2. 行为锚定等级评价法

行为锚定等级评价法是传统业绩评定表和关键事件法的结合。在行为锚定等级评价法中，不同的业绩水平会通过一张等级表反映出来，并且根据一名员工的特定工作行为被描述出来。行为锚定等级评价法更便于在考核时进行讨论。

行为锚定等级评价表的开发过程：首先，行为锚定式考核量表始于工作分析，使用关键事件技术；其次，事件或行为依据维度加以分类；最后，为每一维度开发出一个考核量表，用这些行为作为锚来定义量表上的评分（表6-5）。

行为锚定等级评价法的优点在于工作绩效计量更为准确，工作绩效考核标准更为明确，具有良好的反馈功能，各种工作绩效考核要素之间具有较强的相互独立性。缺点则是考核者容易在选择项上难以抉择。

表6-5　维度：课堂培训教学技能

优秀：7 6 5 中等：4 3 2 极差：1	内训师能清楚、简明、正确地回答学员的问题 当试图强调某一点时，内训师使用例子 内训师用清楚、能使人明白的方式授课时内训师表现出许多令人厌烦的习惯 内训师在课堂上给学员们不合理的批评

3. 结果导向评估法

结果导向评估法主要包括以个人绩效合约为基础的绩效考核法、以及产量衡量法。

（1）个人绩效合约法。个人绩效合约法借用了目标管理的核心思想，强调员工绩效目标的实现以及员工对组织目标达成的具体承诺。

（2）产量衡量法。产量衡量法指纯粹通过产量来衡量绩效的方法，如对销售人员，衡量其销售量和销售额；对生产工人，衡量其生产产品的数量。

4. 总结

下面以表6–6对各种评估方法的比较结果进行了归纳总结。

表6–6 特征、行为、结果导向的评估方法优劣势对比

	优势	劣势
特征导向评估法	1.成本较低 2.绩效指标比较有意义 3.使用方便	1.产生错误评估的可能性较大 2.对员工的指导效应较小 3.不适合用于奖励的分配 4.不适合用于晋升的决策
行为锚定等级评价法	1.绩效指标比较具体 2.员工和主管都比较容易接受 3.有利于提供绩效反馈 4.借此做出的奖励和晋升决策较公平	1.建立和发展此方法可能较费时间 2.成本较高 3.有可能产生错误评估
结果导向评估法	1.主观偏见少 2.员工和主管都容易接受 3.把个人的绩效和组织的绩效联系起来 4.鼓励共同设定目标 5.利于做出奖励和晋升决策	1.建立和发展此方法很费时间 2.可能会鼓励只看短期的行为 3.可能使用被污染的标准 4.标准可能不完整

（二）考核主体

按照绩效考核对象的不同，将绩效考核分为员工本人、上级、同级、下级、外部人员对员工自身在考核周期内可观察到的具体行为进行评定五种类型。

1. 上级考核

由被考核者的上级作为考核主体有许多优点，上级对被考核者承担着直接领导、管理与监督责任，对下属是否完成工作任务、是否达到预定的目标等工作情况比较了解，而且上级作为考核主体，有助于实现管理目标，保证管理的权威。所以在绩效考核中往往由上级作为考核的主体，其考核的分数对被考核者的考核结果影响很大，约占60%~70%。上级考核的缺点在于考核的信息来源比较单一，容易产生个人偏见。

2. 同级考核

被考核者的同事与被考核者共事，密切联系，相互协作，相互配合。被考核者的同事往往比上级能更清楚地了解被考核者，他们的参与避免了个人的偏见，而且有助于促使员工在工作中与同事相互配合。同级考核也有一定的缺点：人际关系的因素会影响考核的公正性，和自己关系好的就给高分，关系不好的就给低分；也有可能协商一致，相互给高分；还有可能造成相互的猜疑而影响同事的关系。所以在绩效考核中，同级的考核结果占有一定的份额，但不会过大，在10%左右。

3. 下级考核

用下级作为考核主体，他们作为被考核者的下属，对其工作作风、行为方式、实际成果有比较深入的了解，对被考核者的各方面有亲身的感受，所以他们作为考核主体的优点是：可以促使上级关心下级的工作，建立融洽的工作关系；容易发现上级在工作方面存在的问题。缺点是：由于顾及上级的反应，往往心存疑虑，不敢真实反映情况；有可能削弱上级的权威，造成上级对下级的迁就。所以其评定结果在总体评价中一般控制在10%左右。

4. 自我考核

让员工本人作为考核的主体，优点是能调动员工本人的积极性，增加员工的参与感，加强员工的自我开发意识和自我约束意识，有助于员工接受考核结果。缺点是员工对自己的评价往往容易偏高，当自我考核与其他主体考核差异较大时，容易引起矛盾。其评定结果在总体评价中一般控制在10%左右。

5. 外部人员考核

外部人员考核即让员工服务的对象来对员工的绩效进行考核，这里的服务对象是部门或者小组以外的人员，不仅包括外部客户，还包括内部客户。外部人员考核有助于员工更加关注自己的工作结果，提高工作质量。缺点是外部人员可能不太了解被考核者的实际情况，更侧重于员工工作的结果，不利于对员工进行全面的评价。实际考核过程中，在采用这种形式时应当慎重考虑。

（三）绩效考核的时间

绩效考核的时间跨度可以根据具体情况和实际需要而定，可以进行月度考核、季度考核、半年考核和年度考核。在决定绩效考核的时间时，考核者需要考虑两个问题，即考核时间和考核频率。

考核的时间指什么时候进行考核，考核的频率指多长时间考核一次。

绩效考核的时间取决于实际工作的需要和员工的类型。经常进行绩效考核有助于及时发现工作中的问题，采取措施提高绩效。但是绩效考核周期不宜过长，否则会造成人力、物力、财力的浪费，还会影响员工的正常工作，给员工带来心理负担，不利于改进绩效，并使大家觉得考核作用不大，可有可无，结果使考核流于形式。对一线工人的绩效考核可以相对频繁一些，以便及时发现工作的优点与不足，并采取适当的补救措施提高绩效；对技术人员和高级管理人员来说，其工作绩效需要较长的时间才能显露出来，所以对他们的绩效考核次数可以少一些。

四、绩效反馈与面谈

绩效反馈是绩效管理的最后一步，是由员工和管理人员一起，回顾和讨论考评的结果，如果不将考评结果反馈给被考评的员工，考核将失去其极为重要的激励、奖惩和培训的功能，因此，绩效反馈对绩效管理起到至关重要的作用。

（一）绩效反馈的定义

绩效反馈是绩效管理的一个重要环节，它主要通过考核者与被考核者之间的沟通，就被考核者在考核周期内的绩效情况进行反馈，在肯定成绩的同时，找出工作中的不足并加以改进。

（二）绩效面谈的内容

绩效面谈的内容应围绕员工上一个绩效周期的工作开展，一般包括四个方面的内容。

（1）工作业绩：工作业绩的综合完成情况是考核者进行绩效面谈时最为重要的内容，在面谈时应将评估结果及时反馈给被考核者，如果被考核者对绩效评估的结果有异议，则需要和下属一起回顾上一绩效周期的绩效计划和绩效标准，并详细地向下属介绍绩效评估的理由。通过几次绩效结果的反馈，总结绩效达成的经验，找出绩效未能达成的原因，为以后更好地完成工作打下基础。

（2）行为表现：除了绩效结果以外，主管还应关注被考核者的行为

表现，比如工作态度、工作能力等，对工作态度和工作能力的关注可以帮助被考核者更好地完善自己，提高技能，也有助于帮助员工进行职业生涯规划。

（3）改进措施：绩效管理的最后总目的是改善绩效。在面谈过程中，对于被考核者未能有效完成的绩效计划，考核者应该和被考核者一起分析绩效不佳的原因，并设法帮助下属提出具体的绩效改进措施。

（4）新的目标：绩效面谈作为绩效管理流程中的最后环节，考核者应该在这个环节中结合上一个绩效周期的绩效计划完成情况，并结合被考核者新的任务，和被考核者一起提出下一个绩效周期中的新的工作目标和工作标准，这实际上是帮助被考核者一起制订新的绩效计划。

五、绩效考核结果的应用

（一）绩效改进

绩效改进是绩效管理过程中的一个重要环节。传统绩效考核的目的是通过对员工的工作业绩进行评估，将评估结果作为确定员工薪酬、奖惩、晋升或降级的标准。而现代绩效考核的目的不仅局限于此，员工能力的不断提高以及绩效的持续改进才是其根本的目的。绩效改进工作的成功与否，是绩效考核过程能否发挥效用的关键。

绩效改进的指导思想主要体现在以下三方面：

（1）绩效改进是绩效考核的后续工作，所以绩效改进的出发点是对员工实施工作的考核，不能将这两个环节的工作割裂开来考虑。

（2）绩效改进必须自然地融入日常管理工作之中，才有其存在的价值。

（3）帮助下属改进绩效、提升能力，这与完成管理任务一样，都是管理者义不容辞的责任。

（二）薪酬奖金分配

绩效考核结果能够为报酬分配提供切实可靠的依据。企业除了基本工资外，一般都有业绩工资。业绩工资是直接与员工个人业绩挂钩的，这是绩效考核结果的一种普遍用途。它是为了增强薪酬的激励效果，在员工的薪酬体系中部分地与绩效挂钩，薪资的调整也往往由绩效结果来决定。

（三）员工职业发展

将绩效考核结果与员工发展结合起来，可以实现员工发展与部门发展的有机结合，达到本部门人力资源需求与员工职业生涯需求之间的平衡，有利于创造一个高效率的工作环境。绩效考核结果不仅可以为员工的工作配置提供科学依据，还可以为企业对员工进行全面教育培训提供科学依据。

（四）开发员工潜能

从个人发展的角度看，绩效考核结果为评价个人优缺点和提高工作绩效提供了一个反馈的渠道。无论是处在哪个工作层次的员工，绩效考核都有助于帮助其消除潜在的问题，并为员工制定新的目标以达到更高的绩效；有助于为员工制订发展和成长计划，改善员工的工作方式并为提高员工工作效率奠定了一个合理的基础，使管理者在绩效考核中的角色由法官转变为教练，承担着督导与培训责任。建立主管与员工之间的绩效伙伴关系，表现在结合绩效考核结果的现状制订合理的绩效改进计划、实施适合个人发展的职业生涯规划、为员工晋升和培训提供依据，也为奖励和惩罚提供了具体标准。

问题：

怎样构建绩效指标体系？

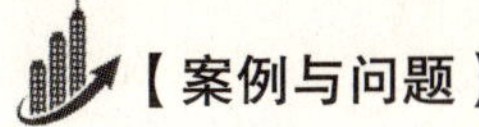

【案例与问题】

为什么设定目标反而导致了矛盾加剧和利润下降？

一家制药公司，决定在整个公司内实施目标管理。事实上，他们之前在为销售部门制定支付奖金系统时已经用了这种方法。公司通过对比实际销售额与目标销售额，支付给销售人员相应的奖金。这样销售人员的实际薪资就包括基本工资和一定比例的个人销售奖金两部分。

销售额大幅度提上去了，但是却苦了生产部门，他们很难完成交货计划。销售部抱怨生产部不能按时交货。总经理和高级管理层决定为所有部门经理以及关键员工建立一个目标设定流程。为了实施这个新的方法他们需要用到绩效评估系统。生产部门的目标包括按时交货和库存成本两个部分。

他们请了一家咨询公司指导管理人员设计新的绩效评估系统，并就现有的薪资结构提出改革的建议。他们付给咨询顾问高昂的费用修改基本薪资结构，包括岗位分析和工作描述。并且邀请咨询顾问参与制定奖金系统，该系统与年度目标的实现程度密切相连。咨询顾问指导经理们如何组织目标设定的讨论和绩效回顾流程。总经理期待着很快能够提高业绩。

然而不幸的是，业绩不但没有上升，反而下滑了。部门间的矛盾加剧，尤其是销售部和生产部。生产部埋怨销售部销售预测准确性太差，而销售部埋怨生产部无法按时交货。每个部门都指责其他部门的问题，客户满意度下降，利润也在下滑。

分析：这个案例中的问题出在哪里呢？为什么设定目标（并与工资挂钩）反而导致了矛盾加剧和利润下降？

第三节 绩效考核的核心技术

【案例研究】

三个石匠

有人经过一个建筑工地，问那里的石匠们在干什么？三个石匠有三个不同的回答。

第一个石匠回答：“我在做养家糊口的事，混口饭吃。”

第二个石匠回答：“我在做最棒的石匠工作。”

第三个石匠回答：“我在盖一座教堂。”

同样一份工作，得到三种不同的答案，如果你是他们的上司，你更赞同哪种方式呢？

一、目标管理

（一）目标管理的含义

目标管理是一种科学的管理方法，这种管理方法通过确定目标、制定措施、分解目标、落实措施、安排进度、组织实施、考核等企业自我控制手段来达到管理目的。目标管理的主要特点是它十分注意从期望达到的目标出发，采取能保证管理目的和成果实现的措施，以调动各方面的积极性，使每个人都为达到自己的目标而主动采取各种可能奏效的方式方法，成为管理的主动者，这个特点贯穿于整个目标管理过程。

目标管理是一个反复循环、螺旋上升的管理方式，因而它的基本内容具有一定的周期性，目标管理正是通过管理内容的周而复始，实现管理效果的不断提高。

（二）目标管理的提出

美国管理大师彼得·德鲁克（Peter Drucker）于1954年在其名著《管理实践》中最先提出了“目标管理”的概念，随后他又提出“目标管理和自我控制”的主张。德鲁克认为，并不是有了工作才有目标，相反，有了目标才能确定每个人的工作。所以“企业的使命和任务，必须转化为目标”，如果一个领域没有目标，这个领域的工作必然会被忽视。因此，管理者应该通过目标对下级进行管理，当组织最高层次的管理者确定了组织目标后，必须对其进行有效分解，转变成各个部门以及各个员工的分目标，管理者根据分目标的完成情况对下级进行考核、评价和奖惩。

目标管理提出以后，在美国迅速流传。时值第二次世界大战后西方经济由恢复转向迅速发展的时期，企业急需采用新的方法调动员工积极性以提高竞争能力，目标管理可谓应运而生，遂被广泛应用，并很快为日本、西欧国家的企业所仿效，在世界管理界大行其道。

（三）目标管理的应用

目标管理最为广泛的应用是在企业管理领域。企业目标可分为战略性目标、策略性目标以及方案、任务等。一般来说，经营战略目标和高级策略目标由高级管理者制定；中级目标由中层管理者制定；初级目标由基层管理者制定；方案和任务由职工制定，并同每一个成员的应有成果相联系。将自上而下的目标分解和自下而上的目标期望相结合，使经营计划的贯彻执行建立在职工的主动性、积极性的基础上，把企业职工吸引到企业经营活动中来。

目标管理方法提出后，美国通用电气公司最先采用，并取得了明显效果。其后，在美国、西欧、日本等许多国家和地区得到迅速推广，被公认为是一种加强计划管理的先进科学管理方法。我国从20世纪80年代初开始在企业中推广目标管理方法，目前采取的干部任期目标制、企业层层承包等，都是对目标管理方法的具体应用。

（四）目标管理的程序

目标管理的具体做法分三个阶段：第一阶段为目标的设置，第二阶段为实现目标过程的管理，第三阶段为测定与评价所取得的成果。

1. 目标的设置

这是目标管理最重要的阶段，这一阶段可以细分为四个步骤：

（1）高层管理预定目标。这是一个暂时的、可以改变的目标预案。既可以由上级提出，再同下级讨论；也可以由下级提出，再申请上级批准。无论哪种方式，首先必须共同商量决定；其次，领导必须根据企业的使命和长远战略，估计客观环境带来的机会和挑战，对本企业的优劣有清醒的认识，对组织应该和能够完成的目标做到心中有数。

（2）重新审议组织结构和职责分工。目标管理要求每一个分目标都有确定的责任主体。因此预定目标之后，需要重新审查现有的组织结构，根据新的目标对分解要求进行调整，明确目标责任者并协调关系。

（3）确立下级的目标。首先下级要明确组织的规划和目标，然后商定自身的分目标。在讨论中上级要尊重下级，平等待人，耐心倾听下级意见，帮助下级发展具有一致性和支持性的目标。分目标要具体量化，以便于考核；分清轻重缓急，以免顾此失彼；既要有挑战性，又要有实现的可能。每个员工和部门的分目标要和其他分目标协调一致，支持本单位和组织目标的实现。

（4）上级和下级就实现各项目标所需的条件以及实现目标后的奖惩事宜达成协议；分目标制定后，上级要授予下级相应的资源配置的权力，实现权、责、利的统一；由下级写成书面协议，编制目标记录卡片，整个组织汇总所有资料后，绘制出目标图。

2. 实现目标过程的管理

目标管理重视结果，强调自主、自治和自觉。这并不等于上级可以放手不管，相反由于形成了目标体系，一环失误，就会牵动全局。因此，上级在目标实施过程中的管理是不可缺少的。首先要进行定期检查，利用双方经常接触的机会和信息反馈渠道自然地进行；其次要向下级通报进度，便于互相协调；再次要帮助下级解决工作中出现的困难和问题，当出现意外、不可预测事件严重影响组织目标实现时，也可以通过一定的程序，修改原定的目标。

3. 总结和评估

达到预定的期限后，下级首先要进行自我评估，提交书面报告；然后上下级一起考核目标完成情况，决定奖惩；同时讨论下一阶段目标，开始新的循环。如果目标没有完成，应分析原因并总结教训，切忌相互指责，以保持相互信任的气氛。

（五）目标管理的特征

1. 明确目标

研究人员和实际工作者早已认识到制定个人目标的重要性。美国马里兰大学的早期研究发现，明确的目标要比只要求人们尽力去做有更高的业绩，而且高水平的业绩和高目标是相联系的。人们注意到，在企业中，目标技能的改善会持续提高生产率。而且，目标制定的重要性并不限于企业，在公共组织中也是有作用的。在许多公共组织里，普遍存在的目标的含混不清对管理人员来说是一件难事，但人们已在寻找解决这种难题的途径。

2. 参与决策

MBO中的目标不像传统的目标设定那样，单向由上级给下级规定目标，然后分解成子目标落实到组织的各个层次上，而是用参与的方式决定目标，上级与下级共同参与选择、设定各对应层次的目标，即通过上下协商，逐级制定出整体组织目标、经营单位目标、部门目标直至个人目标。因此，MBO的目标转化过程既是“自上而下”的，又是“自下而上”的。

3. 规定时限

MBO强调时间性，制定的每一个目标都有明确的时间期限要求，如一个季度、一年、五年，或在已知环境下的任何适当期限。在大多数情况下，目标的制定可与年度预算或主要项目的完成期限一致。但实际上并非必须如此，这主要依实际情况来定。某些目标应该安排在很短的时期内完成，而另一些目标则要安排在更长的时期内完成。同样，在典型的情况下，组织层次的位置越低，为完成任务而设置的时间往往越短。

4. 评价绩效

MBO寻求不断地将实现目标的进展情况反馈给个人，以便他们能够调整自己的行动。也就是说，下级承担为自己设置具体的个人绩效目标的责任，并具有同他们的上级一起检查这些目标完成情况的责任。因此每个人对他所在部门的贡献就变得非常明确。尤其重要的是，上级要努力鼓励下级按照预先设立的目标来评价业绩，积极参加评价过程，用这种鼓励自我评价和自我发展的方法，鞭策员工对工作的投入，并创造一种激励的环境。

二、关键绩效指标

（一）KPI的含义

关键绩效指标（Key Performance Indicator，KPI）是通过对组织内部流程的输入端、输出端的关键参数进行设置、取样、计算、分析，衡量流程绩效的一种目标式量化管理指标，是把企业的战略目标分解为可操作的工作目标的工具，是企业绩效管理的基础。KPI可以使部门主管明确部门的主要责任，并以此为基础，明确部门人员的业绩衡量指标。建立明确的切实可行的KPI体系，是做好绩效管理工作的关键。关键绩效指标是用于衡量工作人员工作绩效表现的量化指标，是绩效计划的重要组成部分。

KPI符合一个重要的管理原理——“二八原理”。在一个企业的价值创造过程中，存在着“80/20”的规律，即20%的骨干人员创造企业80%的价值；而且在每一位员工身上“二八原理”同样适用，即80%的工作任务是由20%的关键行为完成的。因此，必须抓住20%的关键行为，并对此进行分析和衡量，这样就能抓住业绩评价的重心。

（二）关键绩效指标的特点

1. 来自于对公司战略目标的分解

首先，作为衡量各职位工作绩效的指标，关键绩效指标所体现的衡量内容最终取决于公司的战略目标。当关键绩效指标构成了公司战略目标的有效组成部分或支持体系时，它所衡量的职位便以实现公司战略目标的相关部分作为自身的主要职责。如果KPI与公司战略目标脱离，则它所衡量的职位的努力方向也将与公司战略目标的实现产生分歧。

KPI来自于对公司战略目标的分解，其第二层含义在于，KPI是对公司战略目标的进一步细化和发展。公司战略目标是长期的、指导性的、概括性的，而各职位的关键绩效指标内容丰富，针对职位而设置，着眼于考核当年的工作绩效，具有可衡量性。因此，关键绩效指标是对真正能够驱使公司战略目标实现的具体因素的发掘，是公司战略对每个职位工作绩效要求的具体体现。

最后一层含义在于，关键绩效指标随公司战略目标的发展演变而调整。当公司战略侧重点转移时，关键绩效指标必须予以修正以反映公司战略新的内容。

2. 关键绩效指标是对绩效构成中可控部分的衡量

企业经营活动的效果是内因外因综合作用的结果，其中，内因是各职位员工可控制和影响的部分，也是关键绩效指标所衡量的部分。关键绩效指标应尽量反映员工工作的直接可控效果，剔除他人或环境造成的其他方面的影响。例如，销售量与市场份额都是衡量销售部门市场开发能力的标准，而销售量是市场总规模与市场份额相乘的结果，其中市场总规模是不可控变量。在这种情况下，两者相比，市场份额更体现了职位绩效的核心内容，更适于作为关键绩效指标。

3. KPI是对重点经营活动的衡量，而不是对所有操作过程的反映

每个职位的工作内容都涉及不同的方面，高层管理人员的工作任务更复杂，但KPI只对其中对公司整体战略目标影响较大，对战略目标实现起到不可或缺作用的工作进行衡量。

4. KPI是组织上下认同的

KPI不是由上级强行确定下发的，也不是由员工自行制定的，它的制定过程由上级与员工共同参与完成，是双方达成一致意见的体现。它不是以上压下的工具，而是组织中相关人员对职位工作绩效要求的共同认识。

（三）KPI的作用

KPI有助于：

（1）根据组织的发展规划/目标计划来确定部门/个人的业绩指标；

（2）监测与业绩目标有关的运作过程；

（3）及时发现潜在的问题及需要改进的领域，并反馈给相应部门/个人；

（4）KPI输出是绩效评价的基础和依据。

当公司、部门、职位确定了明晰的KPI体系后，可以：

（1）把个人和部门的目标与公司整体的目标联系起来；

（2）对于管理者而言，阶段性地对部门/个人的KPI输出进行评价和控制，可正确引导目标发展；

（3）集中测量公司所需要的行为；

（4）定量和定性地对直接创造利润和间接创造利润的贡献作出评估。

（四）关键绩效指标的SMART原则

确定关键绩效指标有一个重要的SMART原则。SMART是5个英文单词首字母的缩写：

S代表具体（Specific），指绩效考核要切中特定的工作指标，不能笼统；

M代表可度量（Measurable），指绩效指标是数量化或者行为化的，验证这些绩效指标的数据或者信息是可以获得的；

A代表可实现（Attainable），指绩效指标在付出努力的情况下是可以实现的，避免设立过高或过低的目标；

R代表关联性（Relevant），指绩效指标是与上级目标具有明确的关联性，最终与公司目标相结合；

T代表有时限（Time bound），指注重完成绩效指标的特定期限。

（五）确定关键绩效指标的过程

1. 建立评价指标体系

可按照从宏观到微观的顺序，依次建立各级指标体系。首先明确企业的战略目标，找出企业的业务重点，并确定这些关键业务领域的关键绩效指标 （KPI），从而建立企业级KPI；接下来，各部门的主管需要依据企业级KPI建立部门级KPI；然后，各部门的主管和部门的KPI人员一起再将KPI进一步分解为更细致的KPI。这些业绩衡量指标就是员工考核的要素和依据。

2. 设定评价标准

一般来说，指标指的是应从哪些方面来对工作进行衡量或评价；而标准指的是在各个指标上分别应该达到什么样的水平。指标解决的是我们需要评价“什么”的问题；标准解决的是要求被评价者做得“怎样”完成“多少” 的问题。

3. 审核关键绩效指标

对关键绩效指标进行审核的目的主要是确认这些关键绩效指标是否能

够全面、客观地反映被评价对象的工作绩效，以及是否适合评价操作。

（六）KPI总结

从组织结构的角度来看，KPI系统是一个纵向的指标体系：先确定公司层面关注的KPI，再确定部门乃至个人要承担的KPI，由于KPI体系是经过层层分解的，这样，就在指标体系上把战略落实到“人”了。而要具体落实战略，需要“显性化”，要对每个层面的KPI进行赋值，形成一个相对应的纵向的目标体系。所以，在落实战略时有“两条线”：一条是指标体系，即工具；另一条是目标体系，它可利用指标工具得到。当然，目标体系本身还是一个沟通与传递的体系，即使使用KPI体系这一工具，具体的目标制定还需要各级管理者之间进行沟通。下级管理者必须参与更高一级目标的制定，由此他才能清楚本部门在更大系统中的位置，也能够让上级管理者更明确对其部门的要求，从而保证制定出适当、有效的子目标。这样，通过层层制定出相应的目标，形成一条不发生偏失的“目标线”，以保障战略有效传递和落实到具体的操作层面。具体到绩效管理的实施上，各部门承担的KPI是由战略决定的，但具体到某个年度时，并不需要对其所有承担的KPI进行赋值和制定目标。

因为战略目标是相对长期的，而具体到年度时一定会有所偏重，所以要求在选择全面衡量战略的KPI时要根据战略有所取舍。具体的年度目标的制定，是在全面分析企业内外环境、状况的基础上，根据年度战略构想，对本年度确定的KPI进行赋值而得到的。其中，KPI只是一个工具体系；而制定目标的关键还在于“人”与“人”之间的沟通和理解，需要管理者和自己的上级、同级、下级、外部客户、供应商进行360度全方位的沟通。管理，在制定目标、落实战略的时候，就是一个沟通、落实的过程。所谓战略的落实，正是通过对这种阶段性目标状态的不断定义和实现而逐步达到的。

三、平衡计分卡

（一）平衡计分卡的提出

平衡计分卡（The Balanced Score Card，BSC）是于20世纪90年代初由哈佛商学院的罗伯特·卡普兰（Robert Kaplan）和诺朗诺顿研究所所长（Nolan Norton Institute）、美国复兴全球战略集团创始人兼总裁戴维·诺

顿（David Norton）所开发的“未来组织绩效衡量方法”的一种绩效评价体系。当时制订该计划的目的在于找出超越传统以财务量度为主的绩效评价模式，以使组织的“策略”能够转变为“行动”而发展出来的一种全新的组织绩效管理方法。平衡计分卡自创立以来，在国际上，特别是在美国和欧洲，很快引起了理论界和客户界的浓厚兴趣与反响。

平衡计分卡被《哈佛商业评论》评为最具影响力的管理工具之一，它打破了传统的单一使用财务指标衡量业绩的惯例。它在财务指标的基础上加入了未来驱动因素，即客户因素、内部经营管理过程和员工的学习成长，在集团战略规划与执行管理方面发挥非常重要的作用。根据解释，平衡计分卡主要通过图、卡、表来实现战略的规划。

（二）平衡计分卡的核心内容

平衡计分卡的设计包括四个方面：财务方面、顾客方面、内部运营流程方面、学习与成长方面。这几个角度分别代表企业主要的利益相关者：股东、顾客、员工，每个角度的重要性均取决于角度的本身和指标的选择是否与公司战略相一致。其中每一个方面都有其核心内容。

第一，财务方面。财务性指标是一般企业常用于绩效评估的传统指标。财务性绩效指标可显示出企业的战略及其实施和执行是否正在为最终经营结果（如利润）的改善作出贡献。但是，不是所有的长期策略都能很快产生短期的财务盈利。非财务性绩效指标（如质量、生产时间、生产率和新产品等）的改善和提高是实现目的的手段，而不是目的的本身。财务方面指标衡量的主要内容是收入的增长、收入的结构、降低成本、提高生产率、资产的利用和投资战略等。

第二，客户方面。平衡计分卡要求企业将使命和策略诠释为具体的与客户相关的目标和要点。企业应以目标顾客和目标市场为方向，应当关注是否满足核心顾客的需求，而不是企图满足所有客户的偏好。客户最关心的不外乎五个方面：时间、质量、性能、服务和成本。企业必须为这五个方面树立清晰的目标，然后将这些目标细化为具体的指标。客户方面指标衡量的主要内容是市场份额、老客户挽留率、新客户获得率、顾客满意度、从客户处获得的利润率。

第三，内部运营方面。建立平衡记分卡的顺序，通常是在先制定财务和客户方面的目标与指标后，才制定企业内部运营方面的目标与指标，这个顺序使企业能够抓住重点，专心衡量那些与股东和客户目标息息相关的流程。内部运营绩效考核应以对客户满意度和实现财务目标影响最大的业务流程为核心。内部运营指标既包括短期的现有业务的改善，又涉及长远的产品和服务的革新。内部运营方面指标涉及企业的改良/创新过程、经营过程和售后服务过程。

第四，学习与成长方面。学习与成长的目标为其他三个方面的宏大目标提供了基础架构，是驱使平衡计分卡上述三个方面获得卓越成果的动力。面对激烈的全球竞争，企业当前的技术和能力已无法确保其实现未来的业务目标。削减对企业学习和成长能力的投资虽然能在短期内增加财务收入，但由此造成的不利影响将在未来给企业带来沉重的打击。学习和成长方面指标涉及员工的能力、信息系统的能力与激励、授权相互配合。

更进一步地，在平衡计分卡的发展过程中应特别强调描述策略背后的因果关系，凭借客户方面、内部营运方面、学习与成长方面评估指标的完成而达到最终的财务目标。最好的平衡计分卡不仅仅是重要指标或重要成功因素的集合。一份结构严谨的平衡计分卡应当包含一系列相互联系的目标和指标，这些指标不仅前后一致，而且互相强化。例如，投资回报率是平衡计分卡的财务指标，这一指标的驱动因素可能是客户的重复采购和销售量的增加，而这二者是客户满意度带来的结果。因此，客户满意度被纳入计分卡的客户层面。通过对客户偏好的分析显示，客户比较重视按时交货率这个指标，因此，按时交付程度的提高会带来更高的客户满意度，进而引起财务业绩的提高。于是，客户满意度和按时交货率都被纳入平衡计分卡的客户层面。而较佳的按时交货率又通过缩短经营周期并提高内部过程质量来实现，因此这两个因素就成为平衡计分卡的内部经营流程指标。进而，企业要改善内部流程质量并缩短周期又需要培训员工并提高他们的技术，员工技术便成为学习与成长层面的目标。这就是一个完整的因果关系链，贯穿于平衡计分卡的四个层面中。

平衡计分卡通过因果关系提供了把战略转化为可操作内容的一个框架。根据因果关系，可以将企业的战略目标分解为实现企业战略目标的几个子目标，这些子目标是各个部门的目标，同样，各中级目标或评价指标也可以根据因果关系继续细分，直至最终形成可以指导个人行动的绩效指标和目标。

（三）平衡计分卡的基本原理和流程

BSC是一套从四个方面对公司战略管理的绩效进行财务与非财务综合评价的评分卡片，不仅能有效克服传统的财务评估方法的滞后性、偏重短期利益和内部利益以及忽视无形资产收益等诸多缺陷，而且是一个科学的集公司战略管理控制与战略管理绩效评估于一体的管理系统，其基本原理和流程简述如下：

（1）以组织的共同愿景与战略为内核，运用综合与平衡的哲学思想，依据组织结构，将公司的愿景与战略转化为下属各责任部门（如各事业部）在财务、顾客、内部运营、学习与成长四个方面的具体目标（即成功的因素），并设置相应的四张计分卡，其基本框架如图6-1所示。

在图6-1中，财务和客户是外部（结果，短期），内部经营和学习与成长是内部（驱动，长期）。

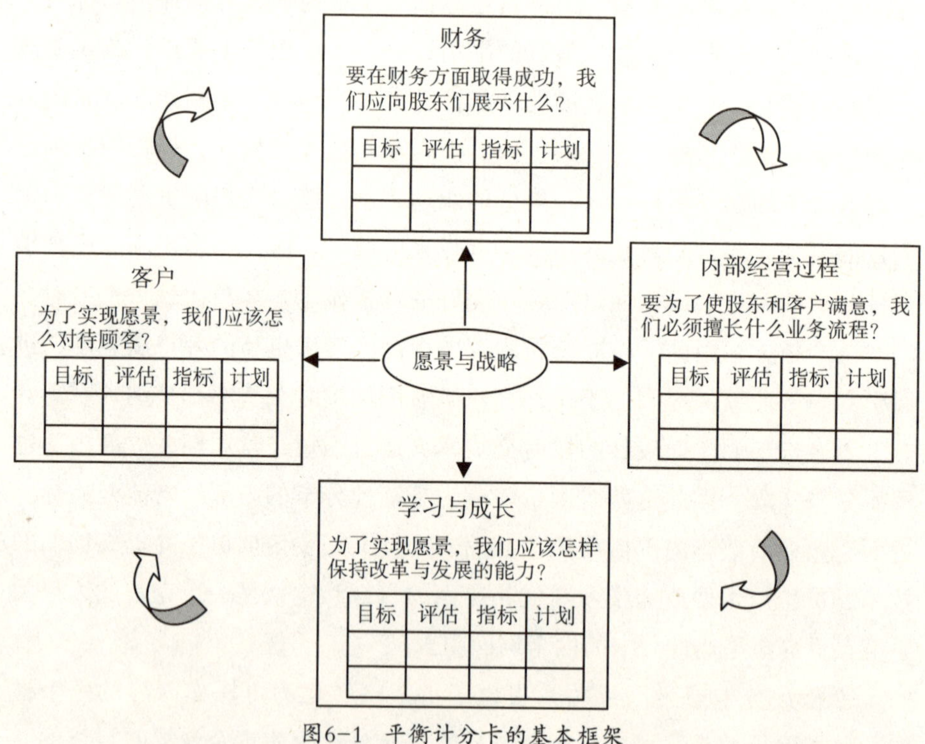

图6-1 平衡计分卡的基本框架

（2）依据各责任部门分别在财务、顾客、内部运营、学习与成长四种计量可具体操作的目标，设置对应的绩效评价指标体系，这些指标不仅与公司战略目标高度相关，而且是以先行（Leading）与滞后（Lagging）两种形式，同时兼顾和平衡公司长期和短期目标、内部与外部利益，综合反映战略管理绩效的财务与非财务信息。

（3）由各主管部门与责任部门共同商定各项指标的具体评分规则。一般是将各项指标的预算值与实际值进行比较，对应不同范围的差异率，设定不同的评分值。以综合评分的形式，定期（通常是一个季度）考核各责任部门在财务、顾客、内部运营、学习与成长四个方面的目标执行情况，及时反馈，适时调整战略偏差，或修正原定目标和评价指标，确保公司战略得以顺利与正确地实行。

（四）平衡计分卡总结

平衡计分卡中的目标和评估指标来源于组织战略，它把组织的使命和战略转化为有形的目标和衡量指标。在BSC中的客户方面，管理者们确认了组织将要参与竞争的客户和市场部分，并将目标转换成一组指标，如市场份额、客户留住率、客户获得率、顾客满意度、顾客获利水平等。在BSC中的内部经营过程方面，为吸引和留住目标市场上的客户，满足股东对财务回报的要求，管理者需关注对客户满意度和实现组织财务目标影响最大的那些内部过程，并为此设立衡量指标。在这一方面，BSC重视的不是单纯的对现有经营过程的改善，而是以确认客户和股东的要求为起点，以满足客户和股东要求为终点的全新的内部经营过程。BSC中的学习和成长方面确认了组织为了实现长期的业绩而必须进行的对未来的投资，包括对雇员的能力、组织的信息系统等方面的衡量。组织在上述各方面的成功必须转化为财务上的最终成功。产品质量、完成订单时间、生产率、新产品开发和客户满意度方面的改进只有转化为销售额的增加、经营费用的减少和资产周转率的提高，才能为组织带来利益。因此，BSC中的财务方面列示了组织的财务目标，并衡量了战略的实施和执行是否为最终的经营成果的改善作出贡献。BSC中的目标和衡量指标是相互联系的，这种联系不仅包括因果关系，而且包括将结果的衡量和对引起结果的过程的衡量相结合，最终反映组织战略。

问题：

怎样确定关键绩效指标？

【本章小结】

绩效管理是人力资源管理的重要职能，在人力资源管理活动中处于核心的地位。

绩效管理是指为了实现组织发展战略目标，采用科学的办法，通过对员工个人或组织的综合素质、态度行为和工作业绩的全面监测分析与考核评定，不断激励员工提高综合素质，改善组织行为，充分调动员工的积极性、主动性和创造性，挖掘其潜力的活动过程。绩效管理是一个完整的系统，绩效考核只是这个系统中的一个部分。

绩效管理的过程通常可以被看作是一个循环，它包括：绩效计划与指标体系构建、绩效管理的过程控制、绩效考核与评价、绩效反馈与面谈以及绩效考核结果的应用。

绩效考核的核心技术有目标管理、关键绩效指标、平衡计分卡等。

【复习思考题】

1. 如何理解绩效、绩效考核、绩效管理的含义？
2. 绩效的性质如何？
3. 绩效管理的功能是什么？
4. 绩效管理的基本流程如何？
5. 怎样理解绩效指标与绩效标准？
6. 绩效考核的结果如何应用？
7. 绩效考核的基本方法有哪些？
8. 绩效考核的主体有哪些？
9. 目标管理的含义及程序是什么？
10. 绩效考核的常见方法主要有哪些？

【案例与问题】

一根绳子还是四根绳子？

广东某企业，从去年年初，把平衡计分卡作为公司的一项考核制度，开始在这家规模2000人、年产值数亿元的企业内实施，张小姐作为人力资源部的绩效经理直接负责平衡计分卡的推广事宜。然而，将近一年的时间过去了，平衡计分卡的推行并没有顺利实施，反而在公司内部的上上下下有不少抱怨和怀疑。甚至有人说："原来的考核办法就像是一根绳子拴着我们，现在想用四根绳子，还不就是想把我们拴得再紧点，为少发奖金找借口？""其实，我们发现有些公司遇到的情况和我们现在差不多。因此，我不知道这到底是我们的问题，还是因为平衡计分卡真的不适合中国企业。"张小姐说起这些，显得颇有些无奈。

分析平衡计分卡推广不成功的原因。

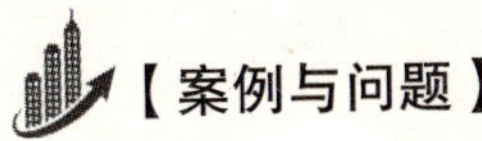

【案例与问题】

平衡计分卡能抵御天灾人祸吗?

潘兵是国内一家中小型出口企业的负责人，上一年年底，在看了一些平衡计分卡的资料后，他认为将平衡计分卡引进企业是十分必要的。

根据上一年公司业务发展的情况，他将出口额增长8000万元作为2003年的战略目标，并且根据平衡计分卡的要求将这个战略指标层层分解，落实到各个部门的员工头上。在上一年的第一个季度，潘兵发现平衡计分卡确实给公司带来了很好的效益，甚至比自己最初定下的财务目标还要高出不少。正当他为此暗暗高兴，认为自己实施平衡计分卡取得了成效的时候，3月的SARS和5月的伊拉克战争，使企业一下子陷入了危机之中。所以就形势看，能增长2000万元就谢天谢地了。在潘先生看来，"什么卡也卡不住天灾人祸，我们现在所能做的只有降低当初制定的目标。"

分析平衡计分卡推进不成功的原因。

【技能提升一】绩效管理流程设计

选定你最熟悉的一个行业，并界定具体的公司名字，明确该公司主营业务，选择一个群体进行针对性的绩效管理流程总体设计。

【技能提升二】绩效考核技术应用

（1）选定你们最熟悉的一个行业，并界定具体的公司名字，明确该公司主营业务；

（2）画出该公司的战略地图，要求公司使命和战略主题明确；

（3）根据战略地图，细分出一级绩效目标，部分内容根据需要可以细化至二级绩效目标；

（4）画出该公司关键成功要素分解图，根据关键成功要素分解图，细分出一级绩效目标，构建绩效指标池。

【技能提升三】绩效管理方案设计

起草该公司的绩效管理方案，方案中应该包括但不限于以下内容：绩效管理的目的、绩效的原则、绩效管理的适用范围、绩效管理的流程、绩效考核的主体、绩效考核结果的应用和绩效反馈。

请每组提交一份实验报告，其中详细记录各成员分工情况。

第七章

薪酬管理

【学习目的和要求】

通过学习本章内容，掌握薪酬的概念及其功能，了解薪酬管理的含义；了解薪酬调查的概念、掌握薪酬调查的实施步骤，薪酬水平制定的策略；掌握职位评价方法及其操作流程；掌握薪酬的构成，岗位薪酬、激励薪酬、技能薪酬的设计；掌握福利管理的主要内容。

【开篇案例】

为何高薪不高效？

K公司是一家软件开发企业。在创业初期，一批志同道合的朋友不怕苦不怕累，从早到晚拼命干。公司迅速发展，五年之后，员工由原来的十几人发展到三百余人，业务收入由原来的每月十来万发展到每月近千万。企业大了，人也多了，但公司高层明显感觉到，大家工作积极性越来越低，也越来越计较物质方面的得失。

总经理李总为此特意买了一些关于成功企业经营管理方面的书籍来研究，他在介绍松下幸之助用人之道的文章中看到这样一段话："经营的原则自然是希望能做到'高效率、高薪酬'。效率提高了，公司才可能支付高薪酬。但松下先生提倡'高薪酬、高效率'时，却不把高效率摆在第一个努力的目标，而是借着提高薪酬，来提高员工的工作意愿，然后再达到高效率。"他想，公司发展了，确实应该考虑提高员工的待遇，一方面是对老员工为公司辛勤工作的回报，另一方面是吸引高素质人才加盟公司的需要。为此，K公司重新制定了薪酬制度，2008年伊始，公司宣布大幅度提高员工的薪资，全体员工薪酬提高20％，除此之外，加大员工福利方面的投入，重新装修，改善办公环境。

高薪的效果立竿见影，K公司很快就聚集了一大批有才华有能力的人。所有的员工热情很高，工作也十分卖力，公司的精神面貌焕然一新。但这种好势头不到半年，员工又慢慢回复到懒洋洋、慢吞吞的状态。

K公司提高薪酬的措施并没有换来员工工作的高效率，公司领导陷入困惑——症结在哪儿呢？

第一节 薪酬管理概述

一、基本概念

（一）报酬的含义

一位员工因为为某一个组织工作而获得的所有各种他认为有价值的东西统统称为报酬（rewards）。一般可以分为内在报酬（intrinsic）和外在报酬（extrinsic）两大类。报酬体系的构成见表7-1。

表7-1 报酬体系的构成

	外在报酬	内在报酬
经济性报酬	直接报酬：基本工资、加班工资、津贴、奖金、利润分享、股票认购 间接报酬：保险/保健计划、住房资助、员工服务、带薪休假及其他福利	无
非经济性报酬	私人秘书 宽大舒适的办公室 诱人的头衔	参与决策、挑战性工作、感兴趣的工作、上级或同事的认可、学习与进步的机会、多元化活动、就业权利的保障

1. 内在报酬

通常是指员工由工作本身所获得的心理满足和心理收益，如决策的参与、工作的自主权、个人的发展、活动的多元化、挑战性的工作等。

2. 外在报酬

通常指员工所得到的各种货币收入和实物，它包括两种类型，一种是经济报酬（financial rewards）；另一种是非经济报酬（non-financial rewards），如宽敞的办公室、私人秘书、动听的头衔、特定停车位等。经济报酬又可以分为两类：

（1）直接报酬（direct rewards），如薪资、绩效奖金、股票期权、利润分享等。

（2）间接报酬（indirect rewards），如保险、带薪休假、住房补贴等各种福利。

（二）薪酬的含义

广义的薪酬概念等同于报酬，也被称之为全面薪酬。在现实的人力资源管理过程中，薪酬（compensation）则是指员工因为雇佣关系的存在，而从雇主那里获得的各种直接的和间接的经济收入，简单地说，它就相当于报酬体系中的经济报酬部分。是雇主对其员工的劳动价值的经济认可，对其劳动付出的物质回报。在企业中，员工的薪酬一般由三个部分组成的：一是基本薪酬，二是激励薪酬，三是间接薪酬。

1. 基本薪酬

指企业根据员工所承担的工作或者所具备的技能而支付给他们的比较稳定的经济收入。

2. 激励薪酬

是指企业根据员工、团队或者企业自身的绩效而支付给他们的具有变动性质的经济收入。

3. 间接薪酬

就是给员工提供的各种福利。与基本薪酬和激励薪酬不同，间接薪酬的支付与员工个人的工作和绩效并没有直接的关系，往往都具有普遍性，通俗地讲，就是“人人都有份”。

（三）相关概念

薪金（salary）通常是以较长的时间为单位计算员工的劳动报酬，如月薪、年薪，我们国内常使用“薪水”一词。

工资（wages）通常以工时或完成产品的件数计算员工应当获得的劳动报酬。劳动法中的工资，是指用人单位依据国家有关规定，或劳动合同的约定，以货币形式直接支付给本单位劳动者的劳动报酬。一般包括计时工资（小时、日、周工资），计件工资，延长工作时间的工资报酬，以及特殊情况下支付的工资等。工资是劳动者劳动收入的主要组成部分，是最为狭义、内涵最为严格的劳动报酬。

工资与薪金的区别见表7-2。

表7-2 工资与薪金的区别

概念	支付对象	支付时间	管理要求
工资	生产作业人员、技术人员、研究助理、临时用工	一般以小时或周支付，采用“时薪制”	受到劳动法规超时工作条文约束，有时需集体协商确定
薪金	管理职、行政职、专业职雇员	采取“责任制”，以月或年为支付单位	不受劳动法规的超时工作条文约束，不享受加班费等

（四）薪酬管理的含义

薪酬管理是指企业在经营战略和发展规划的指导下，综合考虑内外部各种因素的影响，确定自身的薪酬水平、薪酬结构和薪酬形式，并进行薪酬调整和薪酬控制的整个过程。

薪酬水平指企业内部各类职位以及企业整体平均薪酬的高低状况，它反映了企业支付的薪酬的外部竞争性。薪酬结构指企业内部各个职位之间薪酬的相互关系，它反映了企业支付的薪酬的内部一致性。薪酬形式则是指在员工和企业总体的薪酬中，不同类型的薪酬的组合方式。薪酬调整是指企业根据内外部各种因素的变化，对薪酬水平、薪酬结构和薪酬形式进行相应的变动。薪酬控制指企业对支付的薪酬总额进行测算和监控，以维持正常的薪酬成本开支，避免给企业带来过重的财务负担。

二、薪酬管理的原则

薪酬管理应当遵循以下几项基本原则：

（一）合法性原则

合法性是指企业的薪酬管理政策要符合国家法律和政策的有关规定，这是薪酬管理应遵循的最基本原则。为保障劳动者的合法权益、维护社会稳定和经济健康发展，各个国家都会相应地制定出一系列法律法规，对企业的薪酬体系施加约束力和影响力。例如，我国《劳动法》第四十八条规定，“国家实行最低薪资保障制度。最低薪资的具体标准由省、自治区、直辖市人民政府规定，报国务院备案。用人单位支付劳动者的薪资不得低于当地最低薪资标准”。

（二）公平性原则

公平是薪酬管理系统的基础，员工只有在认为薪酬系统是公平的前提下，才可能产生认同感和满意度。因此，公平性原则是企业实施薪酬管

理时应遵循的最重要原则。亚当斯的公平理论是公平性原则重要的理论基础。公平性包括三个层次的含义：

（1）外部公平性。就是说在不同企业中，类似职位或者员工的薪酬应当基本相同。

（2）内部公平性。就是说在同一企业中，不同职位或者员工的薪酬应当与各自对企业的贡献成正比。

（3）个人公平性。就是说在同一企业中，相同或类似职位上的员工，薪酬应当与其贡献成正比。

（三）及时性原则

及时性是指薪酬的发放应当及时，这可以从两个方面理解。首先，薪酬是员工生活的主要来源，如果不能及时发放，势必影响到他们的正常生活。其次，薪酬又是一种重要的激励手段，特别是激励薪酬，是对员工有效行为的一种奖励，而按照激励理论的解释，这种奖励只有及时兑现，才能够充分发挥对员工的激励效果。

（四）经济性原则

经济性指企业支付薪酬时应当在自身可以承受的范围内进行，所设计的薪酬水平应当与企业的财务水平相适应。虽然高水平的薪酬可以更好地吸引和激励员工，但是由于薪酬是企业一项很重要的开支，因此在进行薪酬管理时必须考虑自身承受能力的大小，超出承受能力的过高的薪酬必然会给企业造成沉重的负担。薪酬管理应当在竞争性和经济性之间找到恰当的平衡点。

（五）动态性原则

由于企业面临的内外部环境处于不断的变化之中，因此薪酬管理还应当坚持动态性的原则，要根据环境因素的变动随时进行调整，以确保企业薪酬的适应性。这表现在两个方面：一是企业整体的薪酬水平、薪酬结构和薪酬形式要保持动态性；二是员工个人的薪酬要具有动态性，要根据其职位的变动、绩效的表现进行薪酬的调整。

三、影响薪酬管理的主要因素

在市场经济条件下，企业的薪酬管理活动会受到内外部多种因素的影响，为了保证薪酬管理的有效实施，必须对这些影响因素有所认识和了解。一般来说，影响企业薪酬管理各项决策的因素主要有三类：一是企业外部因素，二是企业内部因素，三是员工个人因素。

（一）企业外部因素

1. 法律法规

法律法规对于企业的行为具有强制的约束性，一般来说，它规定了企业薪酬管理的最低标准，因此企业实施薪酬管理时应当首先考虑这一因素，要在法律规定的范围内进行活动。例如，最低薪资立法规定了企业支付薪酬的下限；社会保险法律规定了企业必须为员工缴纳一定数额的社会保险费。

2. 物价水平

薪酬最基本的功能是保障员工的生活，因此对员工来说更有意义的是实际薪酬水平，即货币收入（或者叫作名义薪酬）与物价水平的比率。当整个社会的物价水平上涨时，为了保证员工的生活水平不变，支付给他们的名义薪酬相应地也要增加。

3. 劳动力市场的状况

按照经济学的解释，薪酬就是劳动力的价格，它取决于供给和需求的对比关系。在企业需求一定的情况下，如果劳动力市场紧张，造成劳动力资源供给减少，劳动力资源供不应求，劳动力价格就会上涨，此时企业要想获取必要的劳动力资源，就必须相应地提高薪酬水平；反之，如果劳动力市场趋于平稳，造成劳动力资源供给过剩，劳动力资源供过于求，劳动力价格就会趋于平缓或下降，此时企业相对容易地能够获取必要的劳动力资源，因此可以维持甚至降低薪酬水平。

4. 其他企业的薪酬状况

其他企业的薪酬状况对企业薪酬管理的影响是最直接的，这是员工进行横向的公平性比较时非常重要的一个参照系。当其他企业尤其是竞争对手的薪酬水平提高时，为了保证外部的公平性，企业也要相应地提高自己的薪酬水平，否则就会造成员工的不满意甚至流失。

（二）企业内部因素

1. 企业的经营战略

在阐述薪酬管理的含义时，我们已经指出，薪酬管理应当服从和服务

于企业的经营战略，不同的经营战略下，企业的薪酬管理也会不同。

2. 企业的发展阶段

由于企业处于不同的发展阶段时其经营的重点和面临的内外部环境是不同的，因此在不同的发展阶段，薪酬形式也是不同的

3. 企业的财务状况

薪酬是企业的一项重要成本开支，因此企业的财务状况会对薪酬管理产生重要的影响，它是薪酬管理各项决策得以实现的物质基础。良好的财务状况可以保证薪酬水平的竞争力和薪酬支付的及时性。

（三）员工个人因素

1. 员工所处的职位

在目前主流的薪酬管理理论中，这是决定员工个人基本薪酬以及企业薪酬结构的重要基础，也是内部公平性的主要体现。职位对员工薪酬的影响并不完全来自它的级别，而主要是职位所承担的工作职责以及对员工的任职资格要求。随着薪酬理论的发展，由此衍生出另一个影响因素，那就是员工所具备的技能。

2. 员工的绩效表现

员工的绩效表现是决定其激励薪酬的重要基础，在企业中，激励薪酬往往都与员工的绩效联系在一起，具有正相关的关系。总的来说，员工的绩效越好，其激励薪酬越高。此外，员工的绩效表现还会影响到他们的绩效加薪，进而影响到基本薪酬的变化。

3. 员工的工作年限

工作年限主要有工龄和企龄两种表现形式，工龄指员工参加工作以来整个的工作时间，企龄则指员工在本企业中的工作时间。工作年限会对员工的薪酬水平产生一定的影响，在技能薪资体系下，这种影响更加明显。一般来说，员工工龄和企龄越长，薪酬水平相对也越高。

工龄的影响主要源于人力资源管理中的“进化论”，就是说通过社会的“自然选择”，工作时间越长的人就越适合工作；不适合的人，由于优胜劣汰的作用，会离开这个职业。企龄的影响则主要源于组织社会化理论，就是说员工在企业中的时间越长，对企业和职位的了解就越深刻，其他条件一定时，绩效就越好；此外，保持员工队伍的稳定也是一个原因，员工企龄越长，薪酬水平相对就越高，这样可以在一定程度上降低员工的

流动率，因为如果要流动，就会损失一部分收入。

第二节　薪酬水平

薪酬水平指企业内部各类岗位以及企业整体平均薪酬的高低状况，它反映了企业支付薪酬的外部竞争性。在制定企业具体薪酬水平策略之前，企业应开展薪酬调查。

一、薪酬调查

薪酬调查，就是按照一系列标准、规范和专业的方法，对市场上各岗位进行分类、汇总和统计分析，形成能够客观反映市场薪酬现状的调查报告，为企业提供设计薪酬水平和结构的决策依据。

（一）薪酬调查的作用

人力资源部门应该首先弄清楚薪酬调查的目的和调查结果的用途，再开始制订调查计划。一般而言，调查的结果可以为下述工作提供参考：

1. 薪酬水平调整

薪酬调查的主要目的在于了解竞争者薪酬的现况，并依据其调整的金额或幅度做适时适当的回应。

2. 薪酬结构调整

薪酬结构调整主要指岗位薪资、激励薪酬、技能薪资和辅助薪资等配置比例的变动，这种变动代表企业激励员工的方式与内涵的改变。

3. 特殊人才薪酬资料的评价

有些公司内部会雇用一些较特殊或稀有的专业人才，企业内部没有类似的岗位薪酬可以参照，故企业必须开展薪酬调查，从企业外部找到可比的相关岗位来做参照。

（二）薪酬调查的渠道

确定了调查作用，就可以选择调查渠道。常见的调查渠道有企业之间的相互调查、委托专业机构进行调查、从公开的信息中调查以及从流动人员中调查四种，如表7–3所示。

表7-3 薪酬调查的渠道

调查渠道	操作要点
企业之间的相互调查	由于我国的薪酬调查系统和服务还没有完善，所以最可靠和最经济的薪酬调查渠道还是企业之间的相互调查。相关企业的人力资源管理部门可以采取联合调查的形式，共享相互之间的薪酬信息。这种相互调查是一种正式的调查，也是双方受益的调查。调查可以采取座谈会、问卷调查等多种形式
委托专业机构进行调查	一些城市有提供薪酬调查的管理顾问公司或人才服务公司。通过这些专业机构调查会减少人力资源部门的工作量，省去了企业之间的协调费用。但它需要向委托的专业机构付一定的费用
从公开的信息中调查	有些企业在发布招聘广告时，会写上薪金待遇，调查人员稍加留意就可以了解到这些信息。另外，一些城市的人才交流部门也会定期发布一些岗位的薪酬参考信息。同一岗位的薪酬信息，一般分为高、中、低三档。由于它覆盖面广、薪酬范围大，所以它对有些企业参考作用不大
从流动人员中调查	通过其他企业来本企业应聘的人员可以了解同行业的薪酬状况

（三）薪酬调查的实施

1. 选择需要调查的职位

一般来说，薪酬调查是不可能针对所有职位来进行的，因此首先就要选择需要调查的典型职位。典型职位的确定主要考虑调查的方便，应当选择那些在同地区或同行业大多数企业都普遍存在的通用职位作为典型职位。为了保证调查结果的准确性，还需要对典型职位进行职位分析，形成职位说明书，因为有些职位的名称虽然相同或者类似，但实际的工作职责却差别很大，如果不考虑工作的内容，调查的结果就会有很大的出入。

2. 确定调查范围

选择出典型职位后，接下来就要确定调查的范围，就是说要确定在什么范围来收集相关的信息。由于薪酬调查的目的是保证薪酬水平的外部公平性，因此调查的范围应当根据职位的招聘范围来确定。不同类型的职位，调查的范围应当是不同的。

3. 确定调查项目

虽然薪酬调查是为了确定职位的基本薪酬，但是调查的项目却不能只包括基本薪酬，因为有些企业给予某个职位的基本薪酬可能不高，但是激励薪酬和福利却很高，而员工进行薪酬比较时针对的往往是总体薪酬，因此调查的项目应当包括薪酬的各个组成部分，这样在确定基本薪酬水平时才比较合理。

4. 进行实际的调查

前期的准备工作结束以后，就可以着手进行实际的调查。为了保证调查的效果，一般需要设计出调查问卷，问卷除了要包括薪酬方面的信息外，还应当包括企业本身和职位本身的一些信息。

5. 调查结果分析

薪酬调查的最后是对调查结果进行分析，首先要剔除那些无效的问卷，然后对有效的结果进行统计分析，得出市场薪酬的平均水平。

（四）薪酬曲线的建立

薪酬调查结束以后，将调查分析的结果和职位评价的结果结合起来，就可以建立企业的薪酬曲线，它是各个职位的市场薪酬水平和评价点数或者序列等级之间的关系曲线（图7-1）。

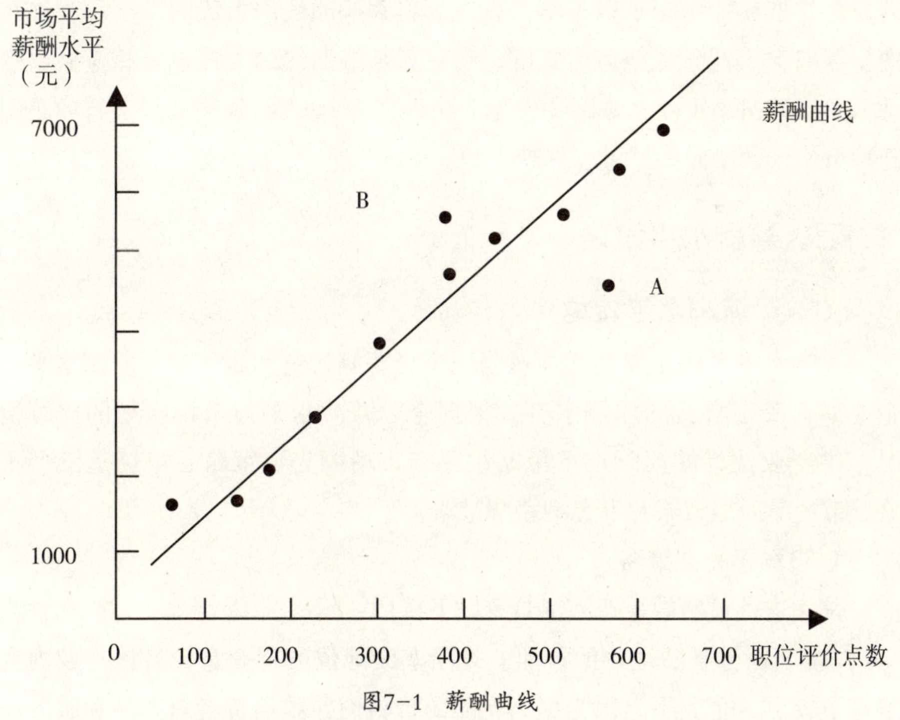

图7-1 薪酬曲线

理论上讲，各个职位的市场薪酬水平和评价点数或者序列等级之间应当是一种线性的关系，因此薪酬曲线一般都采用最小二乘法来拟合。如果将评价点数或者序列等级设为X，市场薪酬水平设为Y，就可以得出薪酬曲线的方程Y=bX+a。将各个职位的评价点数或者序列等级代入方程，就可以得出它们的市场平均薪酬水平。

一般来说，薪酬调查的结果和职位评价的结果，即外部公平性和内部公平性是一致的，也就是说，由市场薪酬水平和评价点数或者序列等级确定的薪酬点都分布在薪酬曲线的周围。但是，有时也会出现不一致的情况，这时薪酬点就会明显地偏离薪酬曲线，这表明内部公平性和外部公平性之间出现了矛盾。例如，A点就表示该职位按照内部公平性确定的薪酬水平要高于市场平均的薪酬水平。当内部公平性和外部公平性不一致时，通常要按照外部公平性优先的原则来调整这些职位薪酬水平，否则，要么就是这些职位的薪酬水平过低，无法招聘到合适的人员；要么就是薪酬水平过高，企业承担了不必要的成本。

最后，企业还要根据自己的薪酬策略来对薪酬曲线做出调整。由于上面所讲的薪酬曲线是按照市场平均薪酬水平建立的，因此如果企业实行的是领先型或拖后型工资策略，就应当将薪酬曲线向上或向下平移，平移的幅度取决于领先或拖后的幅度，平移后薪酬曲线的方程也要相应做出变动，曲线的斜率不变，截距要发生变化，变为Y=bX+a'；如果实行的是跟随型策略，薪酬曲线就可以保持不动。

二、薪酬水平策略

（一）薪酬水平策略

薪酬水平策略主要是指面对当地市场薪酬行情和竞争对手薪酬水平，企业如何决定自身的薪酬水平。根据企业薪酬水平与市场水平的比较情况，供企业选择的薪酬水平策略主要有市场领先型策略、市场追随型策略、市场滞后型策略和混合型薪酬策略。

1. 市场领先型策略

采用这种策略的企业大都具有以下特征：

（1）处于垄断地位的行业。处于垄断地位的行业意味着该行业内竞争对手较少，企业不会因为提高产品的价格而导致消费者对产品和服务需求的减少。在这种清况下，实行高水平的薪酬是可行的。

（2）投资回报率较高。投资回报率较高的企业之所以能够向员工支付较高薪酬，主要是因为其回报率高，能够获得高额利润。

（3）人力成本在企业经营总成本所占的比率较低。当人力成本在企业经营总成本中所占的比率较低时，薪酬支出在总成本支出中不再处于敏感的地位。

2. 市场追随型策略

市场追随型策略是一种最常用的薪酬策略，实施这种薪酬策略的企业一方面希望确保人力成本与竞争对手保持一致，不至于产品价格过高，在市场上陷于不利地位；另一方面，又希望自己能够有一定吸引和保留员工的能力，不至于在人力资源市上输给竞争对手。采取这种薪酬策略的风险可能是最小的，但也丧失了在吸引和保留优秀人才方面的明显优势。

3. 市场滞后型策略

采用市场滞后型策略的企业往往处于竞争性行业，边际利润比较低，企业投资回报率较低，承担不起高额人力成本带来的负担。

市场滞后型策略固然可以因为薪资大大低于市场平均水平而在短期内节约成本，但由于这种薪酬水平策略会导致企业很难招募和保留高素质的员工，短期的成本节余会被长期的其他成本所抵消。如果企业要采用这种策略，可以提高企业对员工的承诺度，从而以长期回报来吸引优秀员工。例如，在高科技行业中，一些企业的员工薪酬低于市场平均水平，但是员工可以合理的价格购买企业股票或者股票期权，这种将薪酬与未来高收入组合在一起的薪酬策略不仅不会影响企业吸引和保留员工，反而会激励员工更加努力工作。

4. 混合型策略

混合型策略是指企业根据岗位类型或者员工具体情况来确定薪酬水平而不是对所有岗位和员工均采用相同的薪酬水平定位。例如，有些公司针对骨干员工采用市场领先的薪酬策略，针对容易招聘到的基层员工实行市场追随型的薪酬策略。

混合型薪酬策略的优点在于其灵活性和针对性，对于企业希望保留的稀缺人才及关键岗位人才采取薪酬领先型策略，而对于人力资源市场中的富足人员采用追随型甚至滞后型策略，不仅有利于控制企业的人力成本，而且还有利于企业在劳动力市场上保持竞争力。

以上四种薪酬水平策略有助于企业实现不同的薪酬目标。

问题：

请谈一谈不同薪酬调查渠道的利弊。

第三节　薪酬构成

薪酬的构成，即一个人的工作报酬由哪几部分构成。员工薪酬构成常分为若干个部分，如基本薪资、岗位薪资、激励薪酬、技能薪资和辅助薪资等。每一个部分都从不同的侧面反映员工的劳动力状况，如基本薪资保障员工的基本生活需要，岗位薪资反映岗位价值以及员工承担的责任和风险，技能薪资反映员工的工作能力，激励薪酬反映员工的劳动结果或工作表现等。

一、薪酬构成策略

根据总体薪酬与企业效益挂钩程度的不同，可以将薪酬构成分为高弹性、高稳定和混合型三种。

高弹性策略：薪酬水平与企业效益高度挂钩，变动薪酬所占比例较高。该种薪酬结构策略具有很强的激励性，员工能获得多少薪酬主要依赖于工作绩效的好坏。这是一种激励性很强的薪酬结构策略，变动薪酬是薪酬结构的主要组成部分，固定薪酬处于次要地位。

高稳性策略：薪酬水平与企业效益挂钩不紧密，变动薪酬所占比例较低。这种薪酬构成策略具有很强的稳定性，员工的收入非常稳定。固定薪酬是薪酬的主要组成部分，变动薪酬则处于次要地位。

混合型策略：薪酬水平与企业效益挂钩的程度视岗位职责变化而变化，这种薪酬构成策略既有激励性又有稳定性。当变动薪酬和固定薪酬的比例不断变化时，这种薪酬构成策略可以演变为高弹性或者高稳定的薪酬结构策略。

在薪酬构成策略选择方面，高弹性薪酬构成策略适用于高级管理人员和生产、销售一线人员，高弹性薪酬结构可以增加薪酬提升和下降空间，强调薪酬与工作绩效的挂钩，加大了激励力度；混合型薪酬结构策略适用于中层管理者，采取灵活的方式，在激励和保障之间进行平衡；对于其他人员则可以采用高稳定薪酬结构策略，强调薪酬的稳定性，增强员工对企业的归属感。

基本薪资、岗位薪资、激励薪酬、技能薪资和辅助薪资在薪酬构成中所占的比例不一样，会导致薪酬结构的弹性和稳定性不尽相同。以上各种薪资形式中，基本薪资设计通常是最简单的，鉴于有些企业将岗位薪资与基本薪资合并统一为岗位薪资，因此，本章重点介绍岗位薪资、激励薪酬、技能薪资和辅助薪资的设计方法。

二、岗位薪资设计

在设计岗位薪资之前，首先把岗位分为若干序列，然后开展岗位评价，为岗位薪资设计提供依据。

（一）岗位序列

通常，企业的岗位可以分为管理序列、职能序列、技术序列、销售序列和操作序列五类。

（二）岗位评价的内容

岗位评价是通过专门的技术和程序，按一定客观衡量标准，对岗位的劳动环境、劳动强度、工作责任、所需要的资格条件等因素，进行系统的测定、评比和估价。岗位评价的实质是把提供不同使用价值的产品或服务的具体劳动，还原为抽象劳动，进而使各种具体劳动之间可以相互比较，以确定各个岗位在企业中的相对价值。

岗位评价的主要内容包括：

1. 岗位的技术复杂程度

岗位的技术复杂程度即劳动岗位对劳动者在生产过程中的专业知识、技能、经验水平的要求，包括学历、专业知识、相关工作经验、实际操作能力、技术等级等。

2. 岗位责任

岗位责任指劳动者承担的责任大小，包括质量责任、产量责任、经营管理责任、安全责任等。

3. 岗位劳动强度

岗位劳动强度指在生产过程中劳动者体力、脑力方面的负荷程度，体现为有效工时利用率、劳动姿势、劳动紧张程度、工作班次等。

4. 岗位劳动环境

岗位劳动环境指岗位劳动所处的环境条件对劳动者的危害程度，其中包括粉尘浓度、有毒有害气体危害程度、高温辐射热危害程度、噪声、高空作业影响、其他有害因素等。

针对某物业公司的部分标杆岗位的评价结果如表7-4所示。

表7-4所示为某物业公司部分岗位的评价结果。

表7-4　某物业公司部分标杆岗位的评价结果

维度	指标	总经理	财务部经理	物业部管理—组长	物业管理员	门卫
技能水平	细化指标 1	10	8	7	6	4
	细化指标 2	10	8	6	5	4
	细化指标 3	9	7	6	5	3
解决问题能力	细化指标 4	10	8	6	5	4
	细化指标 5	10	7	6	5	3
	细化指标 6	10	8	6	4	3
风险责任	细化指标 7	10	7	6	5	5
	细化指标 8	9	8	5	5	3
合计得分		78	61	47	40	29

根据经过岗位评价得到的数据，划分出各岗位等级，并以此为依据确定薪资。

三、激励薪酬设计

激励薪酬，往往也称为绩效薪酬，是指以员工、团队或者企业的绩效为依据而支付给员工个人的薪酬。与基本薪酬相比，激励薪酬具有一定的变动性，但是由于它与绩效联系在一起，因此对员工的激励性也更强。激励薪资建立在对员工进行有效绩效评价的基础上，关注的重点是工作的“产出”和工作过程，如销售量、产量、质量、利润额以及工作能力、态度等。

激励薪资设计内容应包括支付形式、关注对象、配置方法、绩效等级、绩效分布以及激励薪酬增长方式等。

（一）支付形式

支付形式表现为企业以怎样的薪酬支付建立与绩效的联系，常见的形式包括业绩薪资、奖金和绩效福利，也包括股票或利益共享计划等形式。企业应该根据不同情况选择支付形式，如员工可以因销售增加、产量提高、成本降低等得到业绩薪资；企业高层可能更倾向于持股计划等中长期激励，而低层员工更倾向于短期的奖金激励。此外，依据不同的支付形式，企业提供的激励薪酬频率各不相同，可能是每月进行一次支付，也可能是一季度或一年进行一次支付。

（二）关注对象

激励薪酬关注对象的确定受到企业文化价值观和不同发展阶段的战略等因素的影响。如果从个人层面衡量绩效，那么个人得到的激励薪酬是建立在自己的绩效基础上的，有利于强化个人的行为与结果，但不易满足团队协作的要求；如果从团队层面衡量绩效，薪资也可以通过向一个团队的每个员工提供一致的群体激励薪酬。

激励薪酬发放应该兼顾团队和个人层面，即先衡量团队或单位的绩效来确定激励薪酬总额，然后依据员工个人绩效对激励薪酬总额进行划分，员工获得的激励薪酬是基于团队和个人绩效的综合结果。

（三）配置方法

激励薪酬的配置比例是指激励薪酬与固定薪资（通常主要由岗位薪资构成）之间的比例关系。配置方法有切分法和配比法两种。其做法见表7–5。

表7–5 激励薪酬的配置方法

配置方法	做法
切分法	先依据岗位评价和外部薪酬水平确定不同岗位的总体薪酬水平，再对各个岗位的总体薪酬水平进行切分，如某岗位总体薪酬（100%）=基本固定工资（50%）+业绩工资（50%）
配比法	先依据岗位评价和外部薪酬水平确定各个岗位的基本固定工资水平，这时应考虑薪酬水平市场定位，这种情况下，一般基本工资水平应定位于市场薪酬水平的相对低位，再在各个岗位基本工资的基础上上浮一比例，使各个岗位薪酬的总体水平处于市场薪酬水平的中高水平，如某岗位的薪酬总体水平=基本固定工资+绩效工资（绩效工资为基本工资的40%）

（四）绩效等级

绩效等级是依据绩效评价后对员工绩效考核结果划分的等级层次。在公正、客观地对员工绩效进行评价的基础上，绩效等级的数量和等级之间的差距将会对员工激励薪酬分配产生很大影响。在设计绩效等级时还要考虑激励薪酬对员工的激励程度，等级过多造成差距过小将会影响对员工的激励力度；等级过少造成差距过大将会影响员工对激励薪酬的预期，以致员工丧失向上的动力。

（五）绩效分布

考评者在确定了绩效等级以后，还应明确不同等级内员工绩效考核结果的分布情况，即每一等级内应有多少名员工或有多少比例的员工。考评者给被考评者定等级时，使绩效分布符合正态分布是合理的，即优秀的10%~20%，中间的60%~70%，差的10%左右。严格的绩效分布一方面有利于对员工的绩效进行区分，另一方面也有利于消除绩效评价各方模糊业绩的现象，避免被评价者的评价结果趋中。

（六）激励薪酬增长方式

员工激励薪酬增长主要有两种方式，一种为增加薪资标准；另一种为一次性绩效奖励。增加薪资标准将长久地提高员工薪资水平，随着时间的推移，就变成了员工对薪酬的一种权利，而且薪酬具有刚性——易上难下，不利于企业薪酬的灵活决策；一次性绩效奖励是对达到企业绩效标准或以上的员工一次性进行奖励支付，在数量上可以与企业当期收益挂钩，既可以使员工感受到激励的效果，也有利于企业薪酬的灵活决策。

激励薪酬一般可以分为个人激励薪酬和群体激励薪酬两种类型。

（一）个人激励薪酬

个人激励薪酬是指主要以员工个人的绩效表现为基础而支付的薪酬，这种支付方式有助于员工不断地提高自己的绩效水平，但是由于它支付的基础是个人，因此不利于团队的相互合作。个人激励薪酬主要有以下几种形式：

1. 计件制

计件制是最常见的一种激励薪酬形式，它是根据员工的产出水平和工资率来支付相应的薪酬。例如，规定每生产1件产品可以得到2元的工资，那么当员工生产20件产品时，就可以得到40元的工资。

在实践中，计件制往往不采用这样直接计件的方法，更多的是使用差额计件制，就是说对于不同的产出水平分别规定不同的工资率，依此来计算报酬。

2. 工时制

工时制是根据员工完成工作的时间来支付相应的薪酬。最基本的工时制是标准工时制，就是首先确定完成某项工作的标准时间，当员工在标准时间内完成工作任务时，依然按照标准工作时间来支付薪酬，由于员工的工作时间缩短了，这就相当于工资率提高了。在实践中，员工因节约工作时间而形成的收益是要在员工和企业之间进行分配的，不可能全部都给予员工，例如，某项工作的标准工作时间为5小时，员工只用4个小时就完成了工作。那么因工作时间节约而形成的收益员工就可以分享到20%。

3. 绩效工资

绩效工资就是指根据员工的绩效考核结果来支付相应的薪酬，由于有些职位的工作结果很难用数量和时间进行量化，不太适用上述的两种方法，因此就要借助于绩效考核的结果来支付激励薪酬。绩效工资有四种主要形式：一是绩效调薪，二是绩效奖金，三是月/季度浮动薪酬，四是特殊绩效认可计划。

（1）绩效调薪。绩效调薪是指根据员工的绩效考核成对其基本薪酬进行调整，调薪的周期一般按年来进行，而且调薪的比例根据绩效考核结果的不同也应当有所区别，绩效考核成绩越好，调薪的比例就越高。

进行绩效调薪时，有两个问题需要注意：一是调薪不仅包括加薪，而且还包括减薪，这样才会更具有激励性。二是调薪要在该职位或该员工所处的薪酬等级所对应的薪酬区间内进行，也就是说，员工基本薪酬增长或减少不能超出该薪酬区间的最大值或最小值。

（2）绩效奖金。绩效奖金，也称为一次性奖金，是指根据员工的绩效考核结果给予的一次性奖励，奖励的方式与绩效调薪有些类似，只是对于绩效不良者不会进行罚款。

虽然绩效奖金支付的依据也是员工的绩效考核结果和基本薪酬，但它与绩效调薪还是存在着明显的不同。首先，绩效调薪是对基本薪酬的调整，而绩效奖金则不会影响基本薪酬。例如，某员工的基本薪酬为1000元，第一年绩效调薪的比例为6%，那么他第二年的基本薪酬就是1060元，如果下一年度绩效调薪的比例为4%，那么基本薪酬就要在1060元的基础上再增加4%，为1102.4元；如果是绩效奖金，那么他第一年绩效奖金的数额就是60元，第二年就是40元。其次，支付的周期不同。由于绩效调薪是对基本薪酬的调整，因此不可能过于频繁，否则会增加管理的成本和负担；而绩效奖金则不同，由于它不涉及基本薪酬的变化，因此周期可以相对较短，一般按月或按季来支付。最后，绩效调薪的幅度要受薪酬区间的限制。而绩效奖金则没有这一限制。

（3）月/季度浮动薪酬。在绩效调薪和绩效奖金之间还存在一种折中的奖励方式，即根据月或季度绩效评价结果，以月绩效奖金或季度绩效奖金的形式对员工的业绩加以认可。这种月绩效奖金或季度绩效奖金一般采用基本工资乘以一个系数或者百分比的形式来确定，然后用一次性奖金的形式来兑现。实际操作时，往往会综合考核部门的绩效与个人的绩效。

（4）特殊绩效认可计划。特殊绩效认可计划是指在个人或部门远远超出工作要求，表现出特别的努力而且实现了优秀的绩效或作出了重大贡献的情况下，组织额外给予的一种奖励与认可。其类型多种多样，既可以是在公司内部通讯上或者办公室布告栏上提及某个人，也可以是奖励一次度假的机会或者上万元的现金。

（二）群体激励薪酬

与个人激励薪酬相对应，群体激励薪酬指以团队或企业的绩效为依据来支付薪酬。群体激励薪酬的好处在于它可以使员工更加关注团队和企业的整体绩效，增进团队的合作，从而更有利于整体绩效的实现。在新经济条件下，由于团队工作方式日益重要，因此群体激励薪酬也越来越受到重视。但是它也存在一个明显的缺点，那就是容易产生“搭便车”的行为，因此还要辅以对个人绩效的考核。群体激励薪酬绝不意味着进行平均分配。群体激励薪酬主要有以下几种形式：

1. 利润分享计划

利润分享计划指对代表企业绩效的某种指标（通常是利润指标）进行衡量，并以衡量的结果为依据来对员工支付薪酬。这是由美国俄亥俄州的林肯电器公司最早创立的一种激励薪酬形式，在该公司的分享计划中，每年都依据对员工绩效的评价来分配年度总利润（扣除税金、6%的股东收益和资本公积金）。

利润分享计划有两个潜在的优势：一是将员工的薪酬和企业的绩效联系在一起，因此可以促使员工从企业的角度去思考问题，增强了员工的责任感；二是利润分享计划所支付的报酬不计入基本薪酬，这样有助于灵活地调整薪酬水平，在经营良好时支付较高的薪酬，在经营困难时支付较低的薪酬。

利润分享计划一般有三种实现形式。一是现金现付制（cash or current pay-ment plan），就是以现金的形式即时兑现员工应得到的分享利润。二是递延滚存制（deferred plan），就是指利润中应发给员工的部分不立即发放，而是转入员工的账户，留待将来支付，这种形式通常是与企业的养老金计划结合在一起的；有些企业为了降低员工的流动率，还规定如果员工的服务期限没有达到规定的年限，将无权得到或全部得到这部分薪酬。三是混合制（combined plan），就是前两种形式的结合。

2. 收益分享计划

收益分享计划是企业提供的一种与员工分享因生产率提高、成本节约和质量提高等而带来的收益的绩效奖励模式。通常情况下，员工按照一个事先设计好的收益分享公式，根据本人所属部门的总体绩效改善状况获得奖金。常见的收益分享计划有斯坎伦计划（Scalon plan）与拉克计划（Rucker plan）。

（1）斯坎伦计划。斯坎伦计划是20世纪20年代中期由美国俄亥俄州一个钢铁工厂的工会领袖约瑟夫·斯坎伦提出的劳资合作计划，就是以成本节约的一定比例来给员工发放奖金。它的操作步骤是：

第一步，确定收益增加的来源，通常用劳动成本的节约表示生产率的提高，用次品率的降低表示产品质量的提高和生产材料等成本的节约。将上述各种来源的收益增加额加总，得出收益增加总额。

第二步，提留和弥补上期亏空。收益增加总额一般不全部进行分配，如果上期存在透支，要弥补亏空；此外，还要提留出一定比例的储备，得出收益增加净值。

第三步，确定员工分享收益增加净值的比重，并根据这一比重计算出员工可以分配的总额。

第四步，用可以分配的总额除以工资总额，得出分配的单价。员工的工资乘以这一单价，就可以得出该员工分享的收益增加数额。

（2）拉克计划。拉克计划在原理上与斯坎伦计划类似，但是计算的方式要复杂许多，它的基本假设是员工的工资总额保持在一个固定的水平上，然后根据公司过去几年的记录，以其中工资总额占生产价值（或净产值）的比例作为标准比例，确定奖金的数额。

具体的计算方法是，计算每单位工资占生产价值的比例，例如，每生产1元的产品，消耗的物质成本是0.6元，价值增值为0.4元，其中劳动成本为0.2元，那么劳动成本在增值部分的比重就是50%，这也表示员工对价值

增值的贡献率。

这里还需要引入“预期生产价值”的概念，它等于经济生产力指数（EPI）与劳动成本的乘积，其中经济生产力指数是劳动成本在价值增值中所占比重的倒数，在上例中就等于2（1/0.5）。如果实际生产价值超过了预期生产价值，则说明出现了节约。例如，我们假设实际生产价值为300万元，预期生产价值为280万元，那么节约额就为20万元。由于员工对价值增值的贡献率为50%，因此可以分享的增值总额为10万元。在实际分配时，同样要按一定的比例进行提留，扣除提留以后的才是实际可以分配的净值。如提留的比例为20%，员工可以分配的净值就是8万元。

3. 股票所有权计划

在股份制繁荣发展的今天，对员工的激励又衍生出了新的形式，就是让员工部分地拥有公司的股票或者股权，虽然这种形式是针对员工个人来实行的，但是由于它和公司的整体绩效是紧密联系在一起的，因此我们还是将它归入群体激励薪酬中。股票所有权计划是长期激励计划的一种主要形式。目前，常见的股票所有权计划主要有三类：现股计划、期股计划和期权计划。

现股计划就是指公司通过奖励的方式向员工直接赠与公司的股票或者参照股票当前的市场价格向员工出售公司的股票，使员工立即获得现实的股权，这种计划一般规定员工在一定时间内不能出售所持有的股票，这样股票价格的变化就会影响员工的收益。通过这种方式，可以促使员工更加关心企业的整体绩效和长远发展。

期股计划则是指公司和员工约定在未来某一时期员工要以一定的价格购买一定数量的公司股票，购买价格一般参照股票的当前价格确定，这样如果未来股票的价格上涨，员工按照约定的价格买入股票，就可以获得收益；如果未来股票的价格下跌，那么员工就会有所损失。例如，员工获得了以每股15元的价格购买股票的权利，两年后公司股票上涨到20元，那么他以当初的价格买入股票，每股就可以获得5元的收益；相反，如果股票价格下跌到10元，那么他以当初的价格买入股票，每股就要损失5元。

期权计划与期股计划比较类似，不同之处在于公司给予员工在未来某一时期以一定价格购买一定数量公司股票的权利，但是员工到期可以行使这项权利，也可以放弃这项权利，购股价格一般也要参照股票当前的价格确定。

四、技能薪资设计

技能薪资设计理念受到了来自于理论和实践领域的普遍关注，成为薪酬管理领域中的一个热点问题。技能薪资是指以员工所掌握的与工作有关的知识、技能或者所具备的能力为基础来设计基本薪酬的一种薪酬制度。技能薪资体系的出现是薪酬设计思路的一次重大变革，虽然技能薪资体系实施的步骤和职位薪资基本一样，但是进行职位评价的基础不再是职位本身的工作职责和所要求的任职资格，而是员工所掌握的与职位的工作内容有关的知识、技能或者所具备的完成工作任务的能力；职位评价的结果不再是职位价值的相对大小，而是员工技能水平的差异；薪酬等级设计的基础也不再是职位的等级，而是技能的等级。这样，基本薪酬设计就由以“职位”为中心转向了以“员工”为中心。据美国《商业周刊》一项技能薪资的使用情况和效果的调查研究表明，技能薪资已在全美30%以上的公司中推广使用，并带来了员工特别是知识型员工更高的绩效和满意度。

与目前占主要地位的职位薪资相比，技能薪资在很多方面都更具优势。例如，它可以促使员工主动地进行学习，从而有助于学习型组织的建立；通过为员工提供多种发展渠道，从而避免了单一的职位等级晋升所导致的“拥挤效应”等。但是，技能薪资体系也存在着一些潜在的问题，比如，技能评价的问题、技能利用的问题、技能培训的问题、技能的发展问题等。

技能薪资体系适用于那些所从事的工作比较具体，而且技能、能力能够容易被界定出来的操作人员、技术人员以及办公室工作人员，比如，电信、银行、保险公司等行业的相关人员。技能薪资更适用于一些规模较大的公司，因为大公司在提供培训机会和支付高额培训费用中具有优势。《财富》杂志上的500家大型企业有50%以上的企业至少对一部分员工采用了技能薪资制度，并且有60%的实行技能薪资方案的企业认为这种方案在提升企业绩效方面是成功或非常成功的。

五、辅助薪资设计

辅助薪资包括加班薪资、津贴、补贴等。

（一）加班薪资

加班薪资是指用人单位根据生产、工作需要，安排劳动者在法定节假日和公休假日内，或在法定日标准工作时间以外继续工作所支付的薪资。

（二）津贴

津贴是指为了补偿员工特殊或额外的劳动消耗和因其他特殊原因而支付给员工的一种辅助性薪资。津贴主要包括特殊劳动消耗津贴、特殊岗位津贴、年功津贴和地区性津贴等几种类型。

从津贴的管理层次区分，可以分为两类：一是国家或地区、部门统一建立的津贴；二是企业自行建立的津贴。国家统一建立的津贴，一般在企业成本中列支；企业自建的津贴，一般在企业留存的奖励基金或效益薪资中开支。

（三）补贴

补贴是指为了保证员工薪资水平不受物价等因素的影响而支付给员工的薪资性补贴。津贴与补贴是不一样的，一般把用于补偿员工在工作、生产等方面付出的辅助薪资称为津贴，用于补偿生活消耗的辅助性薪资称作补贴。

补贴主要包括：为保证员工薪资水平不受物价上涨或变动等因素影响而支付的各种补贴，如副食品价格补贴（含肉类等价格补贴），粮、油、蔬菜等价格补贴，煤价补贴、房贴，以及提高煤炭价格后部分地区实行民用燃料和照明电价补贴等。我国的物价补贴有两种方式：一种是明补（补给居民或员工）方式；另一种是暗补（补给企业或流通环节）。纳入薪资总额范围的物价补贴是指明补。

问题：

结合实际谈谈岗位评价对企业有哪些重要意义。

第四节　薪酬等级

一、薪酬等级

从理论上来讲，薪酬曲线建立以后，基本薪酬的设计也就结束了，按照职位评价的结果，通过薪酬曲线就可以确定每个职位的基本薪酬水平。但是在实践中，这种做法是不现实的，尤其是当企业的职位数量比较多时，如果针对每个职位设定一个薪酬水平，会大大提高企业的管理成本。

因此，在实际工作中，还需要建立薪酬等级，以简化管理工作。

为了建立薪酬等级，首先需要将职位划分成不同的等级，划分的依据是职位评价的结果。每一等级中的职位，其职位评价的结果应当接近或类似。例如，在图7-2中，根据职位评价的结果，可以将全部职位划分成6个职位等级，每个职位等级对应的点值变动幅度都是100。

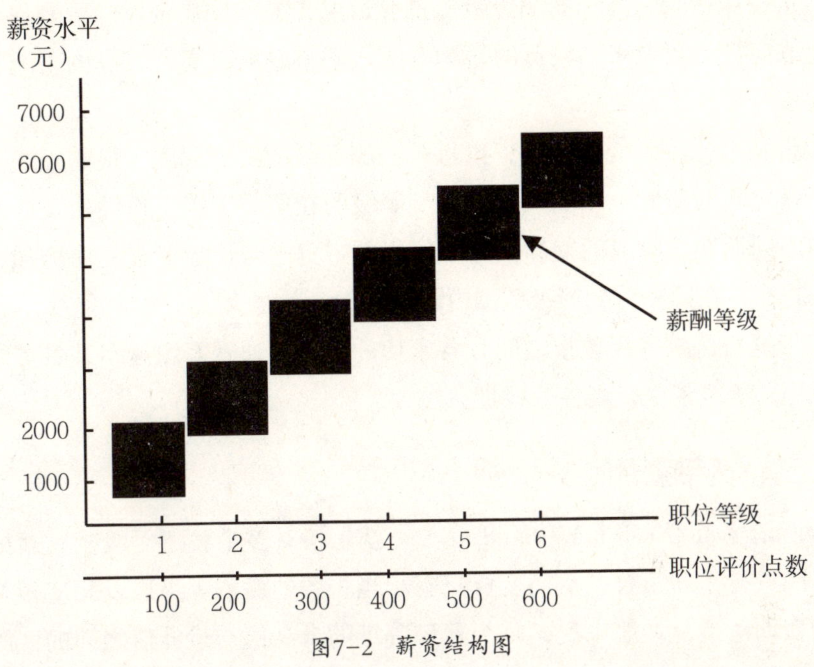

图7-2　薪资结构图

职位等级划分的数量取决于多种因素，例如，企业内部职位的数量、职位评价的结果、企业的薪酬政策等，但是一个基本的原则是应当能够反映出职位的价值差异。

职位等级确定以后，接着就要确定各个等级的薪酬变动范围，即薪酬区间。首先要确定薪酬区间的中值，某一等级的薪酬区间中值是由处于该等级中间位置的职位的薪酬水平决定的。如果某职位等级包括的点数范围是50~150，那么处于该等级中间位置的职位对应的点数就是100，将点数代入已建立的薪酬曲线方程，就可以得出它的薪酬水平，这也是该等级的薪酬区间中值。区间中值确定以后，还要确定区间的最高值和最低值，最高值=区间中值×（1+薪酬浮动率），最低值=区间中值×（1-薪酬浮动率）。薪酬浮动率指薪酬区间的最高值或最低值偏离区间中值的比率，对于不同的等级，薪酬浮动率可以是相同的，也可以是不同的，企业应当

根据自身的实际情况来确定这一比率的具体数值。一般来说，确定浮动率时要考虑以下几个主要因素：企业的薪酬支付能力，各等级之间的价值差异，各等级自身的价值，各等级的重叠度等。

有些企业为了进一步简化管理工作，又将每一个薪酬等级划分成若干个不同的级别，每个级别对应一个具体的薪酬数值。

重叠度指相邻两个薪酬等级的重叠情况，能够反映企业的薪酬战略及价值取向。一般说来，较低的薪酬等级之间重叠度较高，较高的薪酬等级之间重叠度较低。

带宽也叫薪酬变动范围，指每一薪酬等级的级别宽度（最高工资与最低工资之间的跨度），反映同一薪酬等级的在职员工因工作性质及对企业影响不同而在薪酬上的差异。薪酬等级的带宽随着层级的提高而增加，即等级越高，在同一薪酬等级范围内的差额幅度就越大。

带宽与薪酬等级数量之间有着密切的关系，通常等级越多，各等级带宽越小；等级越少，则各等级带宽越大。

二、宽带薪酬

所谓宽带薪酬（boradbanding），就是指对多个薪酬等级及其薪酬变动范围进行重新组合，从而变成只有相当少数的薪酬等级以及相应较宽的薪酬变动范围。一般来说，每个薪酬等级的最高值与最低值之间的区间变动比率要达到100%或100%以上。典型的宽带薪酬可能只有4个等级的薪酬级别，每个薪酬等级的最高值与最低值之间的区间变动比率则可能达到200%~300%。可以说，宽带薪酬是对传统的有大量等级的垂直型薪酬结构的一种改进或替代。宽带薪酬可以应用于职位工资体系，更适用于技能工资体系。事实上，宽带薪酬是技能（能力）工资体系赖以建立和有效运营的一个重要平台。传统薪资结构与宽带薪资结构的综合比较见表7-6。

表7-6 传统薪资结构与宽带薪资结构的综合比较

比较内容	传统型	宽带型
薪资战略与企业发展战略	难配套	易配套
与劳动力市场的关系	市场是第二位的	以市场为导向
直线经理的参与	几乎没有参与	更多地参与
薪资调整的方向	纵向	横向及纵向

续表

比较内容	传统型	宽带型
组织结构的特点	层级多	扁平
与员工的工作表现	松散	紧密
薪资等级	多	少
级差	小	大
薪资变动范围	窄	宽

采用宽带薪酬，薪资预测和管理的难度会加大。浮动范围扩大使得预测值的误差扩大，导致人工成本控制难度的增加。因此，企业在决定引进宽带薪酬时，一定要事先做好各方面的准备工作，以避免带来负面影响。

问题：

谈谈你对宽带薪酬结构的理解。

第五节　员工福利

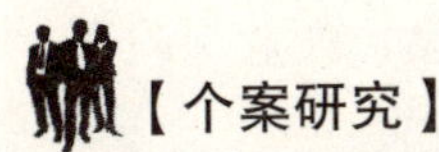

【个案研究】

如何设计员工福利

R公司是一家从事设计软件开发的公司，员工100人，在2015年第一季度取得了不错的效益。在“五一”到来之际，公司准备给每一位员工发点东西，算是一点小小的福利，人均费用1000元。

人力资源部王经理在与总经理商量了之后，决定给每一位员工发放一个名牌的文件包。于是便安排下去了这个工作。他们满以为发放之后，会赢得员工的欢心。结果大出意外，公司里的很多人都在抱怨，尤其是女同志。员工怨声载道：“发什么文件包啊？发福利还是为了让你带着文件回家加班！”“是啊 ！我家现在还有两个都在柜子里面扔着呢。发点吃的喝的多好……”1000块钱，不如大家出去玩一趟……”

问题：

1. R公司的福利发放为什么没有达到预期的效果？
2. 假设你是王经理，你如何设计R公司的“五一”福利？

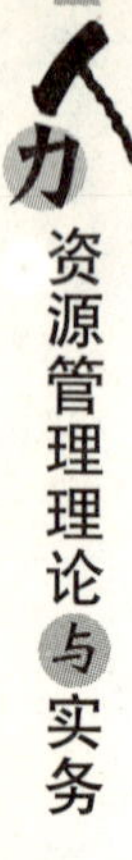

员工福利（Employee Benefit）是指企业根据国家有关法律法规及其自身需要，向全体或部分员工提供的直接经济报酬以外的各种实物和服务等，用以提高或改善员工的物质及精神生活质量。

在西方发达国家，员工福利占其全部报酬的比重不断增加，已成为企业劳动报酬中不可缺少的组成部分。企业之所以愿意付出这么高的成本来提供福利，是因为福利有利于改善人际关系、增加员工满意度和安全感、吸引和保留优秀员工。

员工福利可以分为法定福利和企业福利两大类。

一、法定福利

法定福利指依照国家法律、法规为员工提供标准的福利。我国的法定福利包括社会保险、法定假期、住房公积金等。

（一）社会保险

社会保险是以国家为主体，通过立法手段，设立保险基金，当劳动者在年老、患病、生育、伤残、死亡等暂时或永久丧失劳动能力，以及失业中断劳动而失去收入来源时，由社会给予物质帮助和补偿的一种社会保障制度。社会保险通常包括养老保险、医疗保险、工伤保险、失业保险和生育保险等。

1. 基本养老保险

养老保险是依法由社会保险行政主管部门负责组织和管理，由企业和被保险人共同承担养老保险缴纳义务，被保险人退休后依法享受养老保险待遇的基本养老保险项目。

养老保险的覆盖范围受经济发展水平的制约，在经济发展和社会进步处于低水平条件下，养老保险往往按照选择性原则局限在部分劳动者范围内。只有当经济发展到一定水平后，才会逐步扩大到全体劳动者。养老保险中受保人享受保险待遇的时间最长、待遇给付的标准相对较高。基本养老保险实行社会统筹与个人账户相结合。

2009年、2011年国务院分别启动新型农村和城镇居民社会养老保险（以下简称新农保和城居保）试点，2014年国务院印发《关于建立统一的城乡居民基本养老保险制度的意见》，决定将新农保和城居保两项制度合并实施，在全国范围内建立制度名称、政策标准、管理服务、信息系统

"四统一"的城乡居民基本养老保险制度。

2. 基本医疗保险

医疗保险是指由国家立法规定并强制实施的，为了分担疾病风险带来的经济损失而设立的一项社会保险制度，同国家、用人单位和个人集资（缴保险费）建立医疗保险基金，在个人生病或受到伤害后，由社会医疗保险机构给予一定的物质帮助。1998年，国务院出台《关于建立城镇职工基本医疗保险制度的决定》建立职工基本医疗保险；2003年建立新型农村合作医疗制度并同步建立农村医疗救助制度；2005年建立城市医疗救助制度；2007年建立城镇居民基本医疗保险制度。

新的医疗保险制度的主要内容包括：基本医疗保险费实施职工和企业共同负担的原则；基本医疗保险基金实行社会统筹与个人账户相结合；用人单位缴费率为职工工资总额的6%左右，职工缴费率为本人工资收入的2%。职工个人缴纳的保险费全部记入个人账户；用人单位缴纳的保险费一部分用于建立统筹基金，一部分划入个人账户；划定统筹基金和个人账户各自的支付范围，确定统筹基金的起付标准和最高支付限额，起付标准原则上控制在当地职工年均工资的4倍左右。起付标准以下的医疗费用，从个人账户中支付或由个人自付。起付标准以上，最高支付限额以下的医疗费用，主要从统筹基金中支付，个人也要负担一定的比例。

3. 工伤保险

工伤保险是对法定范围内的劳动者因从事职业工作遭受伤害或患有与工作相关的职业病而提供生活保障的一种社会保险项目。工伤保险的缴费一般完全由企业承担，政府在特殊情况下予以资助，劳动者个人不需承担缴费义务。工伤保险的对象是从事经济活动的劳动者本人，但保险获益者往往不限于劳动者本人，还包括他们的家属。我国现行的工伤保险制度是按照劳动部1996年颁发的《企业职工工伤保险试行办法》实施的。国务院于2003年4月16日颁布了《工伤保险条例》，自2004年1月1日起施行。2010年12月进行了修订，工伤保险被正式纳入法律体系。

4. 失业保险

失业保险是对法定范围内的劳动者因失业而失去经济来源时，按法定时限和标准给予其物质援助的社会保险项目。在市场经济条件下，劳动者的就业通常由竞争机制发挥主导作用，失业现象在所难免，对失业者予以

一定的保障有利于使企业和国家经常拥有可靠数量和素质合格的劳动力资源，也有利于社会安定。1999年，国务院颁布了《失业保险条例》，这是我国目前执行的失业保险制度的法律依据。2017年，人社部就《失业保险条例（修订草案征求意见稿）》向社会公开征求意见，以促进条例更加符合我国当前经济社会发展的水平、趋势和要求。

5. 生育保险

生育保险是国家通过立法筹集保险基金，对怀孕、分娩、生育子女期间暂时丧失劳动能力的女职工给予一定的经济补偿、医疗服务和生育休假福利的一项社会保险制度。其宗旨在于帮助她们恢复劳动能力，重返工作岗位。1994年，劳动部颁布了《企业职工生育保险试行办法》，成为推动生育保险工作的主要政策依据。2010年和2012年国家分别颁布了《中华人民共和国社会保险法》《女职工劳动保护特别规定》，进一步规范了生育保险政策。

（二）法定假期

1. 公休假日和法定假日

目前我国实行每周休息两天的公休日制度。公休假日是劳动者工作满一个工作周之后的休息时间。国家实行劳动者每日工作时间不超过8小时、平均每周工作时间不超过44小时的工时制度。《中华人民共和国劳动法》（以下简称《劳动法》）第38条规定：用人单位应当保证劳动者每周至少休息一天。

2013年12月公布了《国务院关于修改〈全国年节及纪念日放假办法〉的决定》，并于2014年1月1日起施行。法定休假日即法定节日休假。我国法定的节假日包括元旦、春节、清明节，国际劳动节、端午节、中秋节、国庆节。《劳动法》规定，法定休假日安排劳动者工作的：支付不低于薪资的300%的劳动报酬。除劳动法规定的节假日以外，企业可以根据实际情况，在与员工协商的基础上，决定放假与否以及加班薪资多少。

2. 带薪年休假

我国《劳动法》第四十五条规定，国家实行带薪休假制度。劳动者连续工作一年以上的，享受带薪休假。这一政策并非强制规定，各单位可以结合政策精神灵活运用。

休假的目的在于使员工可以暂时离开繁重的工作，获得身心的双重休息。带薪休假的一个关键问题在于假期能否累计和转换。也就是说，如果组织给予员工每年10天的带薪休假福利，某一员工当年没有使用这一权利，10天的假期能否顺延到下一年，以及如果因业务繁忙不能安排其休假，组织能否对其进行补偿、怎样补偿？允许员工建立这种类似“假日银行”（假日可以存储和累计）的做法一方面会给组织带来潜在的高额成本，另一方面也无法达到休假的根本目的。所以，大多数组织对员工可以累计的休假天数会作出上限的规定，超过某一天数之后，未休假的时间将不再累计。

3. 病假

员工因为身体疾病不能正常工作时，应当享有病假。通常情况下，员工请病假要出示医院的诊断证明。大多数企业的病假政策是：员工在规定的病假期内能够享受正常的薪资待遇。

4. 其他假期

在我国，员工还可以享受探亲假、婚丧假、产假与配偶生育假等。探亲假的享受对象是组织中那些与直接亲属不在同一个区域的员工，具体规定各地区有所不同。达到法定结婚年龄的员工可以享受婚假，晚婚者可以多享受一定的假期。符合生育政策的女职工可以享受产假，而男职工可以享受配偶生育假以照顾分娩的妻子。

（三）住房公积金

为了加强对住房公积金的管理，维护住房公积金所有者的合法权益，促进城镇住房建设，提高城镇居民的居住水平，国务院于1999年4月颁布了《住房公积金管理条例》，并于2002年对该条例进行了相应的修订。住房公积金，是指国家机关、国有企业、城镇集体企业、外商投资企业、城镇私营企业及其他城镇企业、事业单位、民办非企业单位、社会团体（以下统称单位）及其在职职工缴存的长期住房储金。具有两个特征：一是积累性，即住房公积金虽然是员工薪资的组成部分，但不以现金形式发放，并且必须存入住房公积金管理中心所委托银行开设的专户内，实行专户管理。二是专用性，住房公积金应当用于员工购买、建造、翻建、大修自住住房，任何单位和个人不得挪作他用。但当职工在离退休、死亡、完全丧失劳动能力并与单位终止劳动关系或户口迁出原居住城市时，可提取本人账户内的住房公积金。

住房公积金的管理实行住房公积金管理委员会决策、住房公积金管理中心运作、银行专户存储、财政监督的原则。职工个人缴存的住房公积金和职工所在单位为职工缴存的住房公积金，属于职工个人所有。职工住房公积金的月缴存额为职工本人上一年度月平均薪资乘以职工住房公积金缴存比例。单位为职工缴存的住房公积金的月缴存额为职工本人上一年度月平均薪资乘以单位住房公积金缴存比例。《住房公积金管理条例》第十八条规定，职工和单位住房公积金的缴存比例均不得低于职工上一年度月平均薪资的5%；有条件的城市，可以适当提高缴存比例。

二、企业福利

企业福利是与员工法定福利相对应的一种福利类别划分。与法定福利项目比较，企业福利具有以下三个方面的明显特征：

首先，针对特定人群。企业福利的直接效用是保障员工一定生活水平和提高其生活质量，只有在本单位就业的员工才能享受（有些福利项目员工家属也可享受）。

其次，一般采取普惠制。企业福利一般按照普惠制向员工提供，某些企业或某些项目也可能依据员工供职时间长短和贡献大小规定其享受待遇的高低差别。企业福利的主要职能是以共同消费的形式满足共同需要，其发展趋势是以集体福利为主，它不是劳动者谋生的手段，只是薪资收入的补充，一般情况下不体现按劳分配的要求。

最后，资金来源于企业赢利。企业福利水平主要取决于企业的经济效益，形形色色的企业福利计划在一定程度上反映了企业兴衰。

企业福利名目繁多，归纳起来可以分为经济性福利项目、设施性福利项目、娱乐性福利项目和员工服务福利项目等几类，如表7-7所示。

表7-7 企业福利的几种类形及内容

类型	定义	举例	作用
经济性福利	指除了工资和奖金外，对员工提供的其他的经济性补助的福利项目	住房补贴、结婚礼金等	可以减轻员工的负担或增加额外收入，进而提高士气和工作效率

续表

类型	定义	举例	作用
设施性福利	指从员工的日常需要出发，向员工提供设施性服务的福利项目	员工免费宿舍、阅览室与健身房等	方便员工的工作和生活，提高员工的职业生活质量
娱乐性福利	指为了增进员工的社交和娱乐活动，促进员工的身心健康及增进员工的合作意识，提供娱乐性的福利项目	旅游、免费电影等	基于重视员工的管理理念以满足员工的参与感和娱乐需求
员工服务福利	指为员工提供各种各样生活上、职业发展上等各方面服务的福利项目	员工的身体健康检查和外派进修等	提高员工的生活质量和工作能力
其他福利	指以上所列福利项目未包含的其他福利项目	如以本企业员工的名义向大学捐助奖学金等荣誉性福利	满足员工的其他需求

以上福利中，所需费用最高的是经济性福利。近年来，在经济性福利中涌现出一些所占比例逐年增加的福利项目，比较有代表性的有企业补充养老保险、员工补充医疗保险福利、员工人寿保险计划以及企业年金等。

（一）补充养老保险

补充养老保险是指由企业根据自身经济实力，在国家规定的实施政策和实施条件下为本企业员工所建立的一种辅助性的养老保险，由国家宏观指导、企业内部决策执行。

企业补充养老保险与基本养老保险的区别主要体现在保险的层次和功能不同。企业补充养老保险由劳动保障部门管理，单位实行补充养老保险，应选择经劳动保障行政部门认定的机构经办。企业补充养老保险费可由企业完全承担，或由企业和员工双方共同承担，承担比例由劳资双方协议确定。企业内部一般都设有由劳资双方组成的董事会，负责企业补充养老保险事宜。企业补充养老保险可以由单个企业设立，也可以由多个企业甚至行业共同设立，也可以在单个企业独立设立，多个企业的共同设立作为补充。单个企业的补充养老保险计划通常设立在高新技术企业和存在大量直接现金交易的企业。企业补充养老保险作为一项延迟发放的福利，可以诱导员工，尤其关键岗位的高级员工忠实地为企业服务直到退休。

（二）补充医疗保险

补充医疗保险指除法定医疗保险福利之外，企业为保障员工身体健康而采取的措施。许多国家的基本医疗保险定位于提供低成本、有限责任、普遍享受的医疗保障，这就给企业为员工提供补充医疗保险福利留下了空间。补充医疗保险中最普遍的就是实行大额医疗费用互助计划。

（三）员工人寿保险计划

企业人寿保险计划是一种比较普遍的员工福利，保险费的成本通常由企业支付，并允许员工以购买附加的保险额为名义付费。发达国家的绝大部分大中型企业，都把为员工购买人寿保险作为一种福利，在企业为员工购买的最低保险额之上，通常还允许员工自己交保，购买一定数额的额外保险。

人寿保险是一个适用于团体的福利方案，它对企业和员工都有许多有利之处。在西方大中型企业，企业一般支付全部的基本保险费，承保金额通常相当于员工两年的薪酬。

（四）企业年金

企业年金源于自由市场经济比较发达的国家，是指在政府强制实施的公共养老金或国家养老金之外，企业在国家政策指导下根据自身经济实力和经济状况建立的，为本企业员工提供一定程度退休收入保障的补充性养老金制度。企业年金基金是指根据企业年金计划筹集的资金及其投资运营收益形成的企业补充养老保险基金。

企业年金计划在提高员工福利的同时，起到了增加企业凝聚力、吸引力的作用。企业年金的意义体现在：①有利于树立良好的企业形象，吸引和留住优秀人才，有助于企业单位建立良好的员工福利保障制度，充分解决员工的医疗、养老、工伤及死亡抚恤等问题，有利于稳定员工队伍；②企业根据员工的贡献，设计具有差异性的年金计划，可在单位内部形成一种激励氛围，有利于形成公平合理的分配制度，充分发挥员工自身的最大潜力；③企业年金计划规定服务满一定的年限后方可获得相应的年金权益，利用这种福利滞后效果可以有效保留人才；④建立企业年金制度，在提高员工福利的同时，利用国家有关税收政策，为企业和个人合理节税。

在实行现代社会保险制度的国家中，企业年金已经成为一种较为普遍实行的企业补充养老金计划，并且成为所在国养老保险制度的重要组成部分。近几年来，我国企业年金发展迅速，但由于企业年金制度正处于刚刚起步阶段，还不够完善，如何对规模和覆盖范围日益扩大的企业年金在其建立、管理和投资等方面加以适当引导和正确规范，是一个亟待解决的问题。

三、福利发展趋势——弹性福利制

不同的企业根据各自企业战略、发展阶段和经营状况为员工设置的福利项目可能各不相同，但传统上，单个企业向员工提供的福利大多都是固定的，即向所有的员工提供同样的福利内容。从20世纪70年代开始，在西方发达国家的一些企业中，开始针对员工不同的需求提供不同的福利内容，弹性福利制逐渐兴起并成了福利管理发展的主要趋势。

弹性福利制就是由员工自行选择福利项目的福利管理模式，也叫自助餐式福利计划、菜单式福利模式。在实践中通常是由企业提供一份列有各种福利项目的“菜单”，然后由员工依照自己的需求从中选择其需要的项目，组合成属于自己的一套福利“套餐”。弹性福利非常强调员工参与，当然员工的选择不是完全自由的，有一些项目，如法定福利，就是每位员工的必选项。此外，企业通常都会根据员工的薪水、年资或家庭背景等因素来设定每一个员工所拥有的福利限额，同时清单里的每项福利项目都会附一个金额，员工只能在自己的限额内购买喜欢的福利。

（一）弹性福利制的优点

弹性福利制的实施具有显著的优点：

首先，由于每个员工个人情况不同，他们的需求也就不尽相同。例如，年轻的员工可能更喜欢以货币的方式支付福利，有孩子的员工可能希望企业提供儿童照顾的津贴，而年龄大的员工又可能特别关注养老保险和医疗保险。而弹性福利计划的实施，则充分考虑了员工个人的需求，使他们可以根据自己的需求来选择福利项目，这样就满足了员工不同的需求，从而提高了福利计划的适应性，这是弹性福利计划最大的优点。

其次，由员工自行选择所需要的福利项目，企业就可以不再提供员工不需要的福利，这有助于节约福利成本。

最后，这种模式的实施通常会给出每个员工的福利限额和每项福利的

金额，这样就会促使员工更加注意自己的选择，从而有助于进行福利成本控制。

总之，弹性福利计划既有效控制了企业福利成本，又照顾了员工对福利项目的个性化需求，是一种双赢的福利制度。

（二）弹性福利制的不足

弹性福利制并非完美无缺，也存在不足之处：

首先，它造成了管理的复杂性。由于员工的需求是不同的，因此自由选择大大增加了企业具体实施福利的种类，从而增加了统计、核算和管理的工作量，这会增加福利的管理成本。

其次，这种模式的实施可能存在逆向选择倾向，员工可能为了享受金额最大化而选择自己并不需要的福利项目。

再次，由员工自己选择可能还会出现非理性的情况，员工可能只照顾眼前利益或者考虑不周，从而过早地用完了自己的限额，这样他再需要其他福利项目时，就可能无法购买或者需要透支。

最后，允许员工自由选择，可能会造成福利项目实施的不统一，这样就会减少一些模式所具有的规模效应。

（三）弹性福利制的要求

虽然弹性福利制实施起来可能存在上述一系列的问题，但是只要设计合理、管理科学、运用得当，其优势就能够得到发挥。一套好的弹性福利制度必须符合以下几个要求：①恰当，即企业的福利水平对外要有竞争力，不落后于同行业或同类型的其他企业；对内要符合本企业的战略、规模和经济实力，不要使福利成为企业的财务负担。②可管理，即要求企业设计的福利项目是切合实际，可以实施的；同时还需要有一套完善的运行体制用以实施和监督。③容易理解，即要求各个福利项目的设计和表述能够很容易地为每个员工理解，在选择和享受福利项目时，不会产生歧义。④有可以衡量的标准，即要求企业为员工提供的福利项目都是可以衡量其价值的，才能使员工在限额内选择福利项目。⑤员工参与度高，即要求制度的设计包含企业和员工互动的渠道和规则。⑥灵活，即要求福利制度不但尽可能地满足不同员工的个性化要求，还能够根据企业的经营和财务状况进行有效的自我调整。

问题：

福利是否越高越有激励作用？

【本章小结】

薪酬管理是人力资源管理活动的重要部分。本章先从薪酬管理的概述开始，转而对基本薪酬和激励薪酬以及福利的设计做了重点介绍。

薪酬是指员工从企业那里得到的各种直接的和间接的经济收入，包括基本薪酬、激励薪酬和间接薪酬三部分。薪酬管理则是指企业在经营战略和发展规划的指导下，综合考虑内外部各种因素的影响，确定自身的薪酬水平、薪酬结构和薪酬构成，并进行薪酬调整和薪酬控制的整个过程。在市场经济条件下，企业的薪酬管理会受到内外部多种因素的影响，同时企业在制定薪酬管理政策时应当遵循一些基本原则，如合法性、公平性、及时性、经济性以及动态性等原则。

激励薪酬和福利是构成薪酬的重要部分。激励薪酬包括个人激励薪酬和群体激励薪酬，前者主要有计件制、工时制、绩效工资等形式；后者主要有利润分享计划、收益分享计划、股票所有权计划等。作为企业付给员工的间接薪酬形式，福利有着不同于直接薪酬的一些特点和优势，同时也存在着一些问题。福利主要有国家法定的福利和企业自主的福利。

【复习思考题】

1. 报酬和薪酬有什么区别和联系？
2. 薪酬管理的含义是什么？需要遵循什么原则？
3. 如何确定基本薪酬？
4. 激励薪酬有哪些类型？
5. 薪酬水平策略有哪几种？
6. 我国的法定福利包括哪些项目？
7. 常见的企业福利有哪些？
8. 结合你所熟悉的某个企业，谈谈开展福利发展的好处。

【案例与问题】

爱立信公司的薪酬设计

爱立信中国公司的员工薪酬与其职务高低成正比。年龄、工龄、学历等因素也有一定的影响，但不起主要作用。对于同一职务，如果由不同学历的人担任，他们之间薪酬的差别可能仅仅在几百元之间。同时，部分员工有股份。另外，爱立信在计算员工的工龄时，把他在未进爱立信之前的工作经历也算在内。

爱立信中国公司员工的薪酬一般由四部分组成：基本工资、奖金、补贴和福利。奖金分为两类：一般人员奖金和销售人员奖金。有一些关键人员还会得到一定的期权、股权，期权、股权的受益者一般为“对公司起关键性作用的人员”，而不一定是高职务者。工资围着市场转，奖金与业务目标接轨。在爱立信，公司业绩与员工业绩成一定比例，但并非成正比。奖金一般可达到员工工资的60%，对于成绩显著的员工，还有其他的补偿办法。员工在爱立信得到提薪的机会一般有几个：职务提升，考核优秀或有突出贡献。被评为公司最佳员工者和有突出贡献的员工都有相应的奖金作为激励，突出贡献奖、最佳员工奖、突出改进奖的奖金额一般不超过其年薪的20%。

爱立信对每个职务的薪酬都设立一个最低标准，即下限。当然，规定下限并非为了限制上限，而是保证该职务在市场上的竞争力。据介绍，一般职务上下限的差异为80%左右，比较特殊的职务可能会达到100%，而比较容易招聘的职务可能只有40%的差异。

问题：

1. 你认为爱立信中国公司业绩与工资无多大关系，只与奖金有很大关系的做法有什么优势？你能举出一个与爱立信公司的薪酬制度不一样的企业吗？

2. 你认为爱立信设立每个职务薪金的下限的做法是否有创意？上下限的差异为80%左右是高了，还是低了？为什么？

【技能提升】薪酬方案设计

以小组为单位完成一套完整的薪酬方案设计，请按照薪酬方案设计流程（图7-3）及相关问题逐步操作：

第一步，基于老师既定规则完成分组任务，每个小组成员4~6人。

第二步，复习薪酬方案设计流程并深化认知。

第三步，请对如下问题逐一回答并认真完成相应问题的要求。

1. 请各小组深入某一个具体的企业进行了解调研，熟悉企业的经营概况、组织结构及本企业的薪酬实施情况。

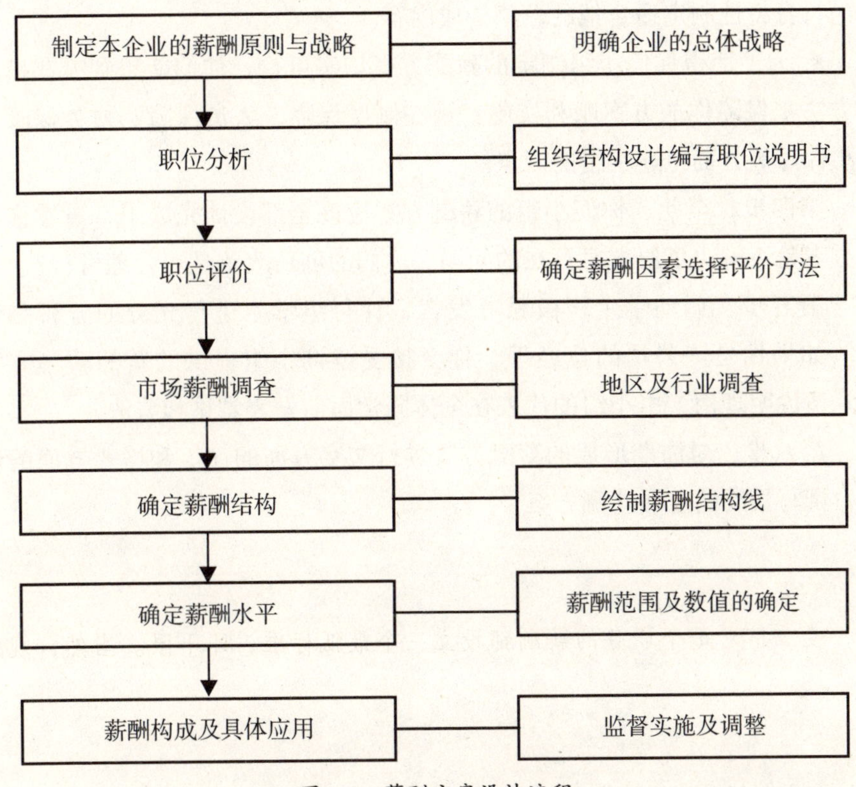

图7-3　薪酬方案设计流程

2. 经过调查研究，你们小组认为此企业的薪酬方案实施过程中存在哪些问题？并将这些问题进行归纳总结。哪个部门或者哪类人员的薪酬问题最大？请选择此部门或者此类人员作为你们小组的研究对象，为他们重新制定一套完善的薪酬方案。

3. 研究对象的工作内容与工作职责是什么？收集或者编写他们的岗位说明书。

4. 影响企业薪酬的内外部因素有哪些？试进行薪酬的市场调查，调查了解与研究对象相关性大的同地区同行业同部门同类型人员的薪酬水平、

薪酬构成及福利情况，并将所收集的信息加以归纳总结。

5. 经过之前步骤的了解，总结并画出研究对象的薪酬结构图或者薪酬结构线。

6. 薪酬水平确定的依据是什么？此步骤在职位评价及市场调查的基础上确定研究对象的薪酬水平区间及具体数值。

7. 通过本章的学习你了解薪酬构成可以分为几个部分？针对你研究对象的自身特性制定适合他的薪酬构成内容。

8. 为了使得你们小组制定的薪酬方案切实可行，你们能想到哪些措施和方法来保障你的方案顺利实施？请在制度保障、人员保障、财务保障、思想保障等方面论述小组的观点。

第四步，至此，你们小组的薪酬方案应该全部设计完成了，看看你们的方案是否解决了原方案存在的问题？你们的创新改革是否合理可行？

第五步，调动学生积极思考发言，让每组学生进行充分的分析和讨论。如果你是该公司的总经理，你会接受咨询小组提供的新的薪酬方案吗？请说明理由，由小组的代表在全体同学面前发表意见和看法。

第六步，对前期形成的薪酬方案进行文字方面的加工和格式方面的调整，撰写最终的企业薪酬方案。

第八章

劳动关系管理

【学习目的和要求】

劳动关系是人力资源管理的中心问题。通过学习，让学生充分了解在当代人本管理下，企业劳动关系对于企业发展起着举足轻重的作用。在一定程度上了解劳动合同法的基础上，掌握管理和处理复杂的劳动关系的不同方式方法，并能够借鉴发达国家在劳动关系管理上的新思维，思考我国劳动关系管理中的各种具体问题。

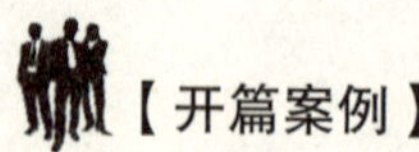

【开篇案例】

培训考核后再签劳动合同，合法吗？

2008年11月，北京某电子公司面向社会招聘新员工，最终黄某通过复试，并自2008年12月3日起参加电子公司安排的为期两个月的入职培训。培训期间，该电子公司按每人每月500元的标准向其发放生活补助。2009年2月14日，该公司再次对其进行考试，并于次日以培训不合格为由，向黄某发出口头通知，通知黄某公司将不与其订立劳动合同，不提供工作岗位。黄某认为该电子公司侵犯了他的合法权益，便向劳动争议仲裁委员会申请仲裁，要求电子公司给予相应的补偿。

第一节　劳动关系概述

劳动关系是社会生产和生活中人们之间最重要的联系之一。全世界大多数劳动人口正在用主要精力从事“工作”，并将“工作”作为主要收入来源。劳动关系对劳动者、企业（雇主）和整个社会有着深刻的影响。对劳动者来说，工作条件、工作性质、薪酬福利待遇，将决定他们的生活水平、个人发展的机会、个人的尊严、自我认同感和身心健康；对于企业来说，员工的工作绩效、忠诚度、工资福利水平都是影响生产效率、劳动力成本、生产质量的重要因素，甚至还会最终影响企业的生存和发展；对整个社会而言，劳动关系还会影响经济增长、通货膨胀和失业的状况、社会财富和社会收入的总量和分配，并进一步影响全体社会成员的生活质量。因而，研究劳动关系具有重要的理论和现实意义。

开篇案例中黄某遇到的是一个典型的劳动关系问题，解决这一问题首先需要从劳动关系的基本理念着手，分析劳动关系的基本概念、构成要素以及认定标准。

一、劳动关系的概念及构成要素

（一）劳动关系的概念

1. 含义

劳动关系又称为劳资关系、雇佣关系，是指社会生产中，劳动力使用者与劳动者在实现劳动过程中所结成的一种社会经济利益关系。

从广义上讲，生活在城市和农村的任何劳动者与任何性质的用人单位之间因从事劳动而结成的社会关系都属于劳动关系的范畴。

从狭义上讲，现实经济生活中的劳动关系是指依照国家劳动法律法规规范的劳动法律关系，即双方当事人是被一定的劳动法律规范所规定和确认的权利和义务联系在一起的劳动关系。其权利和义务的实现，是由国家强制力来保障的。劳动法律关系的一方（劳动者）必须加入某一个用人单位，成为该单位的一员，并参加单位的生产劳动，遵守单位内部的劳动规则；而另一方（用人单位）则必须为劳动者提供工作条件及按照劳动者的劳动数量和质量给付其薪酬，并不断改善劳动者的物质文化生活。

2. 称谓

对劳动关系的研究在各国广泛存在。但是，由于各国社会制度和文化传统等因素各不相同，对劳动关系的称谓又有所不同。劳动关系在不同的国家又被称为劳资关系、雇佣关系、劳工关系、劳使关系和产业关系等。

表8-1 劳动关系不同称谓强调的重点不同

劳动关系的不同称谓	强调的重点
劳资关系	相对于资本与劳动之间的关系而言，反映的是生产资料的提供者与劳动者之间的关系，突出两者之间的对立地位
劳工关系	更加强调劳工的地位，突出劳动者和雇佣方之间的关系是以劳动为重点和核心展开的

续表

劳动关系的不同称谓	强调的重点
雇佣关系	强调受雇者与雇佣者之间的关系，主要是指个体的劳动关系，一般不包括集体的劳动关系
劳使关系	强调技术性意义，减少价值判断，显得中性、温和
雇员关系	从人力资源管理的角度提出的概念。强调以企业为中心，劳动者是企业的雇员，注重个体层次上雇主与雇员的交流，蕴含了和谐与合作的精神
产业关系	泛指产业及社会中管理者与受雇者之间的所有关系，强调劳资双方及其相关组织在工作场所和在整个社会中的相互作用

（二）劳动关系构成要素

1. 主体

从狭义上来讲，劳动关系的主体包括劳动者和用人单位两方，以及代表劳动者利益的工会组织和代表用人单位利益的雇主组织。广义的劳动关系主体还包括政府，因为政府通过立法等手段对劳动关系进行干预。

（1）劳动者。劳动者是指有劳动能力的人，受雇于自然人或组织，以出卖劳动力而获得劳动报酬的工作人员。可见劳动者是被用人单位依法雇用的人，在用人单位管理下从事劳动，并且领取报酬作为主要的生活资料来源。

（2）工会。工会是由劳动者组成的，主要通过集体谈判方式来维护劳动者在工作场所及整个社会中的利益，因而是与用人单位及其社会势力形成抗衡的组织。

（3）用人单位。用人单位在许多国家则称为雇主或雇佣人，是指具有用人资格，即用人权利能力和用人行为能力，使用劳动力组织生产劳动且向劳动者支付工资报酬的单位。各国对用人单位范围的界定不尽相同。在我国，法律界定的用人单位包括：

①企业，包括各种所有制经济、各种组织形式的企业；

②个体经济组织，即个体工商户；

③国家机关，包括国家权力机关、行政机关、审判机关和检察机关、执政党机关、政治协商机关、参政党机关、参政团体机关；

④事业组织，包括文化、教育、卫生、科研等各种非营利单位；

⑤社会团体，包括各行各业的协会、学会、联合会、研究会、基金、联谊会、商会等民间组织；

⑥民办非企业单位，指企业事业单位、社会团体和其他社会力量以及公民个人利用非国有资产设立、从事非营利性社会服务活动的社会组织。

（4）雇主协会。雇主协会是由雇主（用人单位）组成，旨在维护雇主利益，并规范雇主与雇员之间以及雇主与工会之间的关系的组织。雇主协会不同于行业协会，纯粹的行业协会不处理劳动关系，而是处理营销、定价及技术等行业事务，而大部分雇主协会除了要处理行业事务外，更重要的是处理劳动关系。雇主协会可以分为三种类型：在地区协会基础上形成的全国性雇主协会，由某个行业的企业组成的单一产业的全国协会，由同一地区企业组成的地区分会。

（5）政府。在劳动关系的发展过程中，政府不仅要受到劳资双方合作与冲突的影响，而且要通过立法和规制来调整、监督和干预劳动关系，实现政府稳定社会和获取政治支持的目的，因而政府在劳动关系中扮演着重要角色。具体来讲，政府首先是劳动关系立法的制定者，通过立法介入和影响劳动关系；其次是公共利益的维护者，通过规制、监督和干预等手段促进劳动关系的协调发展；再次是公共关系的裁判者，努力维护劳资双方的合法权益；最后是雇主，以雇主身份直接参与和影响劳动关系。劳动关系各主体间的关系如图8-1所示。

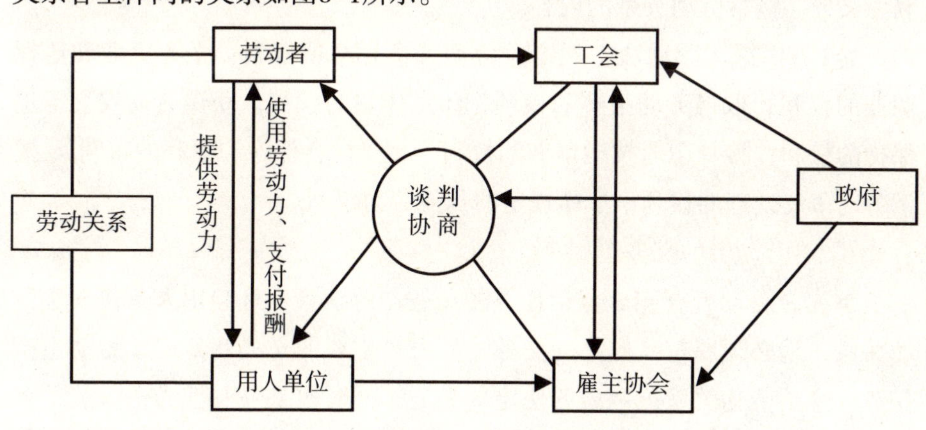

图8-1 劳动关系各主体间的关系图

2. 客体

劳动关系的客体是劳动权利和劳动义务指向的对象——劳动力。劳动者作为劳动力所有者有偿向用人单位提供劳动力，用人单位则通过支配、

使用劳动力来创造社会财富，双方权利义务共同指向的对象就是蕴含在劳动者体内，只有在劳动过程中才会发挥出作用的劳动力。

作为劳动关系的客体，劳动力具有如下特征：

（1）劳动力存在的人身性。劳动力存在于劳动者身体内，劳动力的消耗过程亦即劳动生命的实现过程。这使劳动法律关系成为一种人身关系。

（2）劳动力形成的长期性。劳动力生产和再生产的周期比较长，一般至少需要16年，有些能力的形成还需要更长的时间。形成体力和脑力的劳动能力需要大量的投资，这部分投资主要是劳动者个人负担的。

（3）劳动力存续的时间性。劳动能力一旦形成是无法储存的，而过了一定时间又会自然丧失。

（4）劳动力使用的条件性。劳动力仅是生产过程的一个要素，只有与生产资料相结合才能发挥作用。劳动力的这些特征要求国家对劳动力的使用采取一些特殊的保障措施，既能使劳动能力得以发挥，又能使劳动者不受伤害。

3. 内容

劳动关系的内容可以用“权利、义务”来概括。在公司与劳动者的相互关系中，一方的权利就是另一方的义务，习惯上人们用“劳动者的权利、义务”概括劳动关系的内容。

（1）根据《劳动法》规定，劳动者享有八项权利：平等就业和选择职业的权利；取得劳动报酬的权利；休息休假的权利；获得劳动安全卫生保护的权利；接受职业技能培训的权利；享受社会保险和福利的权利；提请劳动争议处理的权利；法律规定的其他劳动权利。

（2）劳动者的义务

首先，劳动者有完成劳动任务的义务。劳动者一旦与用人单位发生劳动关系，就必须履行其应尽的义务，其中最主要的义务就是完成劳动生产任务。这是劳动关系范围内的法定的义务，同时也是强制性义务。劳动者不能完成劳动义务，就意味着劳动者违反劳动合同的约定，用人单位可以解除劳动合同。

其次，提高职业技能、执行劳动安全卫生规程，遵守劳动纪律和职业道德的义务。

劳动纪律是劳动者在共同劳动中所必须遵守的劳动规则和秩序。它要求每个劳动者按照规定的时间、质量、程序和方法完成自己应承担的工作。职业道德是从业人员在职业活动中应当遵循的道德，其基本要求是忠于职守，并对社会负责。

最后，根据用人单位要求，保守商业秘密的义务。

二、劳动关系与事实劳动关系

现实生活中大量存在着未签订书面劳动合同（我国《劳动法》第十六条规定，“建立劳动关系应当订立劳动合同“）但又实际存在着劳动关系的情况，对社会稳定、和谐和社会的经济发展带来严重阻碍，从而导致社会劳动关系处于不是常态的环境之中。

（一）对事实劳动关系的认识

在我国，事实劳动关系是指用人单位与劳动者之间既无劳动合同又存在着劳动关系的一种状态。产生事实劳动关系的主要原因在于：用人单位与劳动者确立劳动关系时，未按国家有关规定签订劳动合同；合同期满后当事人既未续订劳动合同，又没有终止原先的劳动合同。

（二）如何界定事实劳动关系

用人单位和劳动者虽然没有签订书面劳动合同，但劳动者已经成为用人单位的一员，身份上具有从属关系，双方确已形成了劳动权利义务关系的，可以综合下列情况认定为事实劳动关系：

（1）劳动者已经实际付出劳动并从用人单位取得劳动报酬；

（2）用人单位对劳动者实施了管理、指挥、监督的职能；

（3）劳动者必须接受用人单位劳动纪律和规章制度的约束。用人单位与劳动者发生劳动争议不论是否订立劳动合同，只要存在着事实劳动关系，符合劳动法适用范围及劳动争议受案范围，仲裁机构均应处理。

（三）如何证明事实劳动关系

证明用人单位与劳动者之间存在事实劳动关系，需要提供相关证据。根据《关于确立劳动关系有关事项的通知》第二条规定，用人单位与劳动者签订劳动合同，认定双方存在劳动关系时可参照下列凭证：

（1）工资支付凭证或记录（职工工资发放花名册）、缴纳各项社会保险费的记录；

（2）用人单位向劳动者发放的工作证、服务证等能够证明身份的证件；

（3）劳动者填写的用人单位招工招聘登记表、报名表等招用记录；

（4）考勤记录；

（5）其他劳动者的证言等，如同事证言、工资卡（条）、工作证、名片、劳动手册、规章制度（签名的）、工作服、社保记录、公司相关证明等。

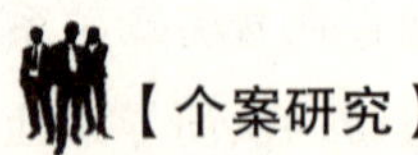
【个案研究】

存在事实劳动关系合同不能随便解除

小罗在某网络公司工作。两个月前，他发现自己的劳动合同即将到期，于是，要求公司人事部与自己续签新劳动合同。“公司正准备换CEO，等新的CEO来了再说吧。”人事经理给了他这样一个答复。半个月过去了，小罗的合同已经过期，公司还没有跟他续订合同。又过了一个多月，新CEO终于上任了。新官上任三把火，这位新官的第一把火就烧在了人的身上——决定大幅裁员。小罗跟其他一些员工一样，收到了公司发出的终止劳动合同通知书。小罗办完离职手续后，找到人事部，要求公司向自己支付经济补偿金，没想到却遭到了人事经理的拒绝。“你的劳动合同是到期终止，不是中途解除，所以，没有经济补偿金。”人事经理这样解释道。“可是，我的合同是一个月前到期的，你们当时没有终止呀。”小罗觉得有点儿委屈。“不管怎么说，合同到期后，公司没再跟你续，就可以随时跟你终止劳动关系。”人事经理态度很强硬。小罗走在回家的路上，脑子还是转不过弯来：难道劳动合同过期后，公司不立即终止也不续订，以后就可以想让我什么时候走就让我什么时候走了？甚至连补偿金也可以不给？

问题：

（1）劳动关系的概念及特征是什么？

（2）如何界定与证明事实劳动关系？

第二节 劳动关系管理

劳动关系是现代产业活动中的重要组织关系之一，各国都非常重视劳动关系管理的研究。所以，我们有必要了解劳动关系管理的目标、内容等，以便更好地为企业服务。

一、劳动关系管理的含义

所谓劳动关系管理，就是指以促进企业经营活动的正常开展为前提，以缓和和调整企业劳动关系的冲突为基础，以实现企业劳动关系的合作为目的的一系列组织性和综合性的措施和手段。由对企业劳动关系管理的界定可以看出，劳动关系管理的基本领域主要在于两个方面：一是限于促进企业劳动关系合作的事项内，二是限于缓和和解决企业劳动关系冲突的事项内。本书所分析的劳动关系管理是就规范意义上而言的，即主要分析有工会组织存在的企业劳动关系的管理，其运作如图8-2所示。

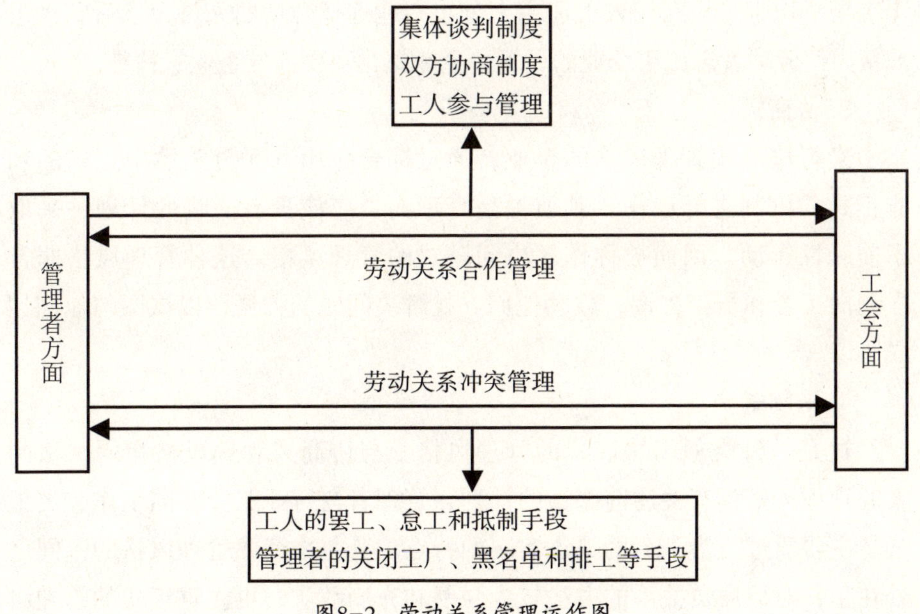

图8-2 劳动关系管理运作图

二、劳动关系管理风格

劳动关系管理风格是企业劳动关系形成的基础。从理论上说，管理风格有一元论和多元论两种类型。一元论认为，可以把员工划分为若干等级，企业通过建立内部等级制度，抑制冲突，以实现组织目标；多元论认为，实现共同目标可用多种方法，冲突是不能压制的，管理者应当通过协调管理者与员工的关系实现组织目标。从总体上说，组织中主要有五种劳动关系管理风格：

1. 传统式

这种风格由所谓权威主义所指导，一般适用于小弄的由所有者自己管理的企业。在这种企业中，劳动关系在出现问题之前一般不会受到重视，企业通常采用救火式的方法，发现什么问题才解决什么问题，不重视从根本上解决问题。企业文化是强硬式的，是一种权威式的管理风格，行业工会也被这些企业认为是不需要的，企业主尽可能少地付给雇员工资，对待行业工会的态度也是恶意的。

2. 温情式

这是一种家长主义的管理风格。这类企业支付给劳动者的工资通常高于市场平均水平，在用人上雇主十分小心地选择合适的人员，然后花大量的精力使劳动者忠诚于企业的目标。企业文化主要倡导企业家精神。

3. 协商式

奉行协商式管理风格的企业，通过综合应用其雇员关系中正式的和非正式的机制进行运作，其前提是管理人员应该具有前瞻性计划并采取了前瞻性行动，因而被称作解决问题式的管理风格。这种管理风格非常强调向工会和员工咨询，鼓励他们寻找解决问题的方法，以试图与他们达成协议。

4. 法制式

这是一种类似于协商式的管理风格。与协商式管理风格相同，法制式的管理风格具有关注前瞻性的计划，管理者与行业工会共同工作，员工参与主要通过行为工会的渠道实现的特点。其与协商式管理风格的不同之处在于，对待雇员关系的方法较为强硬和充满敌意，更注重正式的管理协议，通过在工作场所进行强有力的双边谈判来实现和平共处。协商位于双方的谈判之后。

5. 权变式

权变式的管理风格由权变理论所指导，它依赖于子公司所拥有的权力并根据当地的情况管理劳动关系，是一种实用的方法。在很多不同的行为内运作是联合大型企业的特点，子公司向母公司负责利润，当然也提供一些关键性服务。因此行业工会可能被认可，也可能不被认可；员工参与可能普遍存在，也可能不普遍存在；工资的给付在由高层管理者给定的范围内由各个企业自己确定。

第三节　劳动合同管理

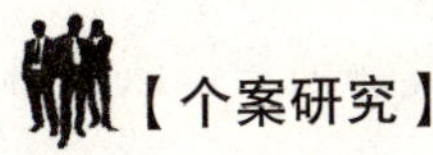

【个案研究】

人力资源经理桑大鹏的头痛事

一家高科技公司的女员工王语桐工作表现不佳（年度考核结果有显示），所在工作单位对其工作极不满意，因合同即将在1个月后到期，公司人力资源经理桑大鹏找其本人谈话，并书面通知合同期满后公司将不再续签劳动合同。

王语桐1个星期后去医院看病时发现自己已经怀孕（注：公司知道王语桐女士已婚，结婚时王语桐女士32岁，属晚婚），随后到公司告知公司人力资源经理桑大鹏，桑大鹏随即要求王语桐出示准生证，王语桐告诉桑大鹏正在办理，按计划生育相关规定，估计2个月后拿到准生证没问题。按国家劳动法规相关规定，女职工怀孕期间不能解除劳动合同，故公司在合同到期后没有解除与王语桐的劳动合同。

2个月后，王语桐没有出示准生证，公司听说王语桐因和丈夫感情不合而离婚了，且王语桐发誓一定要将孩子生下来，并准备享受国家规定的孕期及哺乳期的相关待遇。

（资料来源：李剑锋：《劳动关系管理》，北京，对外经济贸易大学出版社，2003）

一、劳动合同的概念

（一）劳动合同的含义及特点

1. 劳动合同的含义

劳动合同是劳动者和用人单位之间关于订立、履行、变更、解除或者终止劳动权利义务关系的协议。2007年6月29日第十届全国人民代表大会常务委员会第二十八次会议通过，自2008年1月1日起实行的《劳动合同法》是我国第一部较完整的调整劳动合同关系的法律。该法的颁布和实施，对我国的用工单位和劳动者依法保护自己的合法权益提供了更完整的法律依据。

2. 劳动合同的特点

劳动合同除具有合同的一般特点外，还具有自身的法律特征。

（1）劳动合同的主体是劳动者与用人单位。劳动者必须是依法具有劳动权利能力和行为能力的公民。作为劳动合同另一方当事人的用人单位，必须是依法设立的企业、事业组织、国家机关、社会团体或者个体经济组织。

（2）劳动合同的内容是劳动者与用人单位双方的权利和义务。劳动者要承担一定的工种、岗位或职务的工作，完成劳动任务，遵守用人单位的内部规则和其他规章制度； 用人单位为劳动者提供法律规定或双方约定的劳动条件，给付劳动报酬，保障劳动者享有法定的或约定的各项政治经济权利和其他福利待遇。

（3）劳动合同的标的是劳动者的劳动行为。劳动者实现就业权利后，相应地有完成其劳动行为的义务；用人单位实现用人权利后，组织管理劳动者完成约定的劳动行为，并有义务支付劳动者的报酬，为职工缴纳社会保险和提供福利。

（4）劳动合同的目的在于确立劳动关系，使劳动过程得以实现。劳动合同是确立劳动关系的法律形式，劳动合同一经订立，就成为规范双方当事人劳动权利和义务的法律依据。

（二）劳动合同的内容

劳动合同的内容是劳动者与用人单位双方通过协商所达成的关于劳动权利和劳动义务的具体规定。其内容必须符合国家法律、行政法规的规定，包括国家的劳动法律、法规，也包括国家的其他法律、行政法规。劳动合同的内容具体表现为劳动合同的条款，根据条款内容是否为劳动合同所必需，可分为法定条款和商定条款两部分。

1. 法定条款

（1）用人单位的名称、住所和法定代表人或者主要负责人。

（2）劳动者的姓名、住址和居民身份证或者其他有效证件号码。

（3）劳动合同期限。劳动合同期限可分为固定期限、无固定期限和以完成一定工作任务为期限。签订劳动合同主要是建立劳动关系，但建立劳动关系必须明确期限的长短。合同期限不明确则无法确定合同何时终止，如何给付劳动报酬、经济补偿等，引发争议。

（4）工作内容和工作地点。所谓工作内容，是指劳动法律关系所指向的对象，即劳动者具体从事什么种类或者内容的劳动，这里的工作内容是指工作岗位和工作任务或职责。工作地点是劳动合同的履行地，是劳动者从事劳动合同中所规定的工作内容的地点，它关系到劳动者的工作环境、生活环境以及劳动者的就业选择，劳动者有权在与用人单位建立劳动关系时知悉自己的工作地点。

（5）工作时间和休息休假。工作时间是指劳动时间在企业、事业、机关、团体等单位中，必须用来完成其所担负的工作任务的时间。一般由法律规定劳动者在一定时间内（工作日、工作周）应该完成的工作任务，以保证最有效地利用工作时间，不断地提高工作效率。

休息休假是指企业、事业、机关、团体等单位的劳动者按规定不必进行工作而自行支配的时间。休息休假的权利是每个国家的公民都应享受的权利。劳动法第三十八条规定："用人单位应当保证劳动者每周至少休息一日。"

（6）劳动报酬。劳动合同中的劳动报酬，是指劳动者与用人单位确定劳动关系后，因提供了劳动而取得的报酬。劳动报酬是满足劳动者及其家庭成员物质文化生活需要的主要来源，也是劳动者付出劳动后应该得到的回报。因此，劳动报酬是劳动合同中必不可少的内容。

（7）社会保险。社会保险是政府通过立法强制实施，由劳动者，劳动者所在的工作单位或社区以及国家三方面共同筹资，帮助劳动者及其亲属在遭遇年老、疾病、工伤、生育、失业等风险时，防止收入的中断、减少和丧失，以保障其基本生活需求的社会保障制度。社会保险由国家成立的专门性机构进行基金的筹集、管理及发放，不以赢利为目的。一般包括医疗保险、养老保险、失业保险、工伤保险和生育保险。

（8）劳动保护、劳动条件和职业危害防护。

（9）法律、法规规定应当纳入劳动合同的其他事项。

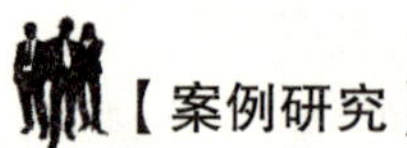
【案例研究】

张某2008年3月与快餐企业签订了负责外卖递送的劳动合同，但没有写明递送的地域范围。上班后才发现递送的范围包括近郊，而近郊的交通条件比较恶劣，尤其是晚上，更是危险。张某做完一个月后，发现工资并没有比一般岗位的员工多，他认为自己的劳动条件比原来想像的恶劣得多，于是要求公司加工资，公司觉得与合同不符，也不同意。张某觉得很不公平，但他又不知如何向说明公司。请问他应该如何维护自己的正当权益？

2. 商定条款

商定条款又称为约定条款或补充条款，即双方当事人在必备条款之外，根据具体情况，经协商可以约定的条款。主要有：

（1）试用期。依据我国新颁布的《劳动合同法》的规定，劳动合同期3个月以上不满1年的，试用期不得超过1个月；劳动合同期限1年以上不满3年的，试用期不得超过2个月；3年以上固定期限和无固定期限的劳动合同，试用期不得超过6个月。同一用人单位与同一劳动者只能约定一次试用期。以完成一定工作任务为期限的劳动合同或者劳动合同不满3个月的，不得约定试用期。试用期包含在劳动合同期限内。劳动合同仅约定试用期的，试用期不成立，该期限为劳动合同期限。

（2）培训。针对实践中劳动者在用人单位出资培训后违约现象比较严重的情况，用人单位可以在劳动合同中约定培训条款或签订培训协议，就用人单位为劳动者支付的培训费用、培训后的服务期以及劳动者违约解除劳动合同时赔偿培训费的计算方法等事项进行约定。

（3）保守商业秘密。《劳动法》第二十二条规定："劳动合同当事人可以在劳动合同中约定保守用人单位商业秘密的有关事项。"商业秘密，指不为公众所熟悉，能给用人单位带来经济利益，被用人单位采取保密措施的技术、经济和管理信息。保守商业秘密包括合同期内的保密问题以及合同终止后的竞业禁止。保密条款一般包括需要保守商业秘密的对象、保密的范围和期限及相应的补偿。

（4）补充保险和福利待遇。用人单位和劳动者除应当参加社会保险外，可以协商约定补充医疗、补充养老和人身意外伤害等条款。明确有关福利，如给员工提供的住房、通勤班车、带薪年休假、托儿所、幼儿园、子女入学等条件。

（5）其他事项。双方认为需要约定的其他内容，如对第二职业的限制、对归还物品的约定等。

3. 劳动合同与专项协议

劳动关系当事人的部分权利和义务可以以专项协议的形式规定。所谓专项协议，是劳动关系当事人为明确劳动关系中特定的权利义务，在平等自愿、协商一致的基础上达成的契约。专项协议可以在订立劳动合同的同时协商确定，也可以在劳动合同的履行期间因满足主客观情况的变化需要而订立。此种专项协议书约定在特定条件下用人单位和劳动者的权利义务，此时，劳动合同中约定的权利义务暂时中止执行。各项协议书是劳动合同的附件。

【知识链接】

《劳动合同法》规定，用人单位招用劳动者，不得扣押劳动者的居民身份证和其他证件，不得要求劳动者提供担保或者以其他名义向劳动者收取财物。

二、劳动合同的订立

（一）劳动合同订立的原则

订立劳动合同的原则，是指在劳动合同订立过程中双方当事人应当遵循的法律准则。《劳动合同法》第三条规定了订立劳动合同的原则：“订立劳动合同，应当遵循合法、公平、平等自愿、协商一致、诚实信用的原则。”相比《劳动法》增加了“公平”和“诚实信用”的原则。

1. 合法原则

合法原则，是指订立劳动合同的行为不得与法律、法规相抵触。合法是劳动合同有效并受国家法律保护的前提条件，它的基本内涵应当包括以

下方面：

（1）订立劳动合同的主体必须合法。签订劳动合同的主体是用人单位和劳动者。主体合法，即当事人必须具备订立劳动合同的主体资格。用人单位的主体资格是指必须具备法人资格或经国家有关机关批准依法成立，必须有被批准的经营范围和履行劳动关系权利义务的能力，以及承担经济责任的能力；个体工商户必须具备民事主体的权利能力和行为能力。劳动者的主体资格，是指必须达到法定的最低就业年龄，具备劳动能力。任何一方如果不具备订立劳动合同的主体资格，所订立的劳动合同违法。

（2）订立劳动合同的目的必须合法。目的合法，是指当事人双方订立劳动合同的宗旨和实现法律后果的意图不得违反法律、法规的规定。劳动者订立劳动合同的目的是实现就业，获得劳动报酬；用人单位订立劳动合同的目的是使用劳动力来组织社会生产劳动，发展经济，创造效益。

（3）订立劳动合同的内容必须合法。内容合法，是指双方当事人在劳动合同中确定的具体的权利与义务的条款必须符合法律、法规和政策的规定。劳动合同的内容涉及工作内容、工资分配、社会保险、工作时间和休息休假以及劳动安全卫生等多方面的内容，劳动合同在约定这些内容时，不能违背法律和行政法规的规定。

（4）订立劳动合同的程序与形式合法。程序合法，是指劳动合同的订立，必须按照法律、行政法规所规定的步骤和方式进行，一般要经过要约和承诺两个步骤，具体方式是先起草劳动合同书草案，然后由双方当事人平等协商，协商一致后签约。形式合法，是指劳动合同必须以法律、法规规定的形式签订。《劳动合同法》第十条规定：“建立劳动关系，应当订立书面劳动合同。”明确了订立劳动合同的形式，并对不订立书面劳动合同的行为追究责任，对劳动者造成损害的，还要承担赔偿责任。

2. 公平原则

《劳动合同法》增加“公平”为订立劳动合同的原则，是要求在劳动合同订立过程及劳动合同内容的确定上应体现公平。公平原则强调了劳动合同当事人在订立劳动合同时，对劳动合同内容的约定，双方承担的权利义务中不能要求一方承担不公平的义务。如果双方订立的劳动合同内容显失公平，那么该劳动合同中显失公平的条款无效。如因重大误解导致的权利义务不对等，对同岗位的职工提出不一样的工作要求，对劳动者的一些个人行为作出限制性规定等，对于劳动者，显失公平的合同违背了劳动者的真实意愿。因此，《劳动合同法》规定，“用人单位免除自己的法定责任、排除劳动者权利的”劳动合同无效。

3. 平等自愿原则

平等，是指订立劳动合同的双方当事人具有相同的法律地位。在订立劳动合同时，双方当事人是以劳动关系平等主体资格出现的，有着平等的要求利益的权利，不存在命令与服从的关系，任何以强迫、胁迫、欺骗等非法手段订立的劳动合同，均属无效。这一原则赋予了双方当事人公平地表达各自意愿的机会，有利于维护双方的合法权益。

自愿，是指订立劳动合同必须出自双方当事人自己的真实意愿，是在充分表达各自意见的基础上，经过平等协商而达成的协议。这一原则保证了劳动合同是当事人根据自己的意愿独立作出决定的；劳动合同内容的确定，必须完全与双方当事人的真实意思相符合。采取暴力、强迫、威胁、欺诈等手段订立的劳动合同无效。

4. 协商一致原则

协商一致，是指当事人双方依法就劳动合同订立的有关事项，应当采用协商的办法达成一致协议。这一原则是维护劳动关系当事人合法权益的基础。这条原则重点在“一致”，只有通过协商达到统一，才能真正体现平等自愿的原则。如果在订立劳动合同时，双方当事人不能达成一致的意思表示，劳动合同就不能成立。

5. 诚实信用原则

诚实信用，是合同订立和履行过程中都应遵循的原则。《劳动合同法》增加“诚实信用”为订立劳动合同的原则，表明当事人订立劳动合同的行为必须诚实，双方为订立劳动合同提供的信息必须真实。双方当事人在订立与履行劳动合同时，必须以自己的实际行动体现诚实信用，互相如实陈述有关情况，并忠实履行签订的协议。当事人一方不得强制或者欺骗对方，也不能采取其他诱导方式使对方违背自己的真实意思而接受对方的条件。有欺诈行为签订的劳动合同，受损害的一方有权解除劳动合同。在国外，雇员隐瞒重要事实，即使双方已经签订劳动合同，雇主也可以直接解除劳动合同。我国《劳动法》没有相应的规定，《劳动合同法》在明确了以欺诈签订的劳动合同无效或者部分无效的同时，对当事人存在这种情

形的，允许另一方当事人解除劳动合同。

（二）订立劳动合同的程序

劳动者和用人单位在签订劳动合同时，应遵循一定的手续和步骤。根据《劳动法》的有关规定以及订立劳动合同的实践，签订劳动合同的程序一般为：

1. 提议

在签订劳动合同前，劳动者或用人单位提出签订劳动合同的建议，称为要约，如用人方通过招工简章、广告、电台等渠道提出招聘要求，另一方接受建议并表示完全同意，称为承诺。一般由用人方提出和起草合同草案，提供协商的文本。

2. 协商

双方对签订劳动合同的内容进行认真磋商，包括工作任务、劳动报酬、劳动条件、内部规章、合同期限、保险福利待遇等。协商的内容必须做到明示、清楚、具体、可行，充分表达双方的意愿和要求，经过讨论、研究，相互让步，最后达成一致意见。要约方的要约经过双方反复提出不同意见，最后在新要约的基础上表示新的承诺。在双方协商一致后，协商即告结束。

3. 签约

在认真审阅合同文书，确认没有分歧后，用人单位的法定代表人或者其书面委托的代理人代表用人单位与劳动者签订劳动合同。劳动合同由双方分别签字或者盖章，并加盖用人单位印章。订立劳动合同可以约定生效时间。没有约定的，以当事人签定或盖章的时间为生产时间。当事人签字或盖章时间不一致的，以最后一方签字或盖章的时间为准。

（三）无效劳动合同的确认及处理

无效劳动合同，是指当事人违反法律、法规或违背平等、自愿原则签订的不具有法律约束力的劳动合同。

1. 确认

《劳动合同法》规定，无效劳动合同主要有以下几种情形：

（1）内容不合法。主要指劳动合同内容中存在违反法律、行政法规的部分。其中“法律、行政法规”既包括现行法律、行政法规，也包括以后颁布实行的法律、行政法规；既包括劳动法律法规，也包括民事、经济方面的法律、法规。

（2）程序不合法。即采取欺诈、威胁等手段订立的劳动合同。其中“欺诈”是指：一方当事人故意告知对方当事人虚假的情况，或者故意隐瞒真实的情况，诱使对方当事人作出错误意思表示的行为；“威胁”是指以给公民及其亲友的生命、健康、荣誉、名誉、财产等造成损害为要挟，迫使对方作出违背真实意思表示的行为。

劳动合同的无效，经仲裁未引起诉讼的，由劳动争议仲裁委员会认定；经仲裁引起诉讼的，由人民法院认定。

2. 处理

劳动合同被确认无效后，按如下程序处理：

根据劳动合同的无效程度，确定审理的程序和方式。对全部无效的劳动合同，在查明事实、分清责任的基础上，制定无效劳动合同确认书，终止仲裁审理程序；对于部分无效的劳动合同，无效部分以裁定方式处理，终止仲裁程序，有效部分按仲裁程序审理。

根据无效劳动合同是否造成财产损失以及责任大小，分别对有关当事人进行处理。对未造成财产损失的无效劳动合同，如双方发生劳动争议，一般由劳动争议仲裁委员会主持调解解决。对造成财产损失后果的无效劳动合同，当事人因此产生争议的，应根据损失大小和责任轻重，对当事人分别采取返还财产、赔偿损失的责任方式处理。“返还财产”是指有过错一方当事人因订立无效劳动合同而获得的财产，应当返还给因此而受损失的对方当事人。“赔偿损失”是指对于认定无效的劳动合同有过错一方当事人应当赔偿对方因此而受的损失；双方都有过错的，各自承担相应的责任。《劳动法》规定，由于用人单位的原因订立的无效劳动合同，对劳动者造成损害的，应当承担赔偿责任。对于双方当事人恶意串通订立无效劳动合同，损害国家利益和第三人利益的，要追缴双方已经取得的财产，将其收归国家所有或返还第三人。

重新确立合法的劳动关系。劳动合同被确认无效后，合同尚未履行的，应当责成当事人不得履行；正在履行的，应当责成当事人立即停止履行。对于合法的劳动合同主体订立的无效劳动合同，可以由劳动争议仲裁机构主持双方当事人自愿协商，按照法律、法规的要求，纠正无效的劳动合同，重新订立合法有效的劳动合同，使当事人之间的劳动关系合法化，

受到法律的保护。

无效劳动合同自订立时起就不具有法律效力；劳动合同如属部分无效，又不影响其余部分的效力，则其余部分仍然有效，但对无效部分必须加以修改。

三、劳动合同的变更

劳动合同的变更是指在劳动合同开始履行但尚未完全履行之前，因订立劳动合同的主客观条件发生了变化，当事人依照法律规定的条件和程序，对原合同中的某些条款修改、补充的法律行为。劳动合同的变更，其实质是双方的权利、义务发生改变。合同变更的前提是双方原已存在着合法的合同，变更的原因主要是客观情况发生变化，变更的目的是继续履行合同。劳动合同的变更一般限于内容的变更，不包括主体的变更。

劳动合同依法订立后，即产生相应的法律效力，对合同当事人具有法律约束力。当事人应当按照约定履行自己的义务，不得擅自变更合同，但这并不意味着当事人就没有在合同生效后，变更相应权利、义务的途径，恰恰相反，当事人既可以经自由的协商变更合同，也可以在约定或法定的条件满足时，行使合同的变更权。劳动合同的变更，要遵循平等自愿、协商一致的原则，任何一方不得将自己的意志强加给对方。引起劳动合同变更的主要原因有：

（1）用人单位方面的原因。例如，企业经上级主管部门批准或根据市场变化决定转产或调整生产任务及生产项目。

（2）劳动者方面的原因。例如，劳动者身体状况发生变化、因病部分丧失劳动能力等。

（3）客观方面的原因。例如，劳动合同中部分条款与国家新颁布的法律、法规、政策相抵触，必须修改有关条款；劳动合同订立时所依据的客观情况发生重大变化，致使劳动合同无法履行。

劳动合同当事人一方要求变更劳动合同相关内容的，应当将变更要求以书面形式送交另一方，另一方应当在15日内答复，逾期不答复的，视为不同意变理劳动合同。具体做法是：第一，提出要求。向对方提出变更合同的要求和理由。第二，做出答复。在规定的期限内给予答复：同意、不同意或提议再协商。第三，签订协议。在变更协议书上签字盖章后即生效。

四、劳动合同的解除

劳动合同的解除，是劳动合员在期限届满之前，双方或单方提前终止劳动合同效力的法律行为，分为法定解除和协商解除。法定解除指法律、法规或劳动合同规定可以提前终止劳动合同的情况。协商解除指双方协商一致而提前终止劳动合同的法律效力。

（一）用人单位单方解除劳动合同

1. 过失性解除

根据《劳动合同法》第三十九条规定，劳动者有下列情况之一的，用人单位可以解除劳动合同：一是在试用期间被证明不符合录用条件的；二是严重违反用人单位的规章制度的；三是严重失职，营私舞弊，给用人单位造成重大损害的；四是劳动者同时与其他用人单位建立劳动关系，对完成本单位的工作任务造成严重影响，或者经用人单位提出，拒不改正的；五是因劳动合同是在欺诈、胁迫或者乘人之危，违背当事人真实意思的情况下订立而无效的；六是被依法追究刑事责任的。

这六种情况是由于劳动者本身的原因造成的，劳动者主观上有严重过失，因而用人单位有权随时解除合同。过失性解除，不受提前通知的限制，不受用人单位不得解除劳动合同的法律限制，且不给予经济补偿。

2. 非过失性解除

根据《劳动合同法》第四十条的规定，劳动者有下列情形之一的，用人单位应当提前30天以书面形式通知劳动者本人或者额外支付劳动者1个月工资后可以解除劳动合同：一是劳动者患病或者非因工负伤，在规定的医疗期满后不能从事原工作，也不能从事由用人单位另行安排的工作的；二是劳动者不能胜任工作，经过培训或者调整工作岗位，仍不能胜任工作的；三是劳动合同订立时所依据的客观情况发生重大变化，致使劳动合同无法履行，经用人单位与劳动者协商，未能就变更劳动合同内容达成协议的。

3. 经济性裁员

这是一种特殊的用人单位单方解除劳动合同的情况。根据《劳动合同法》第四十一条的规定，有下列情形之一，需要裁减人员20人以上或者裁减不足20人但占企业职工总数10%以上的，用人单位提前30日向工会或者全体职工说明情况，听取工会或者职工的意见后，裁减人员方案经向劳动

行政部门报告，可以裁减人员：一是依照企业破产法规定进行重整的；二是生产经营发生严重困难的；三是企业转产、重大技术革新或者经营方式调整，经变更劳动合同后，仍需裁减人员的；四是其他因劳动合同订立时所依据的客观经济情况发生重大变化，致使劳动合同无法履行的。

裁减人员时，应当优先留用下列人员：一是与本单位订立较长期限的固定期限劳动合同的；二是与本单位订立无固定期限劳动合同的；三是家庭无其他就业人员，有需要扶养的老人或者未成年人的。用人单位依照本条第一款规定裁减人员，在六个月内重新招用人员的，应当通知被裁减的人员，并在同等条件下优先招用被裁减的人员。

4. 用人单位不得解除劳动合同

为了保护劳动者合法权益，防止不公正解雇，《劳动合同法》除规定用人单位可以解除劳动合同的情形外，还规定了用人单位不得解除劳动合同的情形。根据本法第四十二条的规定，劳动者有下列情形之一的，用人单位不得依据本法第四十条、第四十一条的规定解除劳动合同：一是从事接触职业病危害作业的劳动者未进行离岗职业健康检查，或者疑似职业病病人在诊断或者医学观察期间的；二是在本单位患职业病或者因工负伤并被确认丧失或者部分丧失劳动能力的；三是患病或者非因工负伤，在规定的医疗期内的；四是女职工在孕期、产期、哺乳期的；五是在本单位连续工作满15年，且距法定退休年龄不足5年的；六是法律、行政法规规定的其他情形。

（二）劳动者单方解除劳动合同

根据《劳动合同法》的规定，劳动者单方解除合同的情况有以下两种：

第一，劳动者即时解除劳动合同。用人单位有下列情形之一的，劳动者可以解除劳动合同：一是未按照劳动合同约定提供劳动保护或者劳动条件的；二是未及时足额支付劳动报酬的；三是未依法为劳动者缴纳社会保险费的；四是用人单位的规章制度违反法律、法规的规定，损害劳动权益的；五是劳动合同是在欺诈、胁迫或者乘人之危，违背当事人真实意思的情况下订立而无效的；六是法律、行政法规规定劳动者可以解除劳动合同的其他情形。

第二，劳动者应当提前通知对方解除劳动合同。无以上情形的，劳动者要解除劳动合同应当提前30日以书面形式通知用人单位。劳动者在试用期内提前3日通知用人单位，可以解除劳动合同。

（三）用人单位解除劳动合同给予劳动者经济补偿的规定

1. 用人单位解除劳动合同的经济补偿和经济赔偿

用人单位依法解除劳动合同的，应给劳动者经济补偿金；用人单位违法解除劳动合同或者终止劳动合同的，劳动者要求继续履行劳动合同的，用人单位应当继续履行，劳动者不要求继续履行劳动合同或者劳动合同已经不能继续履行的，应给劳动者经济补偿金。

用人单位支付的经济补偿金，按劳动者在本单位工作的年限，以每满1年支付给1个月工资的标准向劳动者支付。6个月以上不满1年的，按照年计算；不满6个月的，向劳动者支付半个月工资的经济补偿。

用人单位违反法律规定解除或者终止劳动合同的，应当以经济补偿金标准的2倍向劳动者支付赔偿金。

劳动者月工资高于用人单位所在直辖市、设区的市级人民政府公布的本地区上年度职工月平均工资3倍的，向其支付经济补偿的标准按职工月平均工资3倍的数额支付，向其支付经济补偿的年限最高不超过12年。

2. 劳动者解除劳动合同的经济补偿和经济赔偿

劳动者违反法律规定解除劳动合同或者违反劳动合同中约定的保密事项，对用人单位造成损失的应当依法承担赔偿责任。赔偿的范围包括：

（1）用人单位招收录用其所支付的费用；

（2）用人单位为其支付的培训费用，双方另有约定的按约定办理；

（3）对生产、经营和工作造成的直接经济损失；

（4）劳动合同约定的其他赔偿费用。

劳动者违反劳动合同中约定的保密事项，对用人单位造成经济损失的，按《不正当竞争法》的规定向用人单位支付赔偿费用。

用人单位招用尚未解除劳动合同的劳动者，给原用人单位造成经济损失的，该用人单位应当与劳动者承担连带赔偿责任。

五、劳动合同的终止与续订

（一）劳动合同的终止

劳动合同的终止是指合同期限届满或双方当事人约定的终止条件出现，劳动合同规定的权利、义务即行消灭的制度。劳动合同的终止，并非

双方的积极行为所致，一般是由于合同本身的因素或法律规定、不可抗力所致。符合下列条件之一的，劳动合同即行终止：

（1）劳动合同期限届满；

（2）劳动合同约定的终止条件出现的；

（3）劳动者开始依法享受基本养老保险待遇的；

（4）劳动者死亡或被人民法院宣告失踪、死亡的；

（5）用人单位依法破产、解散的。

劳动合同期限届满或者当事人约定的劳动合同终止条件出现，劳动合同即行终止，用人单位可以不支付劳动者经济补偿金。

（二）劳动合同的续订

劳动合同经双方当事人协商一致，可以续订。续订劳动合同不得约定试用期，具体内容包括：

（1）双方协商续订劳动合同；

（2）劳动者在同一用人单位连续工作满10年以上，当事人双方同意续延劳动合同的，如果劳动者提出订立无固定期限劳动合同，用人单位应当与劳动者订立无固定期限劳动合同；

（3）劳动者患职业病或者因工负伤并被确认达到伤残等级，要求续订劳动合同的，用人单位应当续订劳动合同；

（4）劳动者在规定的医疗期内或者女职工在孕期、产期、哺乳期内，劳动合同期限届满时，用人单位应当将劳动合同的期限顺延至医疗期、孕期、产期、哺乳期期满为止。

六、集体合同制度

（一）集体合同的含义及特征

1. 集体合同的含义

集体合同，是集体协商双方代表根据劳动法律法规规定，就劳动报酬、工作时间、休息休假、劳动安全卫生、保险福利等事项，在平等合作、协商一致的基础上签订的书面协议。

集体合同根据协商、签约所代表的范围不同，分为基层集体合同、行业集体合同、地区集体合同等。我国集体合同体制以基层集体合同为主导体制，即集体合同由基层工会组织与企业签订，只对签订单位具有法律效力。

2. 集体合同的特征

（1）集体合同是当事人之间的劳动协议。首先，从集体合同的内容看，主要反映生产过程中的劳动关系。集体合同所规定的标准条件，主要是劳动条件，如工资标准、安全卫生、生活福利等。集体合同所规定的义务，不论是当事人双方共同承担的一般性义务，还是各自承担的特别义务，都具有劳动性质。其次，从当事人订立集体合同的目的看，企业订立集体合同的目的是改善劳动组织，巩固劳动纪律，减少劳动纠纷，发挥职工的劳动积极性，提高劳动效率。工会与职工订立集体合同的目的，主要是为了在发展生产的基础上，改善职工的劳动条件和生活条件。可见，集体合同是劳动关系的准则，现存劳动关系的存在是集体合同存在的基础。

（2）集体合同有特定的当事人，当事人中至少有一方是由多数人组成的团体。集体合同的当事人一方是企业，另一方当事人不能是劳动者个人或劳动者中的其他团体或组织，只能是代表劳动者的工会组织，没有建立工会组织的，劳动者按照一定程序推举的代表为其代表。

（3）集体合同的签订既受国家劳动法律、法规的调整，又受国家宏观调控计划的制约。

（4）集体合同是定期的书面合同，其生效须经特定程序。集体合同是要式合同，只有制作成书面形式，并依法报送劳动行政部门，在劳动行政部门收到合同文本之日起15天内未提出异议的，才具有法律效力。

（二）集体合同与劳动合同的区别与联系

集体合同和劳动合同都是调整劳动关系的重要形式和法律制度，两者有着密切的联系，在订立目的、内容等方面也有共同之处，但集体合同和劳动合同又有着明显的区别，两者不能等同，也不能相互代替。两者的主要区别是：

第一，集体合同与劳动合同的当事人不同。集体合同的当事人一方是代表职工的工会组织，另一方是企业。劳动合同当事人一方是劳动者个人，一方是企事业单位或雇主等。这就是说，劳动者个人作为出卖劳动力的一方不能签订集体协议，而工会组织也不能为劳动者个人签订劳动合同。

第二，集体合同与劳动合同的内容不同。集体合同与劳动合同都以工作任务、劳动条件、劳动报酬、保险福利等为基本内容，但在具体订立协议时是有区别的。集体合同调节集体劳动关系，内容全面、复杂，带有整体性。劳动关系的内容在法律、法规中未作规定或只规定基本标准，以及个人劳动合同中的某些问题未由法律、法规规定的，集体合同都可以规定。而劳动合同的内容比较简单，一般都在法律、法规中直接规定，法律、法规未作规定的，可由劳动合同规定，是单一的。

第三，集体合同与劳动合同产生的时间不同。集体合同产生于劳动关系运行过程中，它不依单个劳动者参加劳动为前提。而劳动合同产生于当事人一方的劳动者参加劳动前，是以劳动者就业为前提，是劳动者个人建立劳动关系的法律凭证。

第四，集体合同与劳动合同的作用不同。集体合同制度的作用在于改善劳动关系，维护职工的群体利益。而劳动合同的作用在于建立劳动关系，维护劳动者个人和用人单位的权益。

第五，集体合同与劳动合同的效力不同。就职工一方来说，集体合同对一个单位的全体职工有效，而劳动合同只对劳动者个人有效，且劳动合同中的劳动条件和劳动报酬的标准不得低于集体合同的约定。

（三）集体合同的订立、变更及终止

1. 集体合同的订立

集体合同的订立，是指工会或职工代表与企事业单位之间，为规定用人单位和全体职工的权利义务而依法就集体合同条款经过协商一致，确立集体合同关系的法律行为。集体合同按如下程序订立：

（1）讨论集体合同草案或专项集体合同草案。经双方代表协商一致的集体合同草案或专项集体合同草案应提交职工代表大会或者全体职工讨论；

（2）通过草案。全体职工代表半数以上或者全体职工半数以上同意，集体合同草案或专项集体合同草案方获通过；

（3）集体协商双方首席代表签字。

2. 集体合同的变更

集体合同的变更，是指集体合同生效后尚未履行完毕之前，由于主客观情况发生变化，当事人依照法律规定的条件和程序，对原集体合同进行修改或增删的法律行为。集体合同的解除，是指提前终止集体合同的法律

效力。经双方协商代表协商一致，可以变更或解除集体合同或专项集体合同。劳动法规定有下列情形之一的，可以变更或解除集体合同或专项集体合同：

（1）用人单位因被兼并、解散、破产等原因，致使集体合同或专项集体合同无法履行的；

（2）因不可抗力等原因致使集体合同或专项集体合同无法履行或部分无法履行的；

（3）集体合同或专项集体合同约定的变更或解除条件出现的；

（4）法律、法规、规章规定的其他情形。

变更或解除集体合同或专项集体合同适用本规定的集体协商程序。

3. 集体合同的终止

集体合同的终止，是指因某种法律事实的发生而导致集体合同法律关系消灭。集体合同或专项集体合同期限一般为1~3年，期满或双方约定的终止条件出现，即行终止。集体合同或专项集体合同期满前3个月内，任何一方均可向对方提出重新签订或续订的要求。

集体合同或专项集体合同签订或变更后，应当自双方首席代表签字之日起10日内，由用人单位一方将文本一式三份报送劳动保障行政部门审查。劳动保障行政部门自收到文本之日起15日内未提出异议的，集体合同或专项集体合同即行生效。

问题：

1.劳动合同的内容包括哪些？

2.如何确认无效劳动合同？无效劳动合同怎样处理？

3.试述劳动合同的终止条件？

第四节　劳动争议管理

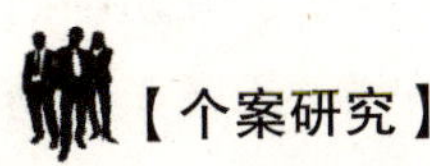

【个案研究】

企业用人自主权受法律约束吗

张小姐于2005年8月6日应聘进入某药业公司，签订了两年期限的劳动合同，同时签订了薪资协议，约定的工作岗位及职务是公司全国商业经理及大区经理，月薪为8400元。2006年8月30日，公司突然书面通知张小姐，以其不胜任本职工作为由（但未进行业绩考核），将其职务调整为一般行政人员，安排其到公司前台值班，负责收发信件、接听电话等，工资调为月薪600元。张小姐多次与公司协商未果，遂提出解除劳动合同，要求公司按协议支付9月份工资8400元，解除劳动合同的经济补偿金16800元。公司却只支付了张小姐600元工资，对其他要求均予以拒绝，理由是张小姐已不担任原职务，不能领取原工资，调整工作岗位是企业的自主权，张小姐自己单方提出解除劳动合同，企业也不支付经济补偿金。无奈之下，张小姐只好诉诸法律。

一、劳动争议的概念

（一）劳动争议的含义

劳动争议也称劳动纠纷，是指劳动关系当事人之间因劳动的权利与义务发生分歧而引起的争议，又称劳动纠纷。其中有的属于既定权利的争议，即因适用劳动法和劳动合同、集体合同的既定内容而发生的争议；有的属于要求新的权利而出现的争议，是因制定或变更劳动条件而发生的争议。

随着社会的不断发展和劳动法制的逐步健全，劳动争议处理已经成为一项法律制度，在劳动法律制度中占有重要地位，并且在调整劳动关系中发挥着至关重要的作用。

（二）劳动争议的特征

（1）劳动纠纷是劳动关系当事人之间的争议。劳动关系当事人，一方为劳动者，另一方为用人单位。劳动者主要是指与在中国境内的企业、个体经济组织建立劳动合同关系的职工和与国家机关、事业组织、社会团体建立劳动合同关系的职工。用人单位是指在中国境内的企业、个体经济组织以及国家机关、事业组织、社会团体等与劳动者订立了劳动合同的单位。不具有劳动法律关系主体身份者之间所发生的争议，不属于劳动纠纷。如果争议不是发生在劳动关系双方当事人之间，即使争议内容涉及劳动问题，也不构成劳动争议。例如，劳动者之间在劳动过程中发生的争议，用人单位之间因劳动力流动发生的争议，劳动者或用人单位与劳动行政管理中发生的争议，劳动者或用人单位与劳动行政部门在劳动行政管理中发生的争议，劳动者或用人单位与劳动服务主体在劳动服务过程中发生的争议等，都不属于劳动纠纷。

（2）劳动纠纷的内容涉及劳动权利和劳动义务，是为实现劳动关系而产生的争议。劳动关系是劳动权利义务关系，如果劳动者与用人单位之间不是为了实现劳动权利和劳动义务而发生的争议，就不属于劳动纠纷的范畴。劳动权利和劳动义务的内容非常广泛，包括就业、工资、工时、劳动保护、劳动保险、劳动福利、职业培训、民主管理、奖励惩罚等。

（3）劳动纠纷既可以表现为非对抗性矛盾，也可以表现为对抗性矛盾，而且，两者在一定条件下可以相互转化。在一般情况下，劳动纠纷表现为非对抗性矛盾，给社会和经济带来不利影响。

（三）劳动争议的受理范围

（1）因确认劳动关系发生的争议；

（2）因订立、履行、变更、解除和终止劳动合同发生的争议；

（3）因除名、辞退和辞职、离职发生的争议；

（4）因工作时间、休息休假、社会保险、福利、培训以及劳动保护发生的争议；

（5）因劳动报酬、工伤医疗费、经济补偿或者赔偿金等发生的争议；

（6）法律、法规规定的其他劳动争议。

（四）劳动争议产生的原因

产生劳动争议的原因可以从劳动关系的双方主体出发进行分析。

1. 用人单位方面的原因

（1）随着《劳动法》的颁布以及劳动力市场的日益成熟，一些经历了劳动用工政策转变过程的用人单位领导和管理人员主观意识上对政策的巨大变更没有完全转变过来，有一部分仍然不了解、不熟悉《劳动法》及现行的有关劳动保障方面的法规、政策，不按法律办事，还是按传统的办法管理员工，这是造成劳动争议的主要原因。

（2）用人单位内部规章制度是用人单位自行制定、用于经营、管理单位及规范员工行为的规范性文件。它是用人单位处理违纪员工的“操作手册”，是用人单位自己内部的“法律”。实践中因为用人单位内部规章存在问题而引发的劳动纠纷也不少，比如，有的用人单位规章制度不健

全，出现了许多不该发生的漏洞和违规行为。

（3）目前仍有相当一部分用人单位不按规定与职工签订劳动合同。《劳动法》明确规定，建立劳动关系应当订立劳动合同。即使用人单位在临时性岗位上用工，可以在劳动合同期限上有所区别，但必须依法与劳动者订立劳动合同，明确双方的权利和义务。因此不与职工签订劳动合同，由此引发的系列劳动争议更是层出不穷。

（4）劳动用工日常管理不规范。引发劳动争议的原因多数为缴纳社会保险、劳动报酬、辞退、解除和终止劳动合同等方面的问题。

2. 劳动者方面的原因

（1）由于社会的进步，法制大环境的影响，劳动者的法制意识、维权意识增强，当自身的利益受到侵害后能勇敢地拿起法律武器维护自己的合法权益。

（2）个别劳动者恶意用法，违反用人单位的劳动纪律或侵害用人单位的利益，给用人单位造成严重损失。

（五）劳动争议处理程序

我国的《劳动法》第七十九条和《仲裁法》对劳动争议的处理程序（如图8-3所示）做出规定，一般都要经过协商—调解—仲裁—诉讼。也就是说，劳动争议发生后，当事人可以协商解决，也可以请工会或者第三方共同与用人单位协商，达成和解协议； 当事人不愿协商、协商不成或者达成和解协议后不履行的，可以向调解组织申请调解；不愿调解、调解不成或者达成调解协议后不履行的，可以向劳动争议仲裁委员会申请仲裁；对仲裁结果不服的，除另有规定外，可以向人民法院提起诉讼。

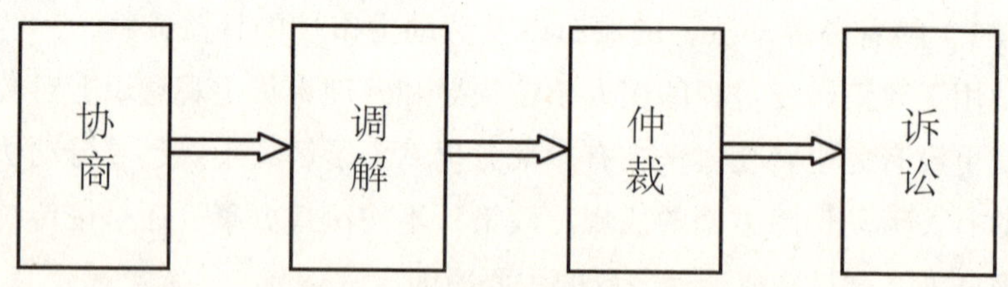

图8-3　劳动争议处理程序图

（1）劳动争议的协商，是指双方当事人在劳动争议发生后，可以自行协商，也可以在第三者参与下，通过协商，分清责任，互相取得谅解，自愿达成和解协议，从而解决劳动争议的一种方式。我国劳动法提倡和鼓励当事人双方协商解决劳动争议。实践表明，有相当数量的劳动合同争议，都是通过双方当事人协商达成和解协议的，使劳动争议解决在萌芽状态。当然协商解决是以双方自愿为基础的，不愿协商或者经过协商不能达成一致的，当事人可以选择调解程序或仲裁程序。

（2）劳动争议的调解，是指在第三者的主持下，在查明事实、分清是非、明确责任的基础上，依照国家劳动法的规定以及劳动合同约定的权利和义务推动劳动争议当事人双方互相谅解，就争议事项达成新的协议，从而使劳动争议得到解决的一种方式。调解也是一种协商，但这是在第三者的主持下，推动当事人双方进行协商的一种方式。

（3）劳动争议的仲裁，是指劳动争议仲裁委员会对所规定受理范围内调解不成的劳动争议案件，依照仲裁程序，在事实上做出判断，对争议双方的劳动权利和义务做出仲裁决定。仲裁是劳动争议处理的重要程序，《仲裁法》以三分之二的条款，对劳动争议仲裁做出了具体规定，完善了劳动争议仲裁制度，这是对劳动争议处理制度的创新和突破。

（4）劳动争议的审判，是指人民法院受理法律规定范围内的劳动争议后，依照司法诉讼程序进行审理和判决。目前根据《仲裁法》的规定，向人民法院提起诉讼的劳动争议案件有两种情况：一是争议案件必须经过劳动争议仲裁委员会做出仲裁决定；二是就劳动报酬、工伤医疗费、经济补偿或者赔偿金等案件，根据当事人的申请，可以裁决先予执行，再移送人民法院执行。直接通过人民法院的审判来解决劳动争议，这对保护劳动关系当事人双方的合法权益，制裁劳动违法行为，维护社会经济活动的正常进行，促进社会案例有着极其重要的作用。

二、劳动争议的调解

（一）调解的作用及原则

1. 调解的作用

（1）有利于职工参与企业的民主管理。调解委员会的成员中有职工代表，能反映职工的需要和愿望，它给用人单位和劳动者提供了一个和平处理争议的平台。另外，职工参与管理能创造出和谐的工作氛围，同时也能提高员工的工作积极性。

（2）能够及时解决劳动争议。本单位的职工了解和熟悉情态，能够

更快地找出问题所在，在提出劳动争议调解时就能够了解情况，有利于劳动争议的合理解决。

（3）减轻仲裁机构的负担。大量的争议在企业调解委员会的调解下就解决了，无须进行仲裁审理，这大大减少了仲裁机关的工作量，使其能集中精力处理仲裁案件。

总之，发生劳动争议首先进行调解对企业、劳动者和争议处理机构都有好处，能把争议消除在提出的早期。

2. 劳动争议调解的原则

企业调解是解决劳动争议处理全过程中一个环节，要遵循整个劳动争议处理的原则，如以事实为根据、以法律为准绳、当事人在适用法律上一律平等、公正、及时等原则。

（1）调解自愿原则。尽管在劳动争议处理的其他程序中也要遵循这一原则，但在调解程序中，该原则体现得最为充分。首先，调解劳动争议必须得到用人单位和劳动者的申请。即使调解委员会进行调解，劳动争议双方当事人有权拒绝调解。其次，调解委员会的调解结果只是双方当事人的协议，不具有法律强制力，由用人单位和劳动者自愿执行。

（2）适用法律上一律平等。调解委员会的调解主要是对双方当事人进行疏导、说服教育，而在这个过程中不能没有原则，不能违背劳动法律法规，必须有一定的标准和依据。这个标准和依据就是国家现行的劳动法律、法规、政策等，以此来判断双方当事人的是非责任，促使协议达成。不能偏袒任何一方，注重当事人双方的法律地位平等的原则。

（3）民主协商原则。调解委员会作为企业内部群众性调解组织，没有任何行政权和准司法权，加上调解程序是一个自愿性程序，这就需要在开展调解工作时注意加强协商和沟通。调解要求调解委员会处于中立的地位，促使用人单位和劳动者双方进行协商，任何一方不能把自己的意志强加给对方。

（4）尊重当事人申请仲裁和诉讼的权利。调解委员会要通过良好服务提高劳动争议办案率，尽量把纠纷解决在企业基层，但这并不是说就可以不管案件具体情形，一味强调企业“内部消化”，如果当事人不愿调解，或者调解后达不成协议，就要及时结案。

总之，用人单位和劳动者可以选择是否申请调解，可以接受或拒绝调解，可以选择是否履行调解协议。经调解不能达成一致意见的，可以选择其他处理程序。

（二）调解组织

根据《仲裁法》的规定，调节组织有三种：企业劳动争议调解委员会，依法设立的基层人民调解组织和在乡镇、街道设立的具有劳动争议调解职能的组织。其中，企业劳动争议调解委员会由职工代表和企业代表组成。职工代表由工会成员担任或者由全体职工推举产生，企业代表由企业负责人指定。企业劳动争议调解委员会主任由工会成员或者双方推举的人员担任。

劳动争议调解委员会，是依法成立的企业内部相对独立的专门调解劳动争议的群众性组织。企业设立调解委员会有助于直接、迅速和就近对劳动争议进行处理，有助于改善双方的关系，为今后企业与职工继续保持良好的劳动关系提供了条件，既可以保证企业生产经营活动的正常进行，也可以有效地维护职工的合法权益。

（三）劳动争议调解程序

根据《仲裁法》的规定，劳动争议调解组织的调解员应当由公道正派，联系群众，热心调解工作，并具有一定法律知识、政策水平和文化水平的成年公民担任。具体调节程序是：

1. 申请与受理

当事人申请劳动争议调解可以书面申请，也可以口头申请。口头申请的，调解组织应当当场记录申请人基本情况、申请调解的争议事项、理由和时间。

2. 调查

受理案件后，调解委员会应及时指派调解员对争议事项进行调查核实，以查明事实、分清是非。调查内容不限于当事人陈述内容，对遗漏的、欠缺的部分要求当事人补充完整。调解前，调解委员会要对争议全面调查，查清争议的原因、双方争议的焦点问题、争议的发展经过等，并获取必要的证据和事实材料，争取做到合法、合理、公正。

3. 实施调解

实施调解是解决劳动者争议关键的程序，决定了调解能否成功。简单的争议，可由调解委员会指定1名调解委员进行调解。调解会议中应先让申诉方发言，再让被诉方答辩，使双方表达自己的意图和立场。在查明事实的基础上，调解人员向双方宣传有关劳动法规，并提出协商解决案。

4. 结案

经调解达成协议的，制作调解协议书。协议书写明双方当事人姓名（或企业名称及其法定代表人）、职务、争议事项、调解结果等，然后由双方当事人签名，加盖调解委员会印章。调解协议书一式三份，调解协议书对双方当事人具有约束力，当事人应当履行。自劳动争议调解组织收到调解申请之日起15日内未达成调解协议的，当事人可以依法申请仲裁。

5. 调解协议的执行

经调解委员会调解，用人单位和劳动者达成一致意见后，双方就应当遵守调解协议，自觉执行协议书的有关内容。达成调解协议后，一方当事人在协议约定期限内不履行调解协议的，另一方当事人可以依法申请仲裁。

三、劳动争议的仲裁

1. 劳动争义仲裁的基本概念

劳动争议仲裁是指劳动争议仲裁委员会会对用人单位与劳动者之间发生的争议，在查明事实、明确是非、分清责任的基础上，依法做出裁决的活动。

根据我国劳动法律法规的规定，仲裁程序是处理劳动争议法定的必经程序。劳动争议当事人只有在仲裁委员会裁决后，对裁决不服时，才能向人民法院起诉，否则法院不予受理。

2. 劳动争议仲裁的基本程序

（1）申请仲裁的期限。根据我国《劳动法》的规定，劳动争议当事人申请仲裁的，应当从知道或应当知道其权利被侵害之日起60日内，以书面形式向劳动争议仲裁委员会申请仲裁。2008年5月1日正式施行的《中华人民共和国劳动争议调解仲裁法》规定，劳动争议申请仲裁的时效期间为一年，仲裁时效期间从当事人知道或者应当知道其权利被侵害之日起计算。如果超过这一期限，就丧失请求保护其权利的申诉权，劳动争议仲裁委员会对其仲裁申请不予受理。

（2）提交书面申请。劳动争议当事人向劳动争议仲裁委员会申请仲裁，应当提交书面申请。劳动争议当事人提交申诉书时应当载明：双方当事人基本情况、仲裁请求和所根据的事实和理由、证据等材料。劳动争议申诉书要照被诉人数提交副本。

（3）仲裁受理。劳动争议仲裁委员会应当自收到当事人的仲裁申请之日起7日内做出受理或不予受理的决定。决定受理的应当自做出决定之日起将申诉书的副本送达被诉人，并组成仲裁庭审 决定不受理的应当说明理由。

（4）做出裁决的期限。劳动争议仲裁委员会受理劳动争议案件，仲裁裁决一般应在收到仲裁申请的60日内做出。

（5）仲裁裁决的效力。当事人对仲裁裁决不服的，自收到裁决书之日起15日内，可以向人民法院起诉。若当事人对仲裁裁决无异议，或者对裁决不服但在超过法定期限后不起诉的，裁决书即发生法律效力。

四、劳动争议诉讼

1. 劳动争议诉讼的概念

劳动争议诉讼是指劳动争议当事人不服劳动争议仲裁委员会的裁决，在规定的期限内向人民法院起诉，人民法院依法受理后，依法对劳动争议案件进行审理的活动。实行劳动争议诉讼制度对提高劳动争议仲裁质量十分有利。

劳动争议诉讼是解决劳动争议的最终程序。人民法院审理劳动争议案件适用《民事诉讼法》所规定的诉讼程序。

2. 提起劳动争议诉讼的条件

根据《劳动法》的规定，劳动争议当事人可以依法向人民法院起诉。而当事人提起劳动争议诉讼必须符合法定的条件，否则法院不予受理。依照我国《诉讼法》的有关规定，起诉条件是：

（1）起诉人必须是劳动争议的当事人，当事人因故不能亲自起诉的，可以委托代理人代其起诉，其他人未经委托授权的无权起诉；

（2）必须是不服劳动争议仲裁委员会裁决而向法院起诉，不能未经仲裁程序直接向人民法院起诉；

（3）必须有明确的被告、具体的起诉请求和事实依据；

（4）起诉不得超过起诉时效，即自收到仲裁裁决书之日15日内起

诉，否则法院可以不予受理；

（5）起诉应依法向有管辖权的法院起诉，一般应向仲裁委员会所在地的人民法院起诉。

劳动争议案件的诉讼由人民法院的民事审判庭按照民事诉讼法规定的普通诉讼程序审理。

【本章小结】

劳动关系是社会生产和生活中人们之间最重要的联系之一。全世界大多数劳动人口正在用主要精力从事“工作”，并将“工作”作为主要收入来源。劳动关系是符合条件的劳动者为用人单位提供有偿劳动，在实现劳动的过程中双方建立的社会经济关系。劳动关系的主体包括：劳动者、工会、用人单位、雇主协会、政府。各方共同影响劳动关系。劳动关系表现出来的是力量的较量，合作与冲突等形式。

劳动合同是指劳动者同企业、个体经济组织、民办非企业单位等组织建立劳动关系，明确双方责任、权利和义务的协议。从劳动合同的订立、履行、变更、解除及终止各环节分别进行了阐述，明确了各环节法定情况及相应的奖惩措施。集体合同的概念：是集体协商双方代表根据劳动法律法规规定，就劳动报酬、工作时间、休息休假、劳动安全卫生、保险福利等事项，在平等合作、协商一致的基础上签订的书面协议。

劳动争议是用人单位与职工之间因实现劳动权利和履行劳动义务而发生的劳动纠纷。由于劳动关系主体双方利益差异显现化，劳动者和用人单位地位严重不平等的原因，使劳动争议案件发生频繁，对于劳动争议的治理，最有效的途径是劳动争议预防，可以采取有效的措施加强对用人单位的管理。

【复习思考题】

1. 什么是劳动关系？为什么说劳动关系越来越重要？
2. 劳动关系管理的理论观点有哪些？
3. 比较劳动合同与集体合同的异同？
4. 处理劳动争议的方法和途径有哪些？

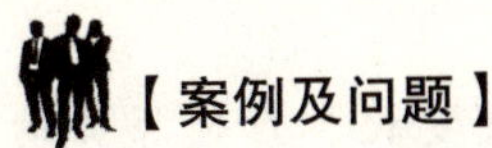【案例及问题】

合同试用期过长，用人单位的行为是否违法

刘女士被上海一家药业公司聘用，她在2008年1月4日与公司签订了聘用合同，约定合同期限为2008年1月4日到同年7月31日。聘用合同中约定试用期为3个月，并约定了工资待遇，试用期底薪人民币2000元，转正后为人民币2500元。同年2月12日，公司通知刘女士停止工作。

刘女士不再上班后，觉得当初聘用合同中3个月试用期的约定不符合法律规定，于同年5月13日将药业公司告上了上海某区法院。刘女士认为，药业公司提前终止聘用合同应承担提前解除劳动合同的违约责任，要求公司支付1个月的工资2500元及解除劳动合同经济补偿金2500元。但药业公司认为他们是在试用期内解除劳动合同，不同意刘女士的要求。

问题：用人单位的行为是否违法?

法规解析：这是一宗违反劳动合同法规案件。《劳动法》第二十一条规定，“劳动合同可以约定试用期。试用期最长不得超过六个月”。劳动部《关于实行劳动合同制度若干问题的通知》第三条规定，“按照《劳动法》的规定，劳动合同中可以约定不超过六个月的试用期。劳动合同期限在六个月以下的，试用期不得超过十五日；劳动合同期限在六个月以上一年以下的，试用期不得超过三十日；劳动合同期限在一年以上两年以下的，试用期不得超过六十日”。依据上述规定，公司在刘女士所订为期7个月的劳动合同中，约定试用期为3个月，违反了国家有关约定试用期的规定。

《劳动法》第二十五条规定，“劳动者在试用期间被证明不符合录用条件的，用人单位可以解除劳动合同。”本案中公司与刘女士于2008年1月4日签订了聘用合同，同年2月12日，公司通知刘女士停止工作，很明显这已超过了法定的试用期，公司不能随意解除劳动合同。《劳动法》第二十六条规定，有下列情形之一的，用人单位可以解除劳动合同，但是应当提前30日以书面形式通知劳动者本人：

（1）劳动者患病或者非因工负伤，医疗期满后，不能从事原工作也不能从事由用人单位另行安排的工作的；

（2）劳动者不能胜任工作，经过培训或者调整工作岗位，仍不能胜

任工作的；

（3）劳动合同订立时所依据的客观情况发生重大变化，致使原劳动合同无法履行，经当事人协商不能就变更劳动合同达成协议的。”

因此本案例中，试用期过后，单位若想解除劳动合同，应提前30天通知，未提前30天的，应支付其1个月工资作为通知金。

法院认为，根据《上海市劳动合同条例》规定，劳动合同期不满1年的，实际试用期应不超过1个月。而刘女士和药业公司之间的聘用合同期限不到1年，却约定试用期为3个月，违反了规定；刘女士于工作1个月后被辞，此时试用期已经结束。根据《上海市劳动合同条例》，药业公司在试用期结束与刘女士解除劳动合同，应提前30天通知，未提前30天的，应支付其1个月工资。据此，法院做出一审判决，要求药业公司支付刘女士1个月替代通知期工资2500元。

专家提醒：《劳动合同法》已由中华人民共和国第十届全国人民代表大会常务委员会第十八次会议于2007年6月29日通过，自2008年1月1日起施行。《劳动合同法》第十九条明确规定：

“劳动合同期限三个月以上不满一年的，试用期不得超过一个月；劳动合同期限一年以上不满三年的，试用期不得超过二个月；三年以上固定期限和无固定期限的劳动合同，试用期不得超过六个月。

同一用人单位与同一劳动者只能约定一次试用期。

以完成一定工作任务为期限的劳动合同或者劳动合同期限不满三个月的，不得约定试用期。

试用期包含在劳动合同期限内。劳动合同仅约定试用期的，试用期不成立，该期限为劳动合同期限。”

因此，自2008年1月1日起订立的劳动合同应该严格执行合同试用期的约定。

【技能提升一】

活动名称：劳动争议仲裁庭模拟。

活动意义：通过模拟劳动仲裁让大家了解劳动仲裁过程、遵循的政策以及劳动仲裁的意义，并且了解日后工作中遇到劳动纠纷如何维权。

人员角色：仲裁员、书记员、申诉人、被申诉人、申诉人代理人、被申诉人代理人。

【案情简介】

不服从调岗拒不上班属于旷工吗

赵先生2006年1月1日进入北京某咨询公司上海分公司工作，工作职位为咨询顾问，其间签订劳动合同一份（2006年1月1日至2007年1月1日，合同到期无异议的，自动续约1年）。合同工资约定为2万元/月，社会保险由北京总公司委托上海某派遣公司代为缴纳，但缴费基数为3000元。2008年7月底，公司对赵先生进行调岗处理，赵先生以调岗不合理为由拒绝上班。2008年8月31日，公司以连续旷工系属严重违纪为由对赵先生送达了解雇通知。

赵先生认为，公司严重侵犯自己的合法权益。为此，他来到《人才市场报》反映情况并要求模拟仲裁。

【申请人仲裁请求】

一、支付2008年2~8月未签合同的双倍工资加付部分16万元；

二、支付拖欠的8月工资2万元及25%补偿金5000元；

三、支付双倍经济补偿金计12万元；

四、按8676元补缴2008年的社会保险费。

要求：

（1）依照上述案例，各小组自己完成相关案例收集工作；

（2）根据案例情境进行角色分配；

（3）根据案情撰写模拟角色扮演剧本，内容包括如何在仲裁庭进行陈述与答辩，包括举证环节；

（4）进行案例的总结与分析；

（5）小组每位成员撰写一份相关的角色扮演及模拟活动的心得体会，不少于1000字。

附：庭审程序

一、请书记员宣布仲裁委员会现在开庭。

二、今天开庭审理的是xxx与yyy等劳动争议一案。

三、现在核查一下当事人及委托代理人的身份及权限：

（一）申请人xxx到庭没有？出生日期？现住址？

（二）申请人的委托代理人到庭没有？请简述一下身份及代理权限。

（三）被申请人的法定代表人到庭没有？姓名、职务？

（四）被申请人的委托代理人到庭没有？请简述一下身份及代理权限。

（五）双方当事人对对方当事人及其委托代理人的身份及权限是否有异议？

申请人？　　　　　　被申请人？

四、现在介绍一下今天仲裁庭的成员：我叫QQ，担任本仲裁庭的仲裁员；坐在前边的是WW，担任本仲裁庭的书记员。

五、下面告知双方当事人权利和义务：

当事人有下列权利：申请人有向仲裁机关申请仲裁以及变更和撤销其申请的权利；当事人有委托代理人参加仲裁活动的权利，有申请仲裁人员回避的权利，有答辩和申请调解的权利。

当事人有下列义务：有正确行使权利的义务，有遵守仲裁程序规定的义务，有实事求是进行事实陈述及提供证据的义务，有履行仲裁文书的义务。

双方当事人对仲裁庭成员是否申请回避？申请人？被申请人？

六、下面进行庭审调查：

（一）请申请人陈述仲裁请求及其事实与理由。是否有增加或者变更的仲裁请求？

（二）请被申请人陈述答辩意见。（是否有局面答辩意见？）

（三）请反请求申请人陈述仲裁反请求及其事实与理由。

（四）请反请求申请人陈述答辩意见（是否有局面答辩意见？）

（五）现在进举证质证。首先由申请人举证，请讲清证据的名称、来源及要证明的问题。被申请人做好质证准备。

（六）请被申请人进行质证。被申请人如果对申请人所举证据的真实性、关联性、合法性及所要证明的问题有异议的，请说明理由并提供相关证据佐证。如果只提出异议，不能提供足以推翻申请人所举证据的证据的，仲裁庭将不采纳被申请人的主张。

出庭作证的证人应当客观陈述其亲身感知的事实，不得使用猜测、推断或者评价性的语言；证人应当如实回答仲裁庭提问，并接受当事人质询。

补充提问：

七、下面进行辩论。请当事人围绕争议焦点发表辩论意见，本案的争议焦点是：

八、下面进行最后陈述。

九、下面进行最后一次调解，请双方当事人珍惜这次机会。请问双方当事人有无调解愿望？申请人？被申请人？

【技能提升二】

活动名称：录用通知书对用人单位约束。

活动意义：通过技能操作，如何对员工的入职进行劳动关系管理。

【案情简介】

某公司经过对许某多次面试，决定聘请他担任部门经理。于是向他发出了一封录用通知书，决定聘请他担任部门经理，录用通知书还载明了职位、月薪、福利、入职日期等内容并要求他在一个月内答复。

许某接到录用通知书后立即表示同意，辞去了原来的工作，准备签约。

就在此时，公司接到举报，说许某在以前的工作中曾经向一些供应商索要回扣，公司经过查证，果然属实。这使公司非常震惊，决定不再录用许某。

可是，录用通知书已经发出，公司应当怎么办呢？

【知识点链接】

1. 什么是录用通知书？

很多用人单位招聘员工，通常都会向选中的求职人员发一份录用通知书（接收函），表明用人单位愿意录用，并说明用人单位愿意提供的职位和待遇。

2. 什么是“要约”？

《合同法》规定：①要约就是希望和他人订立合同的意思表示。②要约的内容应当具体确定，并且受要约人一旦承诺，要约人就要受到意思表示的约束。③要约如果要撤销的话，必须在承诺之前作出。

《合同法》规定有下列情形之一的，要约不得撤销：

要约人确定了承诺期限或者以其他形式明示要约不可撤销。

受要约人有理由认为要约是不可撤销的，并已经为履行合同作了准备工作。

公司设计的方案

方案一：书面通知许某，宣布录用通知书无效；

方案二：拒绝与许某签订劳动合同；

方案三：与许某签订劳动合同，但不让他担任部门经理，将职位降为普通职员，同时减少其劳动报酬；

方案四：与许某签订劳动合同，在合同中约定试用期，在试用期内，找个理由证明许某不符合录用条件，然后解除劳动合同。

【技能操作要求】

请对公司设计方案的可行性进行分析。

是否有更好的解决办法？并说出原因。

【启示】

启示一：录用通知书是对用人单位的单方约束，在起草录用通知书时，为了避免不必要的风险，应为用人单位留有一定的余地。

启示二：①有了录用通知书也要签订劳动合同。在劳动合同签订后，用人单位可以选择让录用通知书失效，也可以选择让录用通知书作为合同附件继续有效。②如果存在录用通知书与劳动合同有不一致的情形的时候，用人单位必须终止录用通知书的法律效力。

参考文献

[1] 董克用，叶向峰. 人力资源管理概论 [M]. 北京：中国人民大学出版社，2007.

[2] 杨河清. 人力资源管理 [M]. 大连：东北财经大学出版社，2009.

[3] 姚裕群. 人力资源开发与管理概论 [M]. 北京：高等教育出版社，2005.

[4] 张德. 人力资源开发与管理 [M]. 北京：清华大学出版社，2008.

[5] 葛玉辉、许学军、吴承琪. 人力资源管理 [M]. 北京：清华大学出版社，2006.

[6] 殷智红，李英爽，平宇伟. 人力资源管理 [M]. 北京：北京邮电大学出版社，2008.

[7] 魏新，刘苑辉，黄爱华. 人力资源管理概论 [M]. 广州：华南理工大学出版社，2007.

[8] 王火平. 人力资源管理 [M]. 郑州：郑州大学出版社，2009.

[9] 张议元. 现代管理学 [M]. 北京：中国水利水电出版社，2008.

[10] 萧鸣政. 人力资源管理 [M]. 北京：中央广播电视大学出版社，2001.

[11] 殷智红. 管理心理学 [M]. 北京：北京邮电大学出版社，2007.

[12] 林忠，金延平. 人力资源管理 [M]. 大连：东北财经大学出版社，2009.

[13] 朱舟. 人力资源管理教程 [M]. 上海：上海财经大学出版社，2001.

[14] 安鸿章. 工作岗位研究原理与应用. 2版 [M]. 北京：中国劳动社会保障出版社，2005.

[15] 杨明海，薛靖，孙亚男主编. 工作分析与岗位评价 [M]. 北京：电子工业出版社，2010.

[16] 高艳主编. 工作分析与职位评价（第2版）[M]. 西安：西安交通大学出版社，2012.

[17] 李文辉主编. 工作分析与岗位设计 [M]. 北京：中国电力出版社，

2014.
[18] 李忠斌等编著. 工作分析理论与实务 [M]. 大连：东北财经大学出版社，2011.
[19] 萧鸣政. 人力资源开发学 [M]. 北京：高等教育出版社，2002.
[20] 陆国泰. 人力资源管理 [M]. 北京：高等教育出版社，2000.
[21] 郭洪林，吴克禄，王霆. 企业人力资源管理 [M]. 北京：清华大学出版社，2004.
[22] 陈远敦，陈全明. 人力资源开发与管理 [M]. 北京：中国统计出版社，1995.
[23] 郑晓明. 人力资源管理导论 [M]. 北京：机械工业出版社，2005.
[24] 于桂兰，魏海燕. 人力资源管理 [M]. 北京：清华大学出版社，2005.
[25] [美]恩尼斯特·J.麦克米克. 工作岗位分析的方法与应用. 安鸿章，等，译 [M]. 北京：中国建材工业出版社，1992.
[26] 郑晓明，吴志明. 工作分析实务手册 [M]. 北京：机械工业出版社，2002.
[27] 萧鸣政. 工作分析的方法与技术 [M]. 北京：中国人民大学出版社，2002.
[28] 杨明海，薛靖，孙亚男. 工作分析与岗位评价 [M]. 北京：电子工业出版社，2010.
[29] 赵曙明. 人力资源战略与规划 [M]. 北京：中国人民大学出版社，2008.
[30] 边文霞. 员工招聘实务（第2版）[M]. 北京：机械工业出版社，2016.
[31] 廖泉文. 招聘与录用（第3版）[M]. 北京：中国人民大学出版社，2015.
[32] 蔡丽伟. 人力资源管理实务（第2版）[M]. 北京：清华大学出版社，2006.
[33] 崔小屹，汤悦，盛国红. 招聘面试新法 [M]. 北京：中国财政经济出版社，2015.
[34] 付亚和，许玉林. 绩效管理. 2版 [M]. 上海：复旦大学出版社，

2008.
[35] 阿吉斯. 绩效管理（英文版）[M]. 北京：中国人民大学出版社，2008.
[36] 李宝元. 绩效管理——原理·方法·实践 [M]. 北京：机械工业出版社，2009.
[37] 葛玉辉，陈悦明. 绩效管理实务 [M]. 北京：清华大学出版社，2008.
[38] 侯光明. 人力资源管理 [M]. 北京：高等教育出版社，2009.
[39] 刘昕. 薪酬管理（第四版）[M]. 北京：中国人民大学出版社，2014.
[40] 梁栩凌，尹洁林. 人力资源管理 [M]. 北京：机械工业出版社，2015.
[41] 毛文静. 薪酬管理—理论、方法、工具 [M]. 北京：人民邮电出版社，2014.
[42] 彭剑锋. 人力资源管理概论 [M]. 上海：复旦大学出版社，2011.
[43] 金延平，李浩，李文静. 薪酬管理 [M]. 大连：东北财经大学出版社，2008.
[44] 姚水洪，任新刚. 现代企业人力资源管理概论 [M]. 大连：大连理工大学出版社，2007.
[45] 余凯成，程文文，陈维政. 人力资源管理 [M]. 大连：大连理工大学出版社，2006.
[46] 葛玉辉. 薪酬管理实务 [M]. 北京：清华大学出版社，2011.
[47] 曾湘泉. 薪酬管理 [M]. 北京：中国人民大学出版社，2010.
[48] 董荣福. 薪酬管理 [M]. 北京：机械工业出版社，2009.
[49] 约瑟夫·J.马尔托奇奥，杨东涛，钱峰. 战略薪酬管理 [M]. 北京：中国人民大学出版社，2010.
[50] 乔治·米尔科维奇，杰里·纽曼，巴里·格哈特. 薪酬管理（第11版）[M]. 北京：中国人民大学出版社，2014.
[51] 李成彦，唐人洁，李秋香. 组织薪酬管理 [M]. 大连：东北财经大学出版社，2008.
[52] 王长城，姚裕群. 薪酬制度与管理 [M]. 北京：高等教育出版社，

2005.
[53] 刘银花. 薪酬管理 [M]. 大连：东北财经大学出版社，2007.
[54] 熊敏鹏，余顺坤，袁家海. 公司薪酬设计与管理 [M]. 北京：机械工业出版社，2007.
[55] 李新建，孟繁强. 企业薪酬管理概论 [M]. 北京：中国人民大学出版社，2006.
[56] 王长城. 薪酬构架原理与技术 [M]. 北京：中国经济出版社，2003.
[57] 冉斌. 薪酬设计六步法 [M]. 北京：中国经济出版社，2004.
[58] 安林. 中国企业宽带薪酬实务 [M]. 北京：机械工业出版社，2006.
[59] 赵曙明，张正堂，程德俊. 人力资源管理与开发 [M]. 北京：高等教育出版社，2009.
[60] 郑海航，吴冬梅. 企业人力资源管理——理论、实务与案例 [M]. 北京，经济管理出版社，2007.
[61] 石金涛. 培训与开发 [M]. 北京：中国人民大学出版社，2009.
[62] 雷蒙德·A.诺伊，徐芳. 雇员培训与开发 [M]. 北京：中国人民大学出版社，2007.
[63] 顾增旺，王慧，葛玉辉. 员工培训与开发实务 [M]. 北京：清华大学出版社，2011.
[64] 徐芳. 培训与开发理论及技术 [M]. 上海：复旦大学出版社，2008.
[65] 王淑珍，王铜安. 现代人力资源培训与开发 [M]. 北京：清华大学出版社，2010.
[66] 曲孝民，郗亚坤. 员工培训与开发 [M]. 大连：东北财经大学出版社，2009.
[67] 杨生斌，肖平，高恺元. 培训与开发 [M]. 西安：西安交通大学出版社，2006.
[68] 伊莱恩·比斯. 培训师手册 [M]. 北京：机械工业出版社，2006.
[69] 王丽娟. 员工招聘与配置 [M]. 上海：复旦大学出版社，2006.
[70] 吴志明. 招聘与选拔实务手册 [M]. 北京：机械工业出版社，2006.
[71] 孙宗虎，李艳. 招聘与录用管理实务手册 [M]. 北京：人民邮电出版社，2007.
[72] 李旭旦，吴文艳. 员工招聘与甄选 [M]. 上海：华东理工大学出版

社，2009.

[73] 郭庆松. 企业劳动关系管理 [M]. 天津：南开大学出版社，2006.

[74] 左祥琦. 劳动关系管理 [M]. 北京：中国发展出版社，2007.

[75] 肖传亮，童丽，王贵军. 劳动关系管理 [M]. 大连：东北财经大学出版社，2008.

[76] 程延园. 劳动关系 [M]. 北京：中国人民大学出版社，2005.

[77] 董福荣. 劳动关系 [M]. 大连：东北财经大学出版社，2009.

[78] 郭捷. 劳动法学（第六版）[M]. 北京：中国政法大学，2017.

[79] 刘俊. 劳动与社会保障法学 [M]. 北京：高等教育出版社，2017.

[80] 李浇，支海宇. 人力资源管理实训教程 [M]. 大连：东北财经大学出版社，2009.

[81] Bill Taylor，Chang Kai，Li Qi. Industrial Relations in China.Edward Elgar Publishing，Inc.，2003.

[82] Herbert F. De Bower. Effective Speech： Including Public Speaking，Mental Training and the Development of Personality，a Complete Course V5 KESSINGER PUB LLC，2007.

[83] L. Dyer. Studying Human Resource Strategy：An Approach and An Agenda. Industrial Relations，1984（22）.

[84] Gomez-Mejia，L.R，D.B，and Cardy，R.L. Managing Human Resource，Prentice Hall，Inc，1998.

[85] Jon M. Werner. Randy L. DeSimone： Human Resource Development，Cengage Learning Asia Pte Ltd，2009.